LA UMAP:
EL *GULAG* CASTRISTA

COLECCIÓN CUBA Y SUS JUECES

EDICIONES UNIVERSAL, Miami, Florida, 2004

ENRIQUE ROS

LA UMAP:
EL *GULAG* CASTRISTA

Copyright © 2004 by Enrique Ros

Primera edición, 2004

EDICIONES UNIVERSAL
P.O. Box 450353 (Shenandoah Station)
Miami, FL 33245-0353. USA
Tel: (305) 642-3234 Fax: (305) 642-7978
e-mail: ediciones@ediciones.com
http://www.ediciones.com

Library of Congress Catalog Card No.: 2004102293
I.S.B.N.: 1-59388-026-X

Diseño de la cubierta: Eduardo Fiol

Todos los derechos
son reservados. Ninguna parte de
este libro puede ser reproducida o transmitida
en ninguna forma o por ningún medio electrónico o mecánico,
incluyendo fotocopiadoras, grabadoras o sistemas computarizados,
sin el permiso por escrito del autor, excepto en el caso de
breves citas incorporadas en artículos críticos o en
revistas. Para obtener información diríjase a
Ediciones Universal.

ÍNDICE

PRÓLOGO 9

INTRODUCCIÓN 13

CAPÍTULO I. El primer llamado 15
1- Parten los del primer llamado. 2- Falsas citaciones y engañosos procedimientos. 3- Proyectos iniciales. Plan Agropecuario Camilo Cienfuegos. 4- Los pasos previos: discurso del 13 de marzo de 1963. La Ley del Servicio Militar Obligatorio del 29 de noviembre de 1963.

CAPÍTULO II. Surge la UMAP 33
1- La UMAP. 2- El Porqué de la UMAP. El «Plan Fidel». 3- Camarioca. 4- Los dos propósitos de la UMAP. 5- El delito de tener pasaporte.

CAPÍTULO III. Rumbo a los campamentos 51
1- Se inicia el viaje. 2- Como trasladan a la escoria. Como viaja la élite. 3- Le incumplen a los seminaristas. 4- Jaime Ortega Alamino, Alfredo Petit y otros. 5- El cantautor Pablo Milanés en la UMAP. 6- Silvio Rodríguez condenado a la UMAP.

CAPÍTULO IV. Llegan los primeros confinados 72
1- Tratados como bestias. 2- La «rehabilitación» incluye a todos. 3- Llegan los primeros confinados. 4- Peonía, Tres Golpes y Jagueycito. 5- Campo Quemado, Quince y Medio, Monte Quemado, Mola y Gato Prieto.

CAPÍTULO V. El segundo llamado 90
1- Nuevas citaciones. 2- Junio de 1966: Nuevo Viacrucis. 3-La llegada a los campamentos. 4- La Virginia, Ceballos y Las Tumbas. 5- La Muerte de Alexis Gallardo. 6- De nuevo Peonía, El Mijial, Miraflores y Esmeralda. 7- Antiguo privilegiado

describe la UMAP. 8- Los Mameyes, Purificación, La Señorita, Antón. 9- Vega 2. 10-«Aquí vas a perder el alma».

CAPÍTULO VI. Un día en los campos de la UMAP 130
1- Se inicia la jornada. 2- Presiones sicológicas. 3- Confinados, no presos. 4- Manga Larga. 5- El Secuestro del Avión. Fuga y muerte de Betancourt. 6- De La Cabaña a la UMAP. 7- Los privilegiados. 8- Entra en crisis funcionario de inteligencia.

CAPÍTULO VII. La UMAP: decisión de Fidel. 152
1- ¿Quiénes están al frente de la UMAP?. 2- La UMAP: el *Granma* confirma que fue decisión de Fidel Castro. 3- Ignoran a la UMAP. Glorifican a Castro. 4- Función de los cabos de la UMAP. 5- Planificador. 6- Suministro. 7- Campamento «El Infierno». 8- Comiendo Huesos de Carroña.

CAPÍTULO VIII. Profundas creencias religiosas 173
1- Seminaristas y pastores evangélicos y católicos. 2- Confinados rechazan visitas. 3- La muerte de Eleguá. 4- Servicio Médico Rural. 5- Grupos religiosos ayudan a los confinados. 6- Los primeros en recibir su baja.

CAPÍTULO IX. Castigos, fugas y automutilaciones. 188
1- Algunos castigos. 2- Abusos a los Testigos de Jehová. 3- El castigo del Padre Armando Martínez. 4- Automutilaciones y Fugas. 5- Los Sanitarios. 6- Instrumentos de Tortura. 7- Teniente Mario Vigueras: un sádico.

CAPÍTULO X. Jaime Ortega Alamino y monseñor Sacchi . 222
1- Confinados mayores de 27 años. 2- Jaime Ortega: De Cárdenas a la UMAP. 3- Monseñor Sacchi en busca de la distensión con el régimen. 4- Castro elogia a Sacchi. 5- Sacerdotes enviados a los campos de trabajo forzoso. 6- Otras prisiones.

CAPÍTULO XI. Noviembre 1965 y Junio 1966: Meses de trascendentes decisiones para Castro 232
1- Derrota de Guevara en el Congo. Primer llamado de la UMAP. Convocatoria a la Tricontinental. 2- Junio 1966: Arnaldo Ochoa dirige expedición a Venezuela. Segundo llamado a la UMAP. 3- Recorre Castro la provincia de Camagüey. 4- Pasa «La Gran Marquesa». 5- Un viaje de ida y vuelta a la barraca pasando por el «hospitalito» y la jefatura militar. 6- Reduce caña de Manga Larga la productividad de los macheteros. 7- Gesto de Rebeldía: el incendio del campamento «5 de Manga Larga».

CAPÍTULO XII. Los últimos meses de la UMAP 246
1- La Escuela al Campo. 2- El trabajo productivo. 3- Comienzan a desactivar a la UMAP. 4- «Los parásitos saben que ya no tienen donde meterse. Los lumpens también lo saben». 5- La Columna Juvenil del Centenario. 6- Mano de obra esclava. Como se explotaba al confinado. 7- El Fraude de las Brigadas Millonarias. 7- Continúan los planes de trabajo forzoso.

CAPÍTULO XIII. La necesaria denuncia de estos crímenes 277
1- Impostergable labor. 2- Se funda la Asociación de Ex-Confinados de la UMAP. 3- Invaluable contribución de los Ex-Confinados.

ANEXOS
I) Ubicación de distintos campamentos 279
II) Mapas con la localización de campamentos y otras pequeñas poblaciones 282
III) Nombres antiguos y nuevos de los centrales de la provincia de Camagüey 284
IV) Localización de los centrales azucareros de Camagüey 285
V) Composición de la Unidad Militar 2085 (Batallón número Uno U.M.A.P.) 286
VI) Himno al sufrimiento de la UMAP 287

ENTREVISTAS 289

BIBLIOGRAFÍA 292

ÍNDICE ONOMÁSTICO 295

PRÓLOGO

Cuando ya creíamos que Enrique Ros se había ganado un justo descanso después de denunciar, con sus ocho libros, toda la vesania, el salvajismo, los abusos y los destrozos llevados a cabo por Fidel Castro con su abominable régimen totalitario marxista-leninista nos sorprende, en tan breve plazo, con una minuciosa historia de uno de los episodios más crueles e inhumanos de su nefasto régimen: «La UMAP, el *Gulag* cubano castrista».

Bajo el inocente nombre de «Unidades de Ayuda a la Producción» (UMAP), se ocultó la versión cubana del Gulag ruso o de los campos de concentración nazi-fascistas europeos. Para el mundo que no ha querido escuchar y, para los que aún hablan de «logros» de la revolución castrista está escrito este conmovedor relato de uno de los capítulos más condenables y menos conocidos por el gran público.

Como en todas sus obras anteriores, sobre la Cuba castrista, Ros indaga en los documentos oficiales, periódicos y revistas de la época y en los testimonios de muchos de los que fueron sus víctimas. ¿Cuáles fueron los delitos cometidos por esos infelices? ¿Qué justificaba tamaño atropello?.

Todo el que se apartase de los estereotipos y las normas impuestas por la Revolución se hacía sospechoso de antisocial y de desafecto al régimen, eran «lacra social» que obligaba al gobierno a re-educarlos mediante técnicas sicológicas y trabajos forzados: el pelo largo, el estilo de vestir, el gusto por la música rock, la simpatía por Los Beatles, cualquier manifestación de religiosidad, falta de solidaridad o indiferencia hacia las consignas oficiales, el homosexualismo, el mostrar deseo de abandonar el país o criticar al régimen eran los delitos que bastaban para ser confinados a esos siniestros centros de «re-educación».

Al castigo se sumaba la humillación. La peyorativa jerga comunista los cubrió de insultos: lumpen, gusanos, parásitos, maricones, vagos, agentes del imperialismo o del CIA, etc. ¿Quiénes fueron esos castigados? Sacerdotes, seminaristas, pastores religiosos, jóvenes estudiantes, obreros, artistas, campesinos, profesionales, revolucionarios arrepentidos y homosexuales. Con estos últimos el régimen, exagerando su número, trató de desprestigiar y confundir a la mayoría de los otros confinados.

El proyecto de la UMAP tuvo el asesoramiento de especialistas soviéticos. Creó, junto al Departamento de Lacras Sociales del Ministros del Interior (MININT), numerosos centros de concentración, la mayoría en la provincia de Camagüey. Alguien señaló que sólo le faltaban el crematorio y la swástica en vez de la bandera cubana para igualar a los campos nazistas.

La primera recogida de la UMAP se realizó en noviembre de 1965. La segunda en junio de 1966. Como no eran considerados aptos para el servicio militar obligatorio, que según el gobierno requería una alta conciencia revolucionaria, serían re-educados y obligados a trabajos forzosos con los que se beneficiaría la debilitada producción agrícola. El crimen duró hasta 1968.

Ros describe, en forma impresionante, todo el drama del diabólico proyecto. Los escogidos eran detenidos y trasladados a esos centros, en camiones, trenes, y otros vehículos, sin juicio ni proceso legal alguno. Muchas veces constituían verdaderos secuestros ya que los familiares no eran notificados.

El horror de aquellos campos alambrados está recogido en el libro por los numerosos testimonios, dados al autor, por quienes sufrieron el maltrato y los vejámenes. Barracones en pésimas condiciones higiénicas y sanitarias. Falta de agua y electricidad, comida escasa y deficiente. El día comenzaba a las 4 de la mañana con el grito: ¡De pie! y luego doce a catorce horas de trabajo bajo el sol en los cañaverales entre el fango y el estiércol.

La remuneración era de 7 pesos mensuales (23 centavos diarios). No faltaban los castigos corporales. A tal extremo llegaron estos últimos que muchos confinados, en su desesperación, acudieron a automutilarse con la esperanza de lograr un temporal traslado a algún centro asistencial. El trágico balance de esta ignominia fueron más de

30,000 víctimas, 72 personas murieron y 507 fueron hospitalizadas para tratamientos siquiátricos.

Este libro de Ros pone de manifiesto, una vez más la variable conducta del ser humano ante su circunstancia. Por parte de los que ostentaban el poder y la autoridad; los más, se condujeron con prepotencia, crueldad y ensañamiento; los menos, con caballerosidad, respeto y compasión.

Por parte de los confinados: los recursos de supervivencia, la rebeldía, la solidaridad y el estoicismo. El autor consigna la sorpresiva y defraudadora actuación de monseñor Cesare Sacchi, durante su estancia en Cuba representando a la Santa Sede. Su mostrada simpatía y cooperación con el régimen totalitario, y su lamentable silencio ante la flagrante violación de los derechos humanos que se hizo extensiva a sacerdotes y seminaristas, dañó el prestigio de la Iglesia Católica en cuyo basamento espiritual anidan la caridad y el amor cristiano.

El drama de la UMAP fue ocultado en Cuba: La prensa oficial no hizo mención del asunto. Pero poco a poco la tragedia se fue filtrando al mundo exterior. La Oficina Internacional del Trabajo (OTI) denunció la barbarie. Castro ordenó la destrucción de todos los documentos reveladores para borrar las huellas del crimen.

Afortunadamente un grupo numerosos de confinados se dieron a la tarea de organizarse para llevar la denuncia al mundo. Algunos testimonios personales ya habían sido publicados pero faltaba un ensayo crítico global. Este libro completa esa noble y necesaria misión.

La paz y la reconciliación nacionales, en el mañana cubano sólo se lograrán cuando, con justicia pero sin ánimo revanchista, se conozca toda la verdad por dolorosa que ésta sea. Con ella los victimarios recibirán su castigo moral, y las víctimas, el respeto y su dignificación. ¡La nueva nación cubana así lo demanda!. Gracias Enrique Ros, una vez más, por esta valiosa contribución.

Virgilio I. Beato

(Hoja No. 2)

CARACTERISTICAS PERSONALES: Color Ojos: Pardos Color pelo Castaño
Color piel Blanca Peso 66.70 Estatura 1.70 Señas particulares

INVESTIGACION: EMILIO IZQUIERDO SOUTO
que el mismo es católico activo, por consiguiente es negativo al proceso revolucionario, habiendo estado su padre preso por el delito de contra los poderes del estado, encontrándose en estos momentos sujeto a la Vigilancia de la Autoridad, el mencionado Izquierdo Souto se reúnen con elementos negativos y de su misma clase, visitando con mucha frecuencia la Iglesia despues que termina su trabajo. Estimando este investigador que el mismo puede ser llamado al plan SMO UMAP, ya que no puede ser llamado a fila regulares ya que el además no es necesario para el sosten de su casa en caso que sea llamado al servicio.

Ficha «delictiva» de los confinados

La investigación realizada arrojó los siguientes elementos de 'peligrosidad': a) Católico, b) Visita la Iglesia con frecuencia, c) Padre estuvo preso por el delito 'contra los poderes del Estado'.

INTRODUCCIÓN

El 12 de noviembre de 1963 se da a conocer la Ley 1129 que establece el Servicio Militar Obligatorio.

Dos años después, tras un viaje de observación por la Unión Soviética, Bulgaria y otros países de Europa Oriental, regresa a la isla Raúl Castro, Ministro de las Fuerzas Armadas. Se percata, preocupado, de la presencia en las calles de jóvenes –muchos de ellos en edad militar– que por sus antecedentes, conducta y apariencia, no están incorporados al proceso revolucionario. Esta desvinculación no la había observado en su extenso recorrido por los países de la órbita soviética, cuyas calles vio limpias de aquellas «lacras sociales que... le irritaban cuando pasaba por la Rampa de La Habana»[1]:

Muchos de estos jóvenes disasociados del esfuerzo revolucionario han aplicado por la documentación necesaria para salir del país y, los más, se muestran activos en sus respectivos círculos religiosos. Son «elementos desubicados».

¿Qué hacer con ellos?.

La respuesta se la dio a sí mismo Fidel Castro: «Estos jóvenes no pertenecen a una Unidad Militar y, por tanto, están fuera de todas las organizaciones donde puedan ser educados». Para que no se pierdan deben ingresar en una institución que además de instruirlos los fuerce a colaborar con la producción.

Esa «reeducación ideológica» será la misión encomendada a la UMAP, «Unidades Militares de Ayuda a la Producción».

Seminaristas, obreros, campesinos, sacerdotes católicos, pastores y feligreses de iglesias evangélicas, Testigos de Jehová, jóvenes universitarios, artistas; todos aquellos que a juicio de los veedores del régimen no estaban activamente integrados al proceso revolucionario serán enviados a estos recién creados campos de trabajo forzado.

La UMAP le serviría a Castro, además, para deshacerse de muchos de los analfabetos miembros del Ejército Rebelde que, en la Sierra,

---

[1] Heberto Padilla. «Conducta Impropia», Néstor Almendros/Orlando Jiménez Leal.

habían alcanzado grados militares, y que ahora estarán al frente de esos campamentos.

Otro propósito adicional perseguía Castro: Suplir, con los hombres allí confinados, la escasez de mano de obra en la muy extensa, pero poco poblada, región de Camagüey.

«La misión fundamental de la UMAP –sentenció el gobernante cubano[2]– es hacer que estos jóvenes cambien su actitud, educándose, formándose, salvándose».

Las páginas de este libro describen en detalle como esa *«reeducación ideológica»* –por supuesto, frustrada– la pretenderá imponer con los más inhumanos castigos y torturas que llevaron a muchos confinados a automutilarse para escapar, aunque fuera por unos pocos días, de aquel infierno.

Cada página es una denuncia de aquellos crímenes. Cada una de ellas recoge la viril respuesta de aquellos hombres que, fieles a sus principios, resistieron, sin doblegarse, el salvaje tratamiento a que fueron sometidos.

---

[2] Periódico *Granma*, La Habana, 14 de abril, 1966.

CAPÍTULO I

EL PRIMER LLAMADO

1. PARTEN LOS DEL PRIMER LLAMADO

El 19 de noviembre de 1965 partían desde distintos puntos de la isla –por trenes, ómnibus y camiones– hacia Camagüey, castigados, miles de jóvenes cubanos.

Irán a constituir –al partir no lo sabían– una nueva modalidad de trabajo forzado: las «Unidades Militares de Ayuda a la Producción». Los delitos cometidos son varios. Veamos una de las actas levantadas por el propio régimen que obran en el expediente personal de cada uno:

«Es católico activo, por consiguiente es negativo al proceso revolucionario, habiendo estado su padre preso por el delito de Contra los Poderes del Estado, encontrándose en estos momentos sujeto a la Vigilancia de la Autoridad, el mencionado sujeto se reúne con elementos negativos y de su misma clase, visitando con mucha frecuencia la iglesia después que termina su trabajo. Estima este investigador que el sujeto puede ser llamado al plan del SMO UMAP».[3]

La vinculación con la iglesia será un factor recurrente que encontramos entre aquéllos que son citados para iniciar un viaje cuyo destino aún ignoran. Veamos.

«Mi ingreso en la UMAP fue un proceso que duró algunos meses, seis o siete, en que periódicamente me citaba, rapidito, al cuartel de las milicias del pueblo y me hacían llenar un cuestionario.

---

[3] Acta de la Sexta Jefatura Provincial, de Pinar del Río, Sub-unidad Bahía Honda del Ministerio del Interior, Departamento de Orden Público. (Expediente de Emilio Izquierdo).

Los temas eran siempre los mismos: mi militancia dentro de la iglesia católica (ya yo no era un militante activo); mis contactos con los sindicatos (yo no estaba sindicalizado porque yo trabajaba por mi cuenta) y mi intención de abandonar el país ya que yo había solicitado un pasaporte a fines de 1959).
En la tercera o cuarta de estas visitas me llegó un telegrama en que me citaban al cuartel de Limonar (yo vivía en San Miguel de los Baños). Llegué allí; me encontré con un grupo de personas, y me dieron otra cita para un campo militar que está a la entrada de Matanzas. Estos fueron los pasos previos para el ingreso en aquel organismo cuyo nombre ni siquiera conocíamos».[4]

Veamos otro testimonio:

«En 1965 yo era pastor de la Iglesia Bautista de Palma Soriano. En ese mismo año había sido electo presidente de la Convención Bautista de Cuba Oriental y ocupaba interinamente la Secretaría Ejecutiva. Es decir que mis responsabilidades no solamente era con la iglesia local, sino con todas las iglesias de las provincias de Oriente y Camagüey, esto me obligaba a interceder por ellas ante las autoridades en los constantes conflictos y arbitrariedades que estas les ocasionaban».

«La mayor parte de las iglesias de la parte oriental de Cuba eran iglesias rurales y muchas de ellas funcionaban en rústicos locales. Entre los múltiples conflictos pudiera citar el caso de un pastor que estaba clavando de nuevo las tejas de zinc que un ciclón le había arrancado a su humilde capilla, fue arrestado por estar reconstruyendo un edificio sin el permiso. En otro caso un domingo por la mañana un padre de familia fue arrestado cuando llevaba a sus dos pequeños hijos a la iglesia y no los llevaba a la reunión de los pioneros».

«Un día recibí la, no anunciada pero esperada, visita de un agente del Ministerio del Interior con una comunicación oficial donde se me exigía la entrega de la lista de miembros de

---

[4] Testimonio de Silvio Mancha, febrero 12, 2003.

la iglesia y la cantidad económica que los mismos aportaban. Mi conciencia cristiana y mi responsabilidad pastoral me decían que el acceder a esa petición me convertía en un delator de mis hermanos. Al preguntarle al agente la razón jurídica para tal exigencia, la cual yo consideraba que era una intromisión del estado en los asuntos de una institución religiosa, el agente me señaló el párrafo donde decía que era en cumplimiento de una ley promulgada por la reina María Cristina de España. Huelgan los comentarios».[5]

Melkis Díaz había nacido en el pequeño poblado de Jauco, cerca de Baracoa a menos de 18 kilómetros de la Punta de Maisí. Hasta aquel lejano sitio, el extremo más oriental de la isla, llega una comisión de la Juventud Comunista a invitarlo, más bien a conminarlo a que ingrese en la juventud del partido. El joven Melkis, entregado a la prédica del Evangelio a través de la Iglesia Bautista, rechaza la persuasiva invitación.

Días después lo citan, junto con el joven diácono Alfredo Lovaina. Allí lo acusan de haber creado en su iglesia una organización subversiva de nombre similar de la UJC. Puede probarles que la organización juvenil a la que sus inquisidores se refieren tenía más de 65 años de fundada: la Federación de Jóvenes Bautistas de Cuba Oriental. Cedieron momentáneamente. En noviembre de 1965 ya estará el joven campesino bautista camino de su primer campamento de la UMAP. En próximas páginas veremos el tortuoso procedimiento utilizado.

Un pinareño ofrece este testimonio:

«Allá por el año 1965, el viernes 6 de agosto me había correspondido a mí, como joven ministro rural, en una serie de conferencias que se estaban dando al público, presentar el tema titulado 'La Última Oportunidad' y, coincidentalmente esa noche, a las 12, los miembros del Partido Comunista de allí,

---

[5] Testimonio del Reverendo Orlando Colás, febrero 14, 2003 que ampliaremos en otros capítulos.

de Santa Damiana, de San Juan y Martínez, en Pinar del Río, quemaron la iglesia adventista de aquella finca.

»Me costó mucho trabajo levantar un acta que pudiera expresar la verdad. Durante muchos días nos habían estado amenazando de que iban a quemar la iglesia pero la iglesia se llenaba más y más... Las cosas fueron subiendo de punto hasta que la quemaron como lo habían prometido. Por eso, me ví obligado a ir a la estación de policía de San Juan y Martínez a levantar un acta pero las autoridades no querían escribir la verdad.

»Después de más de 16 entrevistas en las que me presionaban y amenazaban, decidieron redactar el acta con la verdad, que era lo que yo les decía. Meses después, el 15 de junio, recibía una cita para presentarme en la Loma de las Costas en Pinar del Río... Fue mi primer paso del largo camino que me llevaría a la UMAP».[6]

Ya antes, los que fueron incluidos en la primera recogida de noviembre de 1965 habían sufrido igual o peores percances. Veamos este testimonio de otro pinareño:

«*Yo tenía 17 años cuando recibo la notificación de presentarme al Servicio Militar Obligatorio. Cuando llegué allí, el domingo 28 de noviembre a las tres de la tarde, me encontré que ya estaban varios jóvenes, todos de formación religiosa: Gustavo Cuervo Sabá, Ricardo Prieto Díaz, Gerardo Medina y otros. Muchachos muy buenos todos*», recuerda Renato Gómez.[7]

---

[6] Pastor Charles Vento, de la Iglesia Adventista del Séptimo Día. Entrevista con el autor.

[7] Renato Gómez había estudiado en la Academia González Capó. Su padre era profesor del Instituto y de la Universidad de aquella ciudad y ocupaba la vicepresidencia del Colegio Nacional de Pedagogos; junto a Rolando Espinosa. En 1962, con menos de 14 años acusan a Renato de haber escrito en una pared «abajo Fidel» cosa que no era cierta. Se vio obligado a irse a La Habana. Regresa cuando es citado al Servicio Militar Obligatorio.

Renato había sido advertido, en un encuentro casual, por Juan José Rodríguez Menéndez, Pastor Metodista, que no regresara a Pinar del Río porque a los dos los estaban buscando para enviarlos no sabía hacia qué lugar. Renato no lo creyó. Y siguió. Cuando llega a su casa lo comenta con su padre quien le dice: *«Hay algo de eso»*. Al llegar a la oficina del S.M.O. sus amigos le dicen: *«nos van a hacer una entrevista y nos vamos»*. Pero Renato Gómez ya estaba convencido de que no sería así, por eso les responde: *«De aquí no salimos»*... *«¿Cómo?»*... *«No, de aquí no salimos»*. Ellos no lo creyeron, ni Renato lo había creído hasta ese momento. Eso fue a las tres de la tarde. Veamos que sucedió:

«A las cuatro entran aquellas tropas de militares. Nos empiezan a dar culatazos y a empujar diciendo barbaridades. Nos sacan de allí; era el lugar que le decían Comité de Pinar del Río que antiguamente era una sociedad para mejorar la ciudad y que se convirtió después en una unidad del ejército. Nos montaron en un camión por la Calle del Sol. Unos muchachos que venían en unas bicicletas, amigos de nosotros, nos siguieron para ver donde nos llevaban; los agarraron y los golpearon para que no nos siguieran».

«El camión llegó al estadio de softball donde habían unas setenta u ochenta personas. Estaba el comandante René de los Santos[8], que era el jefe de Pinar del Río, y varios militares, y comenzaron a llegar un gran número de muchachos de mi pueblo. A las diez de la noche habían allí como tres o cuatro o cinco mil personas. Y al poco rato llegan, vestidos de blanco, pentecostales que eran los que más se destacaban, el Bando Evangélico de Gedeón. Comienzan los culatazos y gritos: —Ahora van a saber lo que es bueno».

---

[8] René de los Santos fue designado al llegar Castro al poder, Jefe de la Dirección de Investigaciones del Ejército Rebelde (DIER). Participó luego en las «limpias del Escambray» y combatió en el desembarco de Playa Girón. En octubre de 1965 es designado miembro del Comité Central del Partido Comunista Cubano. Será en 1967 uno de los jefes de las unidades militares de la UMAP en Camagüey.

«Cuando eran como las once de la noche, porque yo soy hipertenso, de la conmoción que tenía, me caí y me desmayé y me llevaron al hospital. El médico le dijo al que me llevó: «Éste no puede ir; hay que dejarlo ingresado». Pero me llevaron. Fernando López, el médico que está aquí, que estuvo en una comisión militar, me trataba. López estaba castigado. Era ortopédico allá en el pueblo».

Lo mismo ha sucedido en la provincia central.

«Yo soy de Cabaiguán, provincia de Las Villas, nos dice Cecilio Lorenzo. *Cuando triunfó la Revolución todos los que nos opusimos a la implantación de ese sistema, empezamos a tener diferentes problemas y a nosotros los que teníamos la edad militar nos implantaron el Servicio Militar Obligatorio pero no nos llevaron al ejército regular porque no podían darnos instrucción militar porque eso era peligroso para ellos. Entonces crearon esto, que luego nos enteramos por algunos oficiales que habían allí que lo concibieron con el nombre de Plan Fidel pero no lo usaron con ese nombre».*

Otro, del mismo pueblo, pasa por igual experiencia.

«Yo era de Cabaiguán, acababa de cumplir 19 años. Me habían dicho que el 19 de noviembre (1965) me presentara al Servicio Militar, pero cuando fui me estaba esperando, y a otros también un tren que venía de La Habana con muchos hombres: presos que habían sacado del Príncipe; hombres mayores de la edad del SMO.

»Nos trasladaron en aquel tren donde no había apenas donde sentarse, sin agua porque los presos comunes que venían –algunos de ellos, luego lo supimos, habían sido condenados por asesinato– se habían orinado en los tanques de agua. Así llegamos a Ciego de Ávila».[9]

Buenaventura Luis, misionero gedeonista, recibió en Cienfuegos, en noviembre del 65, la notificación de presentarse en el Frontón de aquella ciudad, para el servicio militar. Como le sucedería a tantos

---

[9] Testimonio de Pedro González al autor.

otros, era un engaño. Será a la Unidad Uno del Central Stewart (hoy, Venezuela) donde irá a servir en labores agrícolas. Lo bajaron del tren en el pequeño poblado de Quince y Medio, cerca de la costa entre Ciego de Ávila y Morón y lo envían a Tres Golpes, próximo a Júcaro. Pasará allí, en Tres Golpes, los próximos 12 meses de su vida.[10]

Con Buenaventura han partido de Cienfuegos otros jóvenes; entre ellos Rafael y Reinaldo Mustelier; otro de apellido Torralba que era seminarista católico; también José Nicolás Gómez de la zona entre Rodas y Aguada de Pasajeros.

Volvamos a Cecilio Lorenzo.

«Yo era dirigente de una logia y en aquellos momentos se llevaron muchos muchachos de la iglesia, de todas las religiones, que eran las personas que estaban acostumbradas a participar en actividades religiosas o sociales. Así, el 16 de noviembre de 1965 me pasaron una notificación para el servicio militar».

«Pero que el día 13, es decir, tres días antes, era el reclutamiento de aquellos muchachos que eran bachilleres y se llevan un amigo mío y un militar que estaba al frente al preguntarle yo me dice 'no, no, no, no, tu puesto está reservado. No te preocupes'. Y a los tres días pues me llevaron para la UMAP que entonces no se conocía».

Junto a Lorenzo envían a aquellos campos a 19 jóvenes de Cabaiguán.

«En ese grupo –recuerda Lorenzo– iba Ángel Brito Brito, Máximo Hernández Taño, Rolando Zaila Castro, Ramón Hernández Bermúdez, Efraín Grillo y Urbano Amador, que están en Cuba todavía. De los que estamos aquí, Patricio González Castellón, Daniel Romero, Irán Caballero, Pablo Díaz Llanes, (Pablito el Isleño), Roberto Silva. Manolo Valdivia, Jorge Barreto y Jesús Rodríguez».

Es amplia la redada realizada por el régimen de figuras de alto perfil religioso y moral. Una de ellas es el Pastor Manuel Molina, de Camagüey.

---

[10] Testimonio de Buenaventura Luis al autor, octubre 20, 2003.

«Me encontraba en el Colegio Adventista de Las Villas, en la ciudad de Santa Clara, cuando recibo la notificación de presentarme en las Oficinas del Servicio Militar Obligatorio».

El 20 de noviembre de 1965 lo envían al Campamento de Mola, a unos 50 kilómetros del Central Senado cerca de la costa, próximo a Nuevitas.

En Mola estará junto al actor Alberto Insua y José Antonio Zarraluqui, hoy columnista de uno de los periódicos locales, y con los adventistas José Chaviano, de Florida y Leonarlo Jáuregui, de Baraguá.

2. FALSAS CITACIONES Y ENGAÑOSOS PROCEDIMIENTOS

En Morón, en la propia provincia de Camagüey, ensayan, con éxito, un nuevo y más engañoso procedimiento. Citan a muchos de los que están en edad militar al cuartel que está a la salida del pueblo. Allí concurre Melanio Valdés y permanece en el cuartel por horas. Pero, mientras, hacen dos redadas: una por la tarde, otra por la noche.
Exhibieron en el cine una película buena. Como nunca ponían una que valiera la pena muchos jóvenes fueron. A esos no los habían notificado. Por la noche hicieron la redada y, allí estaba la policía esperando; cogieron a las personas que salían del cine y los llevaron para la cárcel de Morón y por la tarde habían hecho lo mismo: Un juego en que participaban peloteros bien renombrados en la zona. Dos redadas, una en el teatro y la otra en el estadio cuando los jóvenes salían del juego de pelota. Todos fueron a parar a la cárcel.

«Entonces juntaron a todos, a los que estaban en la cárcel y a los que nos habían citado. Hicieron un total de cuatro o seis camiones. Recuerdo de nuestro grupo a Pedro Borrell, un poco mayor que yo».[11]

---

[11] Testimonio de Melanio Valdés.

Algunos eran enviados a la UMAP por razones bien mezquinas, como le sucedió a Héctor Aldao, maestro, que fue citado un día, al oscurecer, al Jardín Botánico. De allí salió en un Leyland hacia la provincia de Camagüey. No sabía hacia donde iba, ni su familia tampoco.

«La citación me sorprendió. Yo no estaba en ninguna lista de la policía, ni había tenido nunca problemas con la ley, ni había sido jamás detenido. Más tarde supe que en la pensión en que yo vivía, un individuo –que por cierto hoy vive en Nueva York– me había denunciado para cogerme el cuarto. Ese hombre tenía un hermano militar con un alto cargo en el G-2. Lo hizo para quedarse con mi cuarto».[12]

Aún algunos que estaban exentos del servicio militar por alguna incapacidad física eran llamados para servir en la UMAP. El propósito era obvio: alejar de la zona a personas del área que eran conocidas por su posición de hostilidad al régimen. Éste era el caso, entre otros, de Alfredo Padrón.

Alfredo vivía en San Luis, Pinar del Río, donde, luego de varios telegramas fue notificado para presentarse al servicio militar, a pesar de estar exento por una fractura que le había producido una lesión permanente en el pie derecho. *«Aún así me enviaron a la UMAP",* recuerda el entonces joven pinareño.

Lo citan para la estación de policía de su pueblo natal. Allí permanece desde las cuatro de la tarde hasta las cuatro o cinco de la madrugada cuando los llevan en camiones a la ciudad de Pinar del Río. Llegarán al cuartel del Ejército donde encontrarán a cerca de 2000 personas.

«A todos nos pelaron al rape. A más de 800 nos enviaron para Camagüey; los otros 1200 se quedaron. Ya nos habían colocado en 4 cuartones separados con sogas. Conmigo se encontra-

---

[12] Declaraciones de Héctor Aldao a Orlando Jiménez-Leal en «Conducta Impropia». Biblioteca Cubana Contemporánea. Edit. Playor, España.

ban Orlando Milián, Joaquín López y otros conocidos de mi pueblo».[13]

«En uno de los cuartones pusieron a los delincuentes y presos comunes. En otro, a los religiosos, muchos de ellos Testigos de Jehová; en el tercer cuartón, a los homosexuales; y en el cuarto estábamos los que, en la calle, nos habíamos manifestado en contra del régimen, los que habíamos presentado los papeles para irnos del país y no estábamos integrados a la Revolución».

En el extremo occidental de la isla, en el pequeño pueblo de Dimas, cerca de Mantua, se aplica de nuevo otro procedimiento aún más arbitrario. Nos lo comenta Manuel Montero:

«A mí, prácticamente, me secuestraron. Yo iba caminando por la calle de mi pueblo, era el 28 de noviembre de 1965, y paró un carro de la policía, se bajaron cuatro soldados, me encañonaron con armas largas y me metieron dentro del carro. Me llevaron a la estación de policía de mi mismo pueblo y, de allí, para la estación de policía de Guaní. Al llegar me encontré, poco después, a mi primo Manuel Peláez y a Otto Finales ambos muy activos en la Parroquia de Dimas, cuya patrona era la Virgen de las Nieves, y al Chino, un amigo nuestro».[14]

Un grupo de seminaristas bautistas serán llamados aquel 23 de noviembre de 1965. Dos de ellos, el ahora Pastor Esteban Estrada Milián y el también Reverendo Ernesto Alfonso, ambos estudiantes en el Seminario Bautista de La Habana.

En peligro de ser enviado a los aún no conocidos campos de trabajo forzado de la UMAP se encontraba todo joven que profesase abiertamente una creencia religiosa y no estuviera integrado o, al menos,

---

[13] Testimonio de Alfredo Padrón al autor, julio 25, 2003.

[14] Testimonio de Manuel Montero al autor, agosto 2, 2003.

no manifestase simpatías por la Revolución. Situación en la que se hallaba el ahora Pastor Bautista Ernesto Alfonso.

Ernesto se encontraba estudiando en el Seminario Bautista de La Habana cuando recibe el 23 de noviembre de 1965 una citación para presentarse en un Stadium de la Ciudad de Matanzas en cumplimiento de las disposiciones del Servicio Militar. Igual citación recibió, entre muchos, el también seminarista Esteban Estrada Milián.

Nos relata Ernesto:

«Nos metieron en un estadio de la ciudad de Matanzas. Nos quitaron todo lo que llevábamos. Nos subieron a un tren y marchamos sin destino conocido por 24 horas sin ingerir alimentos. Algunos lanzaron notas por las ventanillas con la dirección y teléfono de sus padres diciéndoles «vamos con destino desconocido». En Santa Clara nos dieron una cajita de cartón con un poco de congrí. Teníamos tanta hambre que algunos hasta la cajita se comieron».

Continúan las falsas citaciones. El 19 de noviembre de 1965 Luis Albertini, de Santa Clara, recibe la notificación de presentarse al servicio militar. Lo citan a la oficina de reclutamiento del SMO en la carretera de Sagua a Santa Clara. *«Nos montaron en camiones y nos llevaron a un paraje en medio del campo, en las afueras de Santa Clara, que era como un chucho de tren. Estuvimos horas allí hasta que llegó un tren que era el que nos iba a llevar hacia el este. No sabíamos hacia que ciudad, hacia que punto. Aquel tren fue una tortura. Los vagones no tenían agua. No podíamos movernos. Aquello fue un desastre. Al fin llegamos al lugar de destino: Quince y Medio, al lado de Ciego de Ávila. Era de madrugada».*[15]

A mediados de noviembre, en la oscuridad de la noche le hicieron una emboscada a Melkis, el joven bautista que se había negado a ingresar en la Juventud Socialista. El ladrido de su pequeño perro le permitió escapar. Por solo unos pocos días. El 21 de aquel mes pasan

---

[15] Testimonio de Luis Albertini, julio 26 del 2003 al autor.

por su casa, lo llevan en un camión al Departamento del Interior de Baracoa. Allí se encontrará a muchos pastores de su iglesia y de otras denominaciones.

«Me encontré, entre otros, con Héctor Hernández, Azael Corrales, Roy Acosta, de Nibuyón; Pedro Pérez Torres[16] y Onán Hernández[17]. En camiones de cargar madera, custodiados por guardias con ametralladoras, por la orilla de la costa nos llevaron frente al obelisco del sitio por el que desembarcó Maceo[18]. Allí nos ofendieron con las más obscenas palabras a todos y al Pastor Adventista, Firino Serrano, hombre mayor y muy respetado».

3. PROYECTOS INICIALES. PLAN AGROPECUARIO CAMILO CIENFUEGOS

El mes de febrero de 1965 comienza en La Habana, con la comparecencia, en la televisión, de Eloy Gutiérrez Menoyo que había sido capturado en la región de Baracoa al tratar de infiltrarse en el país, y terminaba el mes con el inicio del viaje de Raúl Castro, Ministro de las Fuerzas Armadas Revolucionarias, y Osmany Cienfuegos, Ministro de Construcción, a la Unión Soviética. Forman parte de la delegación los comandantes Antonio Lusson, Diocles Torralba[19], Pedro García y

---

[16] Pedro Pérez Torres, recién casado, regresaba ese día de su luna de miel. Trabajaba cerca del Río Duaba donde había dejado a la que era ya su esposa. No volvió a verla hasta cerca de un año después.

[17] El médico de su embarazada esposa acababa de notificarle a Onán Hernández que la señora tendría jimaguas. Onán, ya padre de dos hijos no vería a sus cuatro vástagos hasta después de muchos meses.

[18] El General Antonio Maceo desembarcó por Duaba al oeste de Baracoa.

[19] Diocles Torralba, suegro de Tony de la Guardia, se había visto afectado en marzo de 1962 cuando la «Crisis del Sectarismo" que llevó a Aníbal Escalante a un largo exilio. Luego de asistir a una academia militar en la Unión Soviética recuperó el favor oficial y fue designado Secretario del Partido en la Provincia de Pinar del Río. En 1965 era miembro del Comité Central y, posteriormente (1971) nombrado Jefe del Estado Mayor del Ejército, pasando luego a Vice-ministro del Azúcar. Pero cayó en desgracia cuando, sin él conocerlo, grabaron en su residencia las comprometedoras conversaciones del General de División Arnaldo Ochoa, que conducen a éste al paredón el 13 de Julio de 1989, y a Torralba a una condena de 20 años.

Omar Iser Morejón, todos pertenecientes al Comité Central del Partido Comunista Cubano (PCC), Pedro Miret y varios miembros del Comité Central, y José R. Fernández[20], Pedro Guelnes, Narciso Fernández, Fernando Ruiz y Ángel Martínez.

Francisco González, vivía en La Habana. Tenía 24 años y estaba casado cuando fue notificado en octubre de 1965 que se presentara en el Country Club. Iba a comenzar, en el Bosque de La Habana, su entrenamiento militar. Comenzó con marchas. Pronto su situación cambió.

En noviembre ya se encontraba Francisco en la Agrupación de Ciego de Ávila en la distante provincia de Camagüey. El servicio militar regular se había convertido para él en su involuntaria «ayuda a la producción» vistiendo el azul uniforme de trabajo de la UMAP. Veremos pronto los próximos pasos de Francisco González.

Raúl Castro tocará en ese viaje otros temas que van a afectar –nadie lo presentía– a muchas personas, principalmente jóvenes. La nota de prensa decía:

«Aprovecharán su estancia en la Unión Soviética para cambiar impresiones con representantes de otros partidos sobre cuestiones de interés común».

A despedir a Raúl y Osmany acudieron el embajador de la URSS, Alexander Alexeviev[21], Carlos Rafael Rodríguez[22], Blas Roca[23], Emi-

---

[20] José Ramón Fernández Álvarez (el Gallego) fue oficial del Ejército Constitucional durante el gobierno de Fulgencio Batista hasta 1957. Colaboraba con el 26 de Julio. Vinculado estrechamente con Castro fue factor importante en vencer la invasión de Playa Girón en abril de 1961, y en la formación de los Cuadros de Mando de las nuevas Fuerzas Armadas. En 1965 fue designado Vice Ministro para la Preparación Militar de esas fuerzas. Luego del cierre de los campamentos de la UMAP fue designado Ministro de Educación (1971 y, posteriormente (1989) miembro del Consejo de Estado.

[21] Alexander Alexeviev fue nombrado por Nikita Kruschev en 1962 embajador en Cuba por haber establecido estrecha amistad con Castro cuando fungía como periodista de *Pravda*. Hablaba español perfectamente.

[22] Carlos Rafael Rodríguez Rodríguez, de Cienfuegos, fue dirigente nacional del PSP antes de 1959. Fue ministro sin cartera del gobierno de Batista (1940-1944). Miembro de la ORI, PURS y PCC y del Comité Central del Secretariado y del Buró Político de éste último. Con posterioridad a la UMAP fue vicepresidente del Consejo de Ministros y miembro del Consejo

lio Aragonés y los comandantes Faustino Pérez[24], J. R. Cause, Manuel Piñeiro[25] y otros miembros del PURS, del gobierno y de las Fuerzas Armadas. En el mismo vuelo regresaba a Moscú el embajador de Cuba en la URSS, Carlos Olivares.

Con gran discreción fue cubriendo la prensa el extenso viaje del Vice Primer Ministro. El 8 de marzo presenta una ofrenda floral ante el Mausoleo de Lenín; curiosamente es el mismo día en que llegan a La Habana 30 ómnibus Leyland, los mismos que en pocos meses serán utilizados para poblar, con mano esclava, los campamentos de la UMAP. Unos días después ya Fidel Castro está hablando de su «*Plan de Reeducación*», el «Plan Agropecuario Camilo Cienfuegos» ideado por el comandante Fidel Castro[26], en el que «*lo mismo trabajarán los de reeducación que los recalcitrantes*».[27]

El periódico oficial concluye con este cínico comentario: «*El Plan de Reeducación, bautizado por el Ministerio del Interior y directamente orientado por Fidel, puede agregarse a los grandes logros humanos de la Revolución*».

---

de Estado. Como tal, votó por aplicarle la pena de muerte al General Arnaldo Ochoa, ejecutada el 13 de Julio de 1989.

[23] Blas Roca Calderío. Militó siempre en el Partido Comunista. En el Segundo Congreso Nacional del primer Partido Comunista celebrado en 1934 fue nombrado Secretario General. Convertido aquel partido en el PSP calificó de «putchista" el asalto al Cuartel Moncada el 26 de Julio de 1953. Fue luego miembro de la ORI, PURS y el PCC.

[24] Faustino Pérez Hernández, villareño, militante del 26 de Julio. Vino en el *Granma*. Es designado Coordinador de la Resistencia Interna posición en la que es sustituido por Delio Gómez Ochoa en 1957 luego del fracaso de la huelga de abril. En 1959 fue nombrado Ministro de Recuperación de Bienes. Durante los años de la UMAP no ocupaba posición ejecutiva en el PCC.

[25] Manuel Piñeiro Losada, de Matanzas, se vinculó luego del Moncada, al 26 de Julio. Incorporado al Ejército Rebelde fue miembro del tribunal militar que juzgó por segunda vez y condenó, a los pilotos acusados de atacar a la población. Posteriormente fue nombrado Director del Departamento de Seguridad y del Departamento las Américas a cargo de actividades de Inteligencia y de la subversión en América Latina. Fue dirigente de la ORI, el PURS y el PCC, del que era miembro del Comité Central en 1966-1968.

[26] Periódico *Revolución*, jueves, marzo 11, 1965.

[27] Periódico *Revolución*, jueves, marzo 11, 1966.

Ya ha salido Raúl de Moscú. Ahora se encuentra en Polonia visitando la Academia Técnica Militar de Varsovia.[28]

Será el 26 de marzo (1965) que llega Raúl Castro a Sofía, la capital de la República Popular Búlgara.

Mucho interés tenía el Vice Primer Ministro y Ministro de las Fuerzas Armadas Revolucionarias en conversar con altos oficiales de Bulgaria. Con algunos de ellos visita distintas ciudades, y en la propia capital, cuyas calles vió limpias de aquellas *«lacras sociales que tanto le irritaban cuando pasaba por la Rampa de La Habana»* a la que hizo referencia Heberto Padilla[29]. De Bulgaria regresó Raúl y sus acompañantes a la Unión Soviética. No sin antes afirmar que, por lo que había visto, *«Cuba aumentará sus relaciones con Bulgaria»*.

El 23 de marzo (1965) partía Raúl de Polonia hacia Hungría invitado por el Comité Central del Partido Socialista Obrero de aquel país. Viajará acompañado por el embajador de Cuba en Polonia, Fernando-Flores Ibarra[30] y por el embajador cubano en la URSS, Carlos Olivares. Junto a Raúl viajaba su esposa Vilma Espín, Presidente de la Federación de Mujeres Cubanas. La visita oficial a Polonia había durado cuatro días.

Meses después, en octubre, esta vez al frente de una misión militar[31], vuelve el Ministro de las Fuerzas Armadas a Moscú y a la Alemania Oriental. En Berlín declara:

«La Cuba revolucionaria está indestructiblemente ligada a la suerte de los países del campo socialista».

---

[28] Periódico *Revolución*, jueves, marzo 22, 1965.

[29] Conversación de Heberto Padilla con Orlando Jiménez-Leal citada en «Conducta Impropia», Biblioteca Cubana Contemporánea.

[30] Fernando Flores Ibarra en sus años universitarios fue un adversario de Fidel con quien tuvo un choque personal. Flores Ibarra lo acusó de haber participado en la muerte de Manolo Castro, ex-presidente de la FEU (Federación Estudiantil Universitario). Como comprando su silencio, al triunfo de la Revolución Fidel lo nombró Fiscal y, luego, Ministro de Justicia.

[31] Integran la delegación los comandantes Antonio Lusson, Diocles Torralba, Pedro García y Omar Iser Morejón, pertenecientes todos al Comité Central del Partido Comunista Cubano; y los comandantes Pedro y Ángel Martínez y el capitán Carlos Labrite.

Para entonces habían madurado los planes de los campos de trabajo forzoso de la UMAP.

4. LOS PASOS PREVIOS: DISCURSO DEL 13 DE MARZO DE 1963. LA LEY DEL SERVICIO MILITAR OBLIGATORIO DEL 29 DE NOVIEMBRE DE 1963

El 13 de marzo de 1963, al conmemorarse el sexto aniversario del asalto a Palacio, Castro amenazó con trabajos forzados en los campos a todos los que habían obtenido la visa de los Estados Unidos pero no abandonaron el país.

En su discurso criticó a *«los administradores que son demasiado magnánimos y dan empleo a los que tienen visa». «Si los que tienen visa se quedan aquí tendrán que trabajar no en empleos cómodos sino en la agricultura».*[32]

En su extenso discurso se refiera *«al vago, al lumpen; lumpen, incluso de altos ingresos; hijos de burgueses, que ni estudian, ni trabajan», y a «las sectas dirigidas por la CIA».*[33]

Párrafo aparte se lo dedica a aquellos que practican *«el fanatismo religioso».*

Tres días después, el sábado 16, el periódico *Revolución* en su primera plana dedica una columna haciendo mofa de *«batiblancos, gedeón y pentecostal».*

Ya ha creado las bases que servirán de pauta –al regreso de Raúl– para iniciar los llamados a la UMAP, una vez que se apruebe la conscripción obligatoria.

El martes 12 de noviembre (1963) el periódico *Revolución* anunciaba con grandes titulares en su primera plana que *«el Viceprimerministro y Ministro de las Fuerzas Armadas Revolucionarias, comandante Raúl Castro, hablará al pueblo esta noche a las ocho y treinta para informar sobre el proyecto de ley del Servicio Militar Obligatorio».*

---

[32] *Diario Las Américas*, marzo 17, 1963.
[33] Periódico *Revolución*, marzo 14, 1963.

La comparecencia del Segundo Secretario de la Dirección Nacional del PURSC será transmitida al país por todas las emisoras de radio y televisión.

Al día siguiente ya se daba a conocer el texto completo del proyecto de ley del S.M.O. y las palabras del Ministro de de las Fuerzas Armadas. El proyecto era amplio; tanto, que cubriría a los hombres de 17 a 45 años y a las mujeres hasta 35 años. Pronto se bajarán esos límites.

El sueldo asignado a los conscriptos del S.M.O. sería de $7 pesos mensuales. Con el Servicio Militar Obligatorio el régimen cubano se ahorraría $251 millones de dólares por concepto de salarios, manteniendo en la producción agrícola a un ejército-esclavo de 321,600 soldados.[34]

El Profesor Rodolfo Riesgo Alonso[35] afirma que: *«Miles de jóvenes en los primeros años trataron de eludir la conscripción militar equivalente a tres años de trabajo forzado: unos, no acudiendo a las oficinas reclutadoras; otros, haciendo objeción de conciencia (entre éstos los que más se destacaron fueron los Testigos de Jehová). Pero la ley del S.M.O. no admitía dicha objeción como eximente. El Artículo 35 establece que «los que traten de evadir el cumplimiento de sus obligaciones militares, declarando datos falsos en la planilla de inscripción, o por cualquiera otro medio fraudulento serán sancionados con la privación de libertad en tres o más años..., sin que por ello queden exceptuados del Servicio Militar Obligatorio después de cumplir la condena».*

El Artículo 54 establecía: *«La ley regula las actividades de las instituciones religiosas».*

---

[34] Rodolfo Riesgo. «Cuba: el movimiento obrero y su entorno socio-político». Saeta Ediciones, Miami-Caracas, 1985.

[35] El Profesor Rodolfo Riesgo Alonso participó en la fundación de la Juventud Obrera Católica (JOC), fue director de su órgano de prensa «Juventud Obrera» hasta 1958. Miembro del Movimiento 26 de Julio, dirigió las actividades de prensa de la Federación Nacional de Obreros y Empleados de Comercio y, luego, comprometido en actividades clandestinas fue juzgado y condenado a 12 años de prisión.

«Es ilegal y punible oponer la fe o la creencia religiosa a la Revolución, a la educación o al cumplimiento de los deberes de trabajar, de defender la patria con las armas, reverenciar sus signos y los demás deberes establecidos en la Constitución».

CAPÍTULO II

SURGE LA UMAP

1. LA UMAP

En los primeros meses de 1965 llegó a La Habana el primer grupo de especialistas soviéticos encargado de instruir a los cubanos las formas de controlar la creciente ola de prostitución y homosexualismo. Lo componían doce asesores encabezados por el Coronel Iván Micharov y permanecieron más de 3 años en Cuba[36]. Para encabezar al grupo cubano se eligió al entonces capitán Rosendo Barrientos, antiguo miembro del PSP (Partido Socialista Popular) (partido comunista), que formaba parte de la Seguridad del Estado. Una de las primeras medidas fue la de seleccionar, de acuerdo a la información que recibían, a las personas que debían enviar a las recién constituidas Unidades Militares de Ayuda a la Producción (UMAP).

Setenta y dos personas habían de morir a causa de los malos tratos y el régimen de trabajos forzados a que estuvieron sometidos. Quinientas siete deberán ser hospitalizadas para su tratamiento siquiátrico. Todas estas cifras corresponden a los 38,641 condenados de la UMAP.[37]

Un calificado profesor universitario especializado en derecho laboral enjuicia severamente la ausencia de procedimientos legales en la conducción de la UMAP:

«Tal vez el caso más ostensible y reprobable de trabajo forzoso bajo el régimen de Castro sea el de las Unidades Militares de Ayuda a la Producción (UMAP)... No se establecía procedimiento judicial o administrativo alguno para probar la condi-

---

[36] Juan Vivés. «Les Maitres de Cuba», traducido al español por Zoraida Valcárcel. ENCE Editores, Buenos Aires, Argentina, 1982.

[37] Juan Vivés. *Obra citada.*

ción que se imputaba y mucho menos, para acreditar los efectos antisociales o dañinos al país de la misma».[38]

En agosto de 1965 el Departamento de Lacras Sociales del Ministerio del Interior (MININT) inició la recogida de aquellos considerados *«elementos antisociales»*.

De acuerdo a lo dispuesto por la Ley 1129 de 1963 que establecía el Servicio Militar Obligatorio se les exigía a muchos jóvenes cubanos presentarse determinado día ante la Comisión de Reclutamiento Militar de su localidad.[39]

Al presentarse ingresaban en las FAR. Los más, formarían parte como militares, en las fuerzas armadas. Otros, a partir de noviembre de 1965, respondiendo a nuevas disposiciones del régimen serían destinados a determinadas unidades militares que recibirían el nombre de Unidades Militares de Ayuda a la Producción (UMAP).

En cada campamento habían 120 hombres, en tres barracas «compañías»[40] de 40 hombres cada una. Éstas se subdividían en escuadras de 10 hombres. Las *«compañías»* eran de hecho, una alambrada a la que le daban aquel nombre para mantener la ficción de que formaban parte, a través del S.M.O., del aparato militar.

Los que eran enviados a los campamentos de la UMAP no recibían entrenamiento militar alguno. De 12 a 14 horas diarias se verían obligados a trabajar, bajo las peores condiciones, en labores agrícolas. Algunos, ya incorporados al Servicio Militar Obligatorio (SMO), llegan a la UMAP víctimas de un engaño. Les sucedió a Jorge Hernández y otros jóvenes que, llamados al S.M.O., comienzan a recibir

---

[38] Efrén Córdova, «El Trabajo Forzoso en Cuba», Ediciones Universal, Miami, 2001.

[39] De acuerdo a lo dispuesto en el Artículo 18 de la ley de Marzo de 1963 se hace en junio de 1966 el tercer llamado al Servicio Militar. El primero se hizo en marzo de 1964; y el segundo en abril de 1965.

[40] De hecho Camagüey fue dividida en Agrupaciones; cada Agrupación compuesta por 4 Batallones y cada Batallón comprendía 4 compañías. En próximos capítulos hablaremos sobre ellas.

entrenamiento en la unidad llamada Salado de donde pasan a la Base de San Julián, en Pinar del Río.

En octubre llega a la Base un comunicado en el que se pedía que todo el que quisiera salir del país lo informara a sus superiores. Jorge Hernández y 63 de sus compañeros dieron a conocer su interés en salir. Así recuerda Jorge aquel engaño.

«Fuimos interrogados por el capitán del Pino y, enseguida, fuimos encarcelados. En esa condición permanecimos cerca de tres semanas haciendo distintas labores como cortando marabú, trabajando en la variación de la pista de aviación y, siempre, sometidos a diversas vejaciones».

«Una noche nos trasladaron a la cárcel de Pinar del Río comandada por el famoso «Ñato». Hacía dos días que no nos daban comida y, cuando llegamos a la cárcel en la madrugada, el Ñato nos preguntó: ¿Quieren comer?». Todos contestamos: Sí!, El Ñato respondió: «Bueno, comerán mañana». Al otro día tampoco nos dieron comida».[41]

Fueron éstas las largas horas anteriores al largo viaje que habían de emprender. Ese mismo día son trasladados en camiones hasta la terminal de trenes. Destino: Camagüey.

«Estuvimos casi un día en la travesía, siempre custodiados por guardias con armas largas. Llegamos a Camagüey, nos montaron en camiones y nos trasladaron a la granja 'El Brazo' cerca de la loma de Cunagua». Comenzaba para estos 64 jóvenes su verdadero viacrucis.

Uno de aquellos jóvenes, que tenía talento para la música y la composición, compuso lo que tal vez haya sido la primera canción protesta cantada en aquellos campos:

«Nos montaron en un tren lleno de soldados con rifles; –Nos dijeron, Camagüey: allí tendrán que pudrirse».[42]

---

[41] Carta de Jorge Hernández de mayo 20, 1996. Archivo de la Asociación de Ex-Confinados de la UMAP.

[42] Testimonio de Jorge Hernández a Enrique Ros, agosto 15, 2003.

Seminaristas, obreros, campesinos, sacerdotes católicos, pastores y feligreses de iglesias evangélicas, Testigos de Jehová, jóvenes universitarios, artistas; todos aquéllos que a juicio de los veedores del régimen no estaban activamente integrados al proceso revolucionario eran enviados a estos recién creados campos de trabajo forzado, obligatorio, despiadado, que eufemísticamente llamaban *Unidades Militares de Ayuda a la Producción.*

También, los menos, homosexuales. Este es el caso de Jorge Ronet que fue citado mediante un simple telegrama para que se presentara el 29 de noviembre de 1965 en el Cinódromo de Marianao, conocido por «Los Perros». Supo, por un amigo, cercano a los círculos del Poder, que, aunque oficialmente el gobierno citaba por el Servicio Militar Obligatorio la realidad era que estaban enviando a los que convocaban en este llamado especial a unos campos de concentración y trabajos forzados de reciente creación. Desde que recibió, el 23 de aquel mes, el telegrama conminatorio, realizó Ronet varias gestiones para evadir la citación.

Intentó asilarse en la embajada del Uruguay pero no pudo contactar al embajador ni a ninguno de sus funcionarios. Tocó en las puertas de varios viejos políticos que aún se mantenían en pie. No lo atendieron. Contactó a Fermín Borges, Director del Teatro Nacional Revolucionario; que, en aquel momento, se identificaba con la Revolución; a Miriam Acevedo, actriz famosa en aquellos tiempos. También a Maritza Rosales. Nadie lo atendió.

«A mí me tocó llegar a 'Los Perros' a las siete de la mañana del 29 de noviembre de 1965. Nadie me acompañó, ni mi madre, ni mis hermanos».

Dentro del Cinódromo, Ronet encontró que había miles de personas. El proceso fue rápido y pronto eran metidos en camiones militares. *«Una vez llenados unos cincuenta camiones, partimos rumbo a la Estación Central de Trenes de La Habana, cada camión escoltado por una 'perseguidora' y algunos jeeps llenos de militares que portaban metralletas rusas, en posición de tirar».*[43]

Cerca de las diez de la mañana llegan a la estación. Partieron hacia Camagüey. A las nueve de la noche arriban a la Estación de Trenes de Santa Clara, y a las cinco de la madrugada, al pueblo de Minas.

«Nos bajaron a punta de metralletas de los vagones. De allí nos llevaron a un estadio deportivo cercano, perteneciente al central Lugareño. A esa hora, inmensos reflectores alumbraban la oscuridad, y las caras de cansancio y fatiga resaltaban monstruosamente al ser iluminadas por la intensa luz».

Comienzan las ofensas, los insultos, los improperios:

«Maricones, se acabaron los paseítos y la mariconería por el Prado».

«Comenzaron a pasar el reflector por las caras de todo el mundo: «Este parece maricón, y es, y éste y aquél otro de más allá». Decían los cabos y sargentos distribuidos por todo el estadio».

«Es mejor que ustedes mismas se separen ahora porque, si se hacen enviar junto con los hombres, luego les va a costar caro. A ver si nos facilitan la tarea y ustedes mismas se van poniendo a este lado –prosiguió el capitán, ahora parado encima de unos cajones vacíos».[44]

Enviarán a Ronet a uno de los campos cercanos al Central Senado, ahora llamado «Noel Fernández».

Otro que fue citado al Cinódromo fue Eduardo Valdés que ya, desde 1960, a los dieciocho años, estaba involucrado en la lucha contra

---

[43] Jorge Ronet «La Mueca de la Paloma Negra ». Biblioteca Cubana Contemporánea, España.

[44] Jorge Ronet. «La Mueca de la Paloma Negra». *Obra citada.*

Castro en Cienfuegos[45], una de las varias ciudades donde transcurrieron sus primeros años de vida. Veamos su relato:

«El 26 de noviembre de 1965 me citaron al servicio militar en el Cinódromo de Marianao y lo que resultó fue una recogida. Allí, cuando llegamos, creyendo que era para el servicio militar nos recibieron a empujones, nos registraban como si fuésemos delincuentes, y nos fueron agrupando y trasladándonos en camiones para la Estación Terminal de La Habana. A mi alrededor ví muchos con aspecto de delincuentes y otros abiertamente homosexuales», recuerda Eduardo.

«En la estación estábamos rodeados de soldados que nos metieron en un tren con 16 vagones. Salimos en horas de la tarde. Al pasar por Morón nos ordenaron bajar las cortinas de las ventanas. No lo hicimos y comenzamos a gritar: «Abajo el comunismo. Vamos presos. Abajo el comunismo». Los guardias rastrillaron sus armas pero no dispararon».

El destino final para Eduardo Valdés fue el Central Sierra Cubitas. *«Allí nos estaban esperando los LCB (Lucha Contra Bandidos). Y en el estadio del Central comenzaron a reagruparnos a las cinco o seis de la mañana. Allí había una confusión muy grande porque –luego nos enteramos– en la Sierra Cubitas estaba alzado un antiguo oficial del Ejército Rebelde».*

Llegará Eduardo Valdés al campamento Laguna Grande que estaba a medio construir.

Centenares han sido citados al Cinódromo. Homosexuales como Ronet; jóvenes, que años atrás habían mostrado una actitud contrarre-

---

[45] Formaban parte de aquel grupo Juan Ferrer, Tony Collado, Rafael Tejera, José Hernández, Echevarría y otros. *«Pero se infiltró un muchacho de Acción Católica, Benito Barcia Batista, y muchos de ellos cumplirían años de prisión. Cuando los detuvieron, Barcia se les apareció en el interrogatorio con uniforme de capitán del G-2. Fue luego uno de los más sanguinarios esbirros del G-2 en Santa Clara. Increíblemente, este señor esta hoy –nos dice Eduardo Valdés en julio 22 del 2003– de visita en New Jersey donde vive un hijo. Y la embajada Americana le ha dado visa a este agente del G-2 y se la ha negado a una señora que es viuda de un ex-preso político y que luchó contra Fidel. Son cosas que duelen y que uno no comprende».*

volucionaria, como Eduardo Valdés. También citarán a *«Los Perros»*, a jóvenes obreros. Uno de ellos, Eduardo Ruiz, que trabajaba en un taller de mecánica en Marianao y laboraba para el Consejo Nacional de Cultura.

Varios agravantes aparecerían en el expediente de Eduardo: Era masón; no pertenecía a ninguna de las organizaciones revolucionarias y, antecedente muy peligroso, había presentado documentos para salir del país. Eduardo Ruiz seguirá, paso a paso, el recorrido de todos aquellos que aquel 26 de noviembre de 1965 fueron engañados con una falsa citación militar. Lo trasladarán en los mismos camiones hasta la Estación Terminal:

«Nos metieron en camiones que, tras muchas vueltas, nos llevaron a la Estación Terminal. Nos metieron, no por la entrada del público sino por la parte de atrás; allí no sé cuantos vagones habría porque no se veía la locomotora. Nos montaron como presos, registrándonos y con las manos en la cabeza. Ví que el que estaba a cargo de aquel traslado usaba un uniforme verde –pero no el verde olivo del Ejército Rebelde– sino del que vestían los soviéticos con aquella gorra rara. Por el físico se veía que no era un cubano».

Llegará Eduardo Ruiz al central Lugareño. Comenzará allí su dolorosa odisea.

Los de las poblaciones cercanas a la ciudad de La Habana eran citados a los cuarteles de cada pueblo y de allí, en camiones a la Estación Terminal de La Habana para transportarlos en el pavoroso tren a los centros de trabajo forzado que esperaban por ellos.

Así lo recuerda Luis Chiong, nacido en Las Villas, pero residiendo en la capital:

«Tenía unos diecinueve años; acababa de salir del Seminario evangélico. Me habían enviado a pastorear una iglesia en Santiago de las Vegas. Las autoridades cubanas habían afirmado a nuestros superiores que estábamos exentos del Servi-

cio Militar Obligatorio. Pero no fue así y nos mandaron, a todos. También a mi hermano Arturo, a la UMAP».[46]

Su largo recorrido en aquel frío noviembre de 1965, llevaría a Chiong a un batey, cerca de Morón, del que luego pasará a su primer campamento en Peonía.

Al Cinódromo siguen llegando por centenares.

El joven José Antonio Zarraluqui tenía 21 años cuando fue citado el 25 de noviembre de 1965 para presentarse en el Cinódromo de Marianao para el Servicio Militar Obligatorio. Cuando llegó, temprano en la mañana notó algo extraño: Se encontraban ya en ese lugar muchos hombres que lucían mayores de 50 años y notó que había un grupo numeroso de homosexuales exhibicionistas: *«No eran maricas discretos sino desorejados».*

Al poco rato llegan los carros militares llenos de guardias armados. *«Los guardias se bajan y comienzan a gritar: «A formación!, a formación!». Y nos formaron en pelotones. Nos montaron en aquellos camiones y nos llevaron a la Terminal de Trenes. A empujones nos forzaron a entrar en los vagones y comenzó un largo viaje en aquel tren lechero que duró más de 24 horas».*

El tren en que era trasladado Zarraluqui fue desviando, ya en Camagüey, vagones en dirección a distintas localizaciones. *«Al grupo nuestro* –nos dice Zarraluqui[47]– *nos llevaron a Nuevitas y de allí a un campamento que se llamaba Mola. Después me enteré que era parte de una enorme finca propiedad de los Loret de Mola (de allí el nombre)».*

Había Mola la Vieja, que eran unos caseríos habitados principalmente por haitianos y Mola la Nueva que eran casitas prefabricadas; separando a las dos Moras existían unas barracas militares, cercadas y fue donde colocaron a aquel grupo.

---

[46] Testimonio de Luis Chiong al autor, agosto 25, 2003.

[47] Entrevista con el autor, septiembre 11, 2003.

2. EL POR QUÉ DE LA UMAP. EL «PLAN FIDEL»

En la constitución del Partido Comunista Cubano, Fidel Castro ha venido dando pasos graduales y firmes.

Primero, había sido la ORI (Organizaciones Revolucionarias Integradas) que incluía al antiguo Partido Comunista (PSP), al Directorio Revolucionario 13 de Marzo, al Movimiento 26 de Julio, a la Federación de Mujeres y a los Jóvenes Pioneros. Había sido Aníbal Escalante –error de Castro– quien se dio a la tarea de crear esta organización cuya Junta Directiva, de muy corta vida, se dio a conocer el 8 de marzo de 1962. Dos semanas después quedaba excluido de la misma el propio Aníbal Escalante, despiadadamente criticado por cometer *«graves errores de sectarismo»*.

Surge entonces el PURS (Partido Unido de la Revolución Socialista) nombre que, admite el propio Castro, «dice mucho pero no dice todo», porque *«partido unido* da la idea de algo que fue necesario unir».

Fidel Castro ha ido concibiendo la idea de un partido comunista homogéneo, al que sólo pertenezcan aquellos hombres de formación marxista plenamente identificados con esa ideología. Un partido que mantenga, con puño férreo, la necesaria disciplina. Los otros, los tibios, los que muestren algunas desviaciones, de cualquier índole, no sólo estarán impedidos de pertenecer al Partido sino que les tendrán que serles expurgadas tales desviaciones.

Les permitirá a muchos salir del país. Para eso abre Camarioca. Fidel se desprende, así, de elementos *«antisociales»*.

En su discurso conmemorativo del quinto aniversario de los Comités de Defensa de la Revolución (CDR) el 28 de septiembre (1965) Castro había anunciado que habilitaría *«un puertecito en algún lugar para que se pudieran ir sin peligro alguno»*. El 10 de octubre comienza a funcionar Camarioca como *«puerto internacional»*.

Declaraba Castro que *«ahora, los imperialistas tienen la palabra; vamos a ver qué hacen o qué dicen. Vamos a habilitar allí algún albergue. No le vamos a cobrar ni la comida. ¿Para qué?. Que lleguen allí y puedan estar hasta cuarenta y ocho horas, los ayudamos a que les avisen a sus familiares y los trasladen a los Estados Unidos».*

El 2 de octubre de 1965 se da a conocer la constitución del Partido Comunista de Cuba y su Comité Central que estará dividido en tres grandes grupos:

a) El Buró Político
b) El Secretariado
c) El Secretariado de Organización, y
d) los demás miembros del Comité Central.

En octubre, al constituirse el Partido Comunista Cubano, Fidel ha salido, a través de Camarioca, de muchos hombres que se oponían a su régimen. De muchos de los otros, de los que no tuvieron la oportunidad de salir o no se sintieron conminados a hacerlo, se encargará el plan que ya tiene en mente y que originalmente iba a tomar su propio nombre, el *«Plan Fidel»* que luego recibirá el más eufemístico de *Unidades Militares de Ayuda a la Producción.*

Camarioca y la UMAP, serán los dos primeros caminos por los que Castro intentaba salir de estos seres humanos desafectos a su régimen.

3. CAMARIOCA

Camarioca no le salió del todo bien a Fidel. Creía Castro que muy pocos aceptarían esa invitación. Se equivocaba.

La respuesta vino de inmediato desde Washington:

«He dado instrucciones a los Ministerios de Estado, Justicia, Salud, Educación y Asistencia Social para que hagan lo necesario para que quienes en Cuba buscan la libertad puedan entrar ordenadamente a los Estados Unidos».

Eran, éstas, las palabras con las que el Presidente Lyndon B. Johnson respondía al reto de Fidel Castro. De pronto, Camarioca, el pequeño puerto de la provincia matancera, *«adquiere relieves internacionales».* En el nuevo muelle se agrupan las embarcaciones procedentes de la Florida en busca de aquellos familiares que desean abandonar el territorio nacional, informa la revista *Bohemia*.

Durante los primeros días la prensa controlada del régimen cubrió con simpatía el arribo de *«los cubanos que llegaban a Camarioca en pos de un pariente»*. Consideraba, así, Castro que podía salir de unos pocos cientos de hombres que se negaban a participar en el *«proceso revolucionario»*. El periódico *Granma,* recién fundado, para reemplazar el periódico *Hoy* y a *Revolución* hizo mención pública, desde la segunda semana de octubre, de notas amistosas sobre la llegada y salida de lanchas por Camarioca. En pocos días la situación comenzaría a cambiar.

La primera lancha que llegó a Camarioca fue el *Mayda* que arribó al recién construido muelle del ahora activo pequeño puerto el sábado 9 de octubre, 24 horas antes de la fecha señalada por Castro. Para el jueves 14, más de 15 embarcaciones habían llegado a Camarioca, a pesar del mal tiempo en las aguas del golfo que obstaculizaba la navegación. Al día siguiente, el viernes 15, arribaban 19 nuevas embarcaciones.

Comenzaba la preocupación para el régimen: *«la pequeña y humilde Camarioca se había convertido en una de las capitales del mundo de la noticia».*[48] El sábado eran 24 las embarcaciones que tocaban el diminuto puerto. Ya eran centenares de pequeñas y viejas embarcaciones, muchas de ellas apresuradamente reparadas, las que llegaban al pequeño puerto matancero. Castro había fallado en su cálculo.

Tan pronto se iniciaron los viajes, Castro puso una cruel limitación: los varones comprendidos entre los 15 y 26 años de edad tendrían que cumplir, primero, el Servicio Militar Obligatorio antes de marcharse de Cuba. Dividía, así, a la familia cubana. Atrás, en la isla, quedarían los jóvenes como rehenes. Política que continuaría, por años, al impedir que viajase, junta, toda una familia.

---

[48] Revista *Bohemia,* La Habana, octubre 22, 1965.

Eran muchos los que se iban. La *«Operación Camarioca»* entró en su fase liquidatoria. Ya al terminar octubre quedaba cerrada la operación de Camarioca. Una nota del Ministerio del Interior, publicada en el «Granma» y luego reproducida en «Bohemia», informaba que a partir de las doce de la noche del jueves 28 de octubre sólo se autorizaba la salida de aquellas embarcaciones ya en territorio nacional o las que estuviesen en camino al momento de dictarse la Resolución. La nota del Ministerio del Interior terminaba expresando que «los interesados en reclamar a sus familiares podrían acogerse a las nuevas facilidades que se abrirían a ese fin». ¿Cuáles eran esas *«nuevas facilidades?»*. La siguiente semana se confirmó el rumor que corría de boca en boca.

El 6 de noviembre el Presidente Johnson dio a conocer *«el acuerdo con Cuba para el transporte entre 3 y 4 mil refugiados por mes desde Cuba a Estados Unidos en aviones norteamericanos»*. El transporte aéreo de los refugiados, que de inmediato sería conocido como «Vuelos de la Libertad» comenzará el primero de diciembre. Dos vuelos partían de Varadero a Miami, cinco días a la semana. 350 seres humanos que salían diariamente de la isla. Los más, personas mayores. Para excluir a los jóvenes no integrados a la sociedad revolucionaria, utilizaría Castro otro recurso: la UMAP.

4. LOS DOS PROPÓSITOS DE LA UMAP

De acuerdo a declaraciones del propio Fidel Castro *«Cuba necesitaba la UMAP para absorber hombres en la edad militar que, políticamente, no encajaban en el servicio militar regular por un número apreciable de deficiencias políticas: falta de integración en la Revolución, antigua membresía en alguna religión, holgazanería, homosexualidad o mantenían o mantienen un record criminal»*.[49]

Los individuos que tuvieran estas deficiencias, de acuerdo a Castro, serían enviados a la UMAP no como castigo o para servir una sentencia sino como parte de *«un proceso de rehabilitación ideológica»*.

---

[49] José Luis Llovio-Menéndez. *Obra citada.*

Algunos autores atribuyen a «una reacción de odio contra quienes personificaban la Cuba anterior a la Revolución» lo que llevó a Castro a crear estos centros de trabajo esclavo.

«El único dato común, el único delito que en realidad se imputaba a la mayoría de los internados, era no ajustarse al patrón de conducta que Castro había dictado para el país... en el fondo había también una reacción de odio contra quienes o bien personificaban la Cuba anterior a la Revolución o bien sostenían valores opuestos a los de la Revolución Castro-comunista».

«¿Por qué causa fue internado en la UMAP el hoy Cardenal Jaime Ortega? ¿Lo fue por su condición de joven sacerdote o por ser afeminado?. Se sabe que estuvo siete meses internado en la UMAP cuando tenía sólo un año de haber sido ordenado sacerdote. La versión oficial de la biografía dice que fue «llamado al Servicio Militar» (término equívoco que no se usa con respecto a la UMAP), pero su renuencia a condenar la dictadura castrista siembra dudas sobre los verdaderos motivos de su internamiento», afirma Efrén Córdova en su libro «El Trabajo Forzoso en Cuba».

La UMAP –expresa Castro al periodista Luis Báez– *«no es un lugar de castigo. Allí los jóvenes que ingresan no son mirados con desprecio; al contrario, son bien recibidos. Están sometidos a una disciplina militar. Son bien tratados y se procura la manera de ayudarlos a que superen su actitud. A que cambien, a que aprendan; se trata de convertirlos en hombres útiles a la sociedad».* Periódico *Granma*, jueves 14 de abril de 1966.

La UMAP servía, además, otros dos propósitos para el gobierno de Castro que, en esos momentos, estaba reestructurando al MINFAR a través del cual quería constituir unas fuerzas armadas profesionales donde no tendrían cabida muchos de los iliteratos miembros del

Ejército Rebelde[50] que, en sus meses de lucha, habían alcanzado grados militares.

La UMAP serviría un objetivo adicional: podría, ahora, Fidel deshacerse de estos semianalfabetos oficiales; muchos de ellos serán los que ocuparán posiciones de mando en esos campamentos de la UMAP.

Su propósito era hacerla parte de los hombres que Castro utilizaba para inducir terror a la población civil. A otros los enviaba al CBO (Cursos Básicos Oficiales), de Matanzas. Y enviaba, a los más altos oficiales, al Curso Superior de Guerra de la URSS.

Prueba de esto es que en el año 1966-1967, por sustitución reglamentaria, Juan Almeida Bosque[51] pasa inspección en la UMAP porque era el Ministro de las Fuerzas Armadas por sustitución reglamentaria ya que Raúl Castro estaba pasando el Curso Superior de Guerra en la Unión Soviética. Los otros oficiales que tenían alguna capacidad eran enviados, como dijimos, al CBO de Matanzas.

> *«Yo ví allá a Almeida cuando hizo la inspección a la unidad militar en que yo me encontraba. Por eso he dicho que Almeida es tan responsable de los abusos cometidos en la UMAP como lo son Raúl y Fidel y tantos otros altos oficiales».*[52]

Con todo lo que quedó del Ejército Rebelde, Castro hizo una purga y los convirtió en carceleros de los confinados de la UMAP; al tiempo que purgaba a los empleados del aeropuerto y a los jóvenes universitarios no integrados a la Revolución.

---

[50] La Ley 60 de 1959 había creado el Ministerio de las Fuerzas Armadas Revolucionarias. El nombre Ejército Rebelde era sustituido por el de las Fuerzas Armadas Revolucionarias.

[51] Juan Almeida Bosque, vinculado al 26 de Julio, forma parte de la expedición del *Granma*. Combate en la Sierra Maestra. Miembro de las ORI, PURS y PCC del que era desde 1965 miembro del Comité Central y del Buró Político. En los años de la UMAP fue Vice-Ministro de las Fuerzas Armadas.

[52] Testimonio de Emilio Izquierdo.

Otro propósito perseguía Castro con aquella decisión. Suplir, con los hombres allí confinados, la escasez de mano de obra en la muy extensa, pero poco poblada, región de Camagüey.

Lo expresaba, con gran claridad, Jaime Crombets, Primer Secretario de la Unión de Jóvenes Comunistas, en el encuentro de más de 800 delegados juveniles al XII Congreso de la CTC:

«Tareas como la falta de fuerza de trabajo en Camagüey: allí es donde está la mayor dificultad; allí es donde tiene que estar la juventud de hoy, y si hacen falta aportaremos 15,000 ó 20,000 jóvenes para garantizar la fuerza laboral de la provincia de Camagüey y, con ella, el desarrollo económico de esa provincia».[53]

Para ello servirán, también, las 30,000 *«lacras sociales»* que enviarán a los campos de la UMAP para *«reeducarlas»* y formarlas «ideológicamente».

5. EL DELITO DE TENER PASAPORTE

Serio agravante en aquella *«revolución cultural»* era, para un joven, haber aplicado para un pasaporte. Prueba evidente de su insatisfacción con el régimen. Era este el caso, entre muchos, de un joven matancero.

Juan Villar, joven estudiante de Cárdenas, había presentado en octubre de 1962 sus papeles para salir del país. Su vuelo estaba señalado para el 24 de aquel mes, pero fue dos días antes que el presidente John F. Kennedy en una dramática alocución al país denunció la existencia de cohetes en Cuba y ese vuelo, como otros, fue suspendido.

Meses después se pone en vigor la ley del Servicio Militar Obligatorio que incluiría a jóvenes de 15 a 27 años. Juan Villar era católico, otro agravante en el expediente del joven cardenense que, como otro signo de su peligrosidad, mantenía una relación de amistad con el sacerdote de una iglesia parroquial:

---

[53] Periódico *Juventud Rebelde*. La Habana, lunes 12 de septiembre, 1966.

«Yo fui a la ordenación sacerdotal de Jaime Ortega en agosto de 1964. Ese día se ordenó también el padre Pedro García».[54]
Poco después le llega un telegrama citándolo para que se presentase en el Instituto Superior de Cárdenas. Así lo recuerda el joven Villar:

«A unos nos llevaron por nuestra posición religiosa. Otros por «diversionismo ideológico». Algunos por la posición asumida en el Consejo de Cultura de La Habana; otros, eran universitarios. Muchos, también, de extracción humilde, gente de campo adentro, gente de buen corazón. Otros, homosexuales exhibicionistas».

Otro de los que caen en el primer llamado muestra para el régimen de Castro dos serios agravantes: es religioso y ha aplicado por un pasaporte para salir del país. Es éste el caso de Buenaventura Luis, del Bando Evangélico Ogeón que en un camión de volteo es enviado de Cienfuegos a Santa Clara y, de allí, en un tren de carga, mal adaptado para transportar personas, llegará, primero a Ciego de Ávila y, luego, al campamento de Tres Golpes.

El largo recorrido lo hace con otros jóvenes cienfuegueros Rafael y Reinaldo Montalvo, Jorge Wong; Torralba, seminarista católico, y José Nicolás, de Aguada de Pasajeros.

No serían sólo activistas religiosos y probados revolucionarios los que nutrirían las filas de la UMAP. Allá irían, también, otras *«lacras sociales».*

Así lo describe quien había caído del favor oficial:

«Uno de estos grupos eran los homosexuales cubanos: desde un comienzo el MININT los había perseguido, incluyendo a muchos prominentes artistas y actores cubanos. Con la creación de la UMAP, el hostigamiento se intensificó. Los oficiales del MININT patrullarían los lugares donde se reunían conocidos homosexuales, áreas de La Habana como el distrito de la

---

[54] El Padre Pedro García recibió, muchos años después, en el exilio, el reconocimiento de la comunidad latinoamericana del Sur de la Florida por su trabajo social en la zona agrícola de Homestead.

Rampa y el vecindario que rodeaba Coppelia donde recogían a todo el que lucía homosexual y los enviabana la UMAP... donde eran sometidos a la ferocidad de la rehabilitación revolucionaria».[55]

Como ya mencionamos, Llovio-Menéndez había disfrutado junto a Rolando Cubela, Emilio Aragonés[56], Osmany Cienfuegos[57], Pedro Miret[58], Raulito Roa-Koury y otros privilegiados, los placeres que París les ofrecía a estos acomodados «revolucionarios».

Varios de los que se han desviado de la línea oficial y han abusado de la confianza que a ellos o a sus familiares el régimen les ha concedido, conocerán del duro castigo que representa estar en aquellos campos de concentración. Es el caso del hijo de Félix Elmuza, expedicionario del «Granma» que morirá días después del desembarco[59]. Así nos lo describe Luis Chiong que se encontraba en el campamento de Peonía:

---

[55] José Luis Llovio-Menéndez. «Insider».

[56] Emilio Aragonés Navarro, educado en Cienfuegos, estuvo vinculado al Movimiento 26 de Julio desde su fundación. Dirigente de la ORI, del PURS y del PCC. Fue Secretario de Organización de los dos primeros. Durante la UMAP ocupaba el Ministerio del Instituto Nacional de Pesca.

[57] Osmany Cienfuegos Gorriarán, de La Habana, miembro del PSP y del 26 de Julio antes de 1959 y de la ORI, PURS y PCC luego del triunfo de la Revolución. En 1965 fue designado presidente de la OSPAAL (Organización para la Solidaridad con los Pueblos de Asia, África y América Latina).

[58] Pedro Miret Prieto, oriental, vinculado al 26 de Julio se entrenó en México junto con Fidel Castro pero no formó parte de la expedición del *Granma*. Días después se incorporó a ellos en la Sierra Maestra. Miembro de la ORI, PURS y PCC y de su Comité Central. Cuando la UMAP, fue Vice-Ministro de las Fuerzas Armadas, sustituyendo a Juan Almeida.

[59] La orientación política que se le ofrecía en México a los futuros expedicionarios del Granma era impartida por tres hombres: Fidel Castro, Juan Manuel Márquez y Félix Elmuza. Elmuza fue junto con Fidel, Raúl, Almeida y Universo Sánchez, uno de los jefes, en México, de aquellos jóvenes. Tras el ataque sorpresivo del ejército en «Alegría de Pío» la guerrilla queda diezmada y poco después muere Elmuza junto a Melesio Luján y Santiago Hirzel. (Ver amplios detalles de esta operación en la obra «Ernesto Ché Guevara: Mito y Realidad», del autor).

«Allí cayó un grupito de familiares de altas figuras del régimen. Entre ellos el hijo de Félix Elmuza, que por ser hijo de «un mártir de la Revolución» gozaba de muchos privilegios, uno de los cuales el de la «dolce vita» pero, aún castigado el joven Elmuza junto con otros privilegiados se sentía Revolucionario. Porque los oí supe que tres o cuatro de ellos vigilaban a un joven Testigo de Jehová para que cuando éste fuese al baño entrar ellos y golpearlo. Pude advertírselo al joven para que evitara la planeada agresión», nos cuenta Chiong.

CAPÍTULO III

RUMBO A LOS CAMPOS DE TRABAJO FORZOSO

1. SE INICIA EL VIAJE

Los del primer llamado, de la ciudad de La Habana y pueblos cercanos, fueron transportados a empujones y sin alimento alguno por tren. Su primera parada fue en Santa Clara *«donde nos dieron una cajita de arroz con picadillo y berros, sin agua. Seco».* Así, lo recuerda el reglano Juan Gómez. De «sancocho» calificó Renato Gómez el suyo.

De Regla, junto con Juan Gómez envían a la UMAP en el primer llamado a Anselmo Rodríguez Montogo, su cuñado; a Evaristo Falla, Juan Mario Valdés Concepción (que tenía el número 85); uno a quien le llamaban Francisquito, Laureano Expósito Figueroa (Lalo), Ervin Pérez Díaz; Roberto Mariñal Pérez, Juan Coira Martínez, que era sanitario. También de Cojimar, Fernando del Valle, sobrino del comandante Sergio del Valle[60].

Siguió aquel tren, de cuyos asientos no podían moverse, hasta la ciudad de Camagüey.

Otros fueron transportados en buses. Los más, en La Habana, eran citados a Villa Marista y, desde allí, enviados a Camagüey en un largo viaje de 18 horas.

Su primera escala sería en los amplios cuarteles del MINFAR en aquella ciudad. Constaba el cuartel de tres diferentes edificios. El más pequeño destinado al equipo responsabilizado con la atención del

---

[60] Sergio del Valle, médico, al triunfo de la Revolución es nombrado Jefe del Cuarto Distrito Militar de Matanzas y presidió el tribunal que juzgó a Huber Matos. Formará parte de la ORI, el PURS y el PCC. Viajó con Castro a Moscú en 1963, con Guevara en 1964. Con posterioridad a los años de la UMAP, Sergio del Valle será nombrado Ministro del Interior sustituyendo a Ramiro Valdés y luego caerá en desgracia y perderá el favor oficial, pero volverá a fines del año 2002 a ocupar una nueva alta posición.

campamento. Los otros dos locales, mucho mayores que el anterior, alojaban a los reclutas de la UMAP. Todo el campamento estaba cercado con alambre de púas.

Los que parten de Oriente siguen un recorrido, y trato, similar. Nos narra el Reverendo Colás:

«Para salir de mí que como Presidente de la Convención Bautista Oriental tenía que reclamarles por templos cerrados, pastores presos, multas, etc. me enviaron a la UMAP. De allí, de Palma Soriano, se llevaron a algunas personas del pueblo. Fue un fin de semana. No había tiempo de salir a reclamar algo. El viernes en la tarde a todos nos había llegado un telegrama en el que se nos decía que teníamos que presentarnos en la Policía para el Servicio Militar Obligatorio. Ése fue el pretexto que utilizaron. No había mención de la UMAP. Yo tenía 38 años, casado y con tres hijos, y el S.M.O no podía incluirme; pero me llevaron».

«Cuando nos presentamos en la Policía nos quedamos incomunicados; no podíamos salir; no podíamos hablar con nadie en el exterior del edificio. Estábamos presos. Y nos percatamos cuando, al conducirnos, lo hacían con armas largas y bayonetas. Desde el cuartel de la Policía atravesamos el parque de Palma Soriano y nos llevaban, como presos, hacia donde estaban unos camiones esperando. Los camiones venían, principalmente, de Santiago de Cuba, llenos de jóvenes que habían depurado de la Universidad».

Doblemente doloroso para el Pastor Colás resultó recorrer aquel tramo:

«Al salir de la jefatura de policía nos sacaron atravesando el parque central a vista de todo el pueblo custodiados por guardias con bayonetas. Recuerdo la mirada de mi hijo, que tendría entonces unos nueve o diez años, que veía a su padre, preso. Me quedé allí contemplando aquella cara. Aquello fue algo que me partía el alma. Mi esposa estaba a su lado.

»El viaje desde Palma Soriano hasta Esmeralda duró como 20 horas. Durante el viaje sólo tomamos agua en Contramaestre

y eso servida en cubo que tenía jabón en el fondo. A media noche chocamos con otro camión, no fue de frente, pero sí hubo heridos leves, yo me fracturé una costilla. Casi llegando al campamento el chofer se durmió y casi fuimos a dar a un barranco. La primera noche no pude dormir por la amarga experiencia de aquel día y porque es imposible dormir en una hamaca con una costilla rota. Nunca pude ver a un médico para mi hueso roto más bien me obligaban a trabajar y si me quejaba o explicaba mi problema se burlaban de mí y de mi profesión pastoral.
»Era una caravana de camiones. Delante un jeep con guardias armados y, detrás, otro jeep también con guardias armados. Durante el viaje, sólo había un chofer, éste venía medio dormido y zigzagueando a veces. Como era una carretera estrecha hubo un momento en que rozó con otro camión que venía en dirección opuesta. En nuestro camión todos nos bamboleamos y alguien cayó sobre mí rompiéndome una costilla».[61]

Los que habían salido de Morón, en la propia provincia de Camagüey, hacen un recorrido más corto. Nos cuenta Melanio Valdés:
«Allí nos concentraron a todos, o sea, ya allí éramos todos iguales, lo mismo los que estaban presos, detenidos a la salida del stadium o del cine, que los que nos habían citado. Nos reunieron allí bajo un fuerte sol esperando hasta que nos llevaron rumbo al Central Jaronú[62] *en cuatro o seis camiones».*

Serán varios los que parten de Morón junto a Melanio. Entre ellos Pedro Navarro, Jesús Díaz, Orlando Frías, Gabino Pérez y muchos más que permanecieron en Cuba.

---

[61] Testimonio del Reverendo Orlando Colás.
[62] Ahora llamado Brasil.

«Yo estudiaba y trabajaba. Las dos cosas. Estudiaba por las noches en la escuela primaria y trabajaba por el día en la iglesia católica. El párroco en esa época era Winaud Tossens a quien todos llamábamos Padre Antonio. El Padre Antonio fue uno de los tres sacerdotes belgas que llegaron a Morón en aquella época. El anterior párroco, Federico Alonso Torío, un español, era muy bueno. Estuvo 25 años en la China comunista. Le mataron a todos sus compañeros allá en la China y él, milagrosamente, quedó vivo. Pudo escapar; y posteriormente su Orden, la de los Jesuitas y su superior lo trasladaron a Cuba, otro país comunista para continuar su labor como sacerdote entregado por entero a Cristo y a su Iglesia»; nos expone Melanio Valdés.

De la ciudad de Camagüey, sin siquiera recibir la engañosa citación de presentarse a los locales del Servicio Militar, es enviado Julio Arturo Acosta a la UMAP.

Julio, junto con su amigo Jorge Manuel Eurquiza, había tratado de salir clandestino en una lancha. Fue detenido. Por más de 15 días permaneció en manos de la Seguridad del Estado. Recién había cumplido 21 años. De allí fue enviado a la UMAP:

«De la Seguridad del Estado nos llevaron a Jorge Manuel y a mí al vivac de Camagüey donde recogieron a un grupo. De allí nos llevaron al edificio del Gobierno Provincial donde se encontraba un grupo aún mayor. Escoltados nos llevaron a todos al primer campamento que para mí resultó ser Anton, que estaba en el camino a Jimaguayú».

En aquella recogida de la UMAP se llevaron a varios miembros de la iglesia parroquial San José de Bahía Honda, en Pinar del Río. Entre ellos a Francisco Figueroa Lombillo, Enrique Trigo Gálvez, Raúl García, Jesús González, Pedro Alfonzo Tavier, Moisés Alfonzo Tavier y Noel Cuervo.[63]

---

[63] Artículo de Emilio Izquierdo en el *Nuevo Herald*.

Enrique Trigo era católico activo en la parroquia de Bahía Honda. Junto a ellos se llevaron a cuatro Testigos de Jehová. Dos de ellos de apellido Cabañas. A todos, incluyendo a los que venían de Consolación del Norte (La Palma) los llevan por la carretera de Cayajabos hasta Artemisa, para emprender, de noche, el camino hasta el estadio Borrego en la capital de la provincia. El siguiente paso sería la Terminal de Trenes de Pinar del Río donde se llenaron los vagones con cientos de jóvenes de toda la provincia. El tren partió. No sabían cual sería el destino final.

«Llegamos al Central Violeta al amanecer del primero de diciembre. Empezaron a bajarnos de los vagones rumbo al estadio de béisbol que quedaba en el mismo batey del central. Todos con las manos sobre la cabeza. Allí empezaron a llamarnos por listado. Llenaban un camión y lo enviaban hacia los campamentos o barracas. Los del grupo de Bahía Honda caímos juntos en un lugar que le dicen Manezal, donde se quedaron todos los que eran abiertamente homosexuales y a los demás nos repartieron a distintos lugares. A mí me enviaron al Treinta de Manga Larga. Luego seguiré recorriendo campamentos tanto en Florida como en Morón».[64]

Otro que recorre un camino similar es Mario Víñez, el joven de Marianao que trabajaba en una fábrica de confecciones textiles en el Cerro. Llegaría primero a un remoto rincón entre la carretera de Esmeralda y Florida. Allí los bajaron:

«Nos metieron a unos 400 hombres en un lugar que no tendría más de 30 metros. Por la mañana llegó un guardia güinero con un subalterno tuerto y me dijo algo que no he olvidado jamás: «Ustedes van a ser distribuidos aquí. Esto es del Ministerio del Interior. No pueden arrimarse a la cerca y hay órde-

---

[64] Testimonio de Enrique Trigo Gálvez, del primer llamado, a Enrique Ros.

nes de tirar a matar si se acercan a menos de cinco pies de la alambrada» ese fue el recibimiento!».[65]

Efectivamente, de allí los distribuyeron. A Víñez lo enviaron a un campo, que llamaban finca: La Señorita. *«Era un campo con veinticinco pelos de alambre de púa, con cinco de antifugas. Los conté yo, más de una vez».*

Le esperaba otra sorpresa: *«Allí en La Señorita recibimos una remesa de homosexuales de Holguín y delincuentes que sacaron de El Príncipe para hacernos la vida imposible. El jefe de aquello era un pinareño que se pasaba la vida borracho. Ví llegar a Testigos de Jehová y ante cualquier discusión, dejarlos días y días sin comer. Yo, por la madrugada, les llevaba algo de la cocina».*[66]

También de Marianao partirá un joven estudiante del Colegio Excelsior que ya antes, a mediados de 1965, había sido citado por un telegrama para presentarse al SMO y sometido a un interrogatorio. Ya había aplicado para su pasaporte. Grave delito!. Tres meses después Osvaldo Friger fue llamado a Stadium de la Tropical y, rodeado de soldados, introducido a empujones en uno de varios ómnibus Leyland trasladado a una zona de Camagüey conocida como Mamanantuao, localizada entre Florida y Jaronú. *«Allí nos metieron –literalmente– en un corral de puercos».*[67]

De la provincia occidental salen en días sucesivos distintos trenes. Del estadio de Pinar del Río donde habían agrupado a cientos de personas procedentes de distintos pueblos de la provincia parte un tren no sin que «llegase un oficial, negro *«de apellido Palacios que estaba tan borracho que tenían que sostenerlo y nos metió un discurso y nos acusó de contrarrevolucionarios, llenándonos de insultos. Pero aún no sabíamos a que se debía todo aquello»* recuerda Manuel Montero, del distante pueblo de Dimas.

---

[65] Testimonio de Mario Víñez a Enrique Ros, agosto 14, 2003.
[66] Testimonio de Mario Víñez.
[67] Testimonio del ahora médico Osvaldo Friger.

«Nos metieron en un tren en el que estuvimos días. Iba hacia adelante, luego hacia atrás. El tren iba repleto, teníamos un hambre espantosa. Recuerdo que pasamos de día por un pueblo y preguntamos: ¿Dónde estamos? y alguien nos dijo: Matanzas. Empezamos a gritar: «Hambre, hambre" y, enseguida nos tiraron cosas, pedazos de pan, frutas, hasta que partió de nuevo aquel tren que nos llevó al Central «Primero de Enero».[68]

En Guantánamo han concentrado a los jóvenes –y a muchos no muy jóvenes–, de Baracoa, Nibujón, Duaba, Caimaneras, Boquerón y regiones aledañas. Entre ellos a Melkis Díaz, quien al llegar se encuentra con conocidos pastores evangélicos, estudiantes universitarios y del instituto:

«Allí estaba Orlando González, Pastor de la Iglesia Episcopal; el Pastor, del mismo nombre, de la Iglesia Bautista; Ángel París; Juan Francisco Cabaleiro, hijo de Francisco Cabaleiro, profesor del Instituto, y un grupo numeroso de Testigos de Jehová».[69]

Partirán hacia Holguín. Cerca de Tunas los incorporan a una extensa caravana, hasta llegar al Estado Mayor de Camagüey. Quien se dirige a ella es el entonces capitán Quintín Machado. Melkis será ubicado en Campo Cardoso cerca de Esmeralda, próximo a la Capitanía de Mijial.

De Rodas, la pequeña población de Las Villas, será enviado junto con muchos, un joven de 24 años, maestro de matemáticas en la secundaria de aquel pueblo. Mario Ruiz es citado el 18 de noviembre al Frontón de Cienfuegos. Donde han reunido a todos los de la zona: Los de Aguada de Pasajeros, los de Yaguarama, Abreus, Palmira y otros pueblos:

---

[68] Testimonio de Manuel Montero al autor, agosto 2, 2003.

[69] Testimonio de Melkis Díaz al autor, octubre 21, 2003 Testimonio de Manuel Montero al autor, agosto 2, 2003.

«Éramos más de trescientos. No sabía por qué me estaban enviando a lo que, evidentemente, no era un llamado regular del servicio militar. Luego supe, porque tuve acceso a mi expediente (lo narra él más adelante) *que me acusaban por ser un* **prosélito católico***. Yo, que no asistía a la iglesia ni, jamás, me había confesado!».*

Los metieron a todos en camiones y los enviaron hasta Santa Clara a la Estación de Trenes con vagones que ya estaban preparados. Habían allí cientos y cientos de jóvenes de otros pueblos.

«Cada vagón tenía un tanque de agua sucia; pasamos por Placetas, Cabaiguán, Sancti Spiritus y fueron recogiendo otros futuros confinados en casi todos esos pueblos».[70]

Llegaría el maestro Mario Ruiz a la Estación de Quince y Medio y en unos camiones que estaban a 42 kilómetros al sur de Ciego de Ávila, cerca de Júcaro, fueron trasladados a Gato Prieto. *«Ese fue el primer campamento en que yo estuve»*, nos dice Mario.
Recorrido similar al de Bernal Lumpuy lo transita el rodense Mario que de Quince y Medio llegaba a Gato Prieto:

«A dos kilómetros había otro campamento que se llamaba Santa Ana que no lo ocuparon. En los primeros días hubo mucha desorganización. En Quince y Medio nos agrupamos nosotros mismos para estar unidos los del mismo pueblo. No estaba yo solo».

«De Rodas estábamos Conrado Santillana Duarte, Luis Rodríguez, Martín Fernández, epiléptico, Iván González, un buen muchacho, que se quedó en Cuba igual que Osiel Tamame, que también está en Cuba; un muchacho, Pedrito León, que era Testigo de Jehová; Carlos Rodríguez. Éramos 10 ó 12 del pueblo y otros más del campo. En Gato Prieto separaron a los homosexuales».

---

[70] Testimonio de Mario Ruiz a Enrique Ros, agosto 27, 2003.

En aquel primer llamado de noviembre de 1965 se produce, a las dos semanas, el primero de diciembre, una nueva recogida y traslado. Formará parte de este grupo Sireno Prendes, de San Antonio de los Baños, a quien citaron a la unidad militar de su ciudad.

«De allí, en uno de esos 'tren lechero', con paradas en muchos lugares, custodiados por soldados, nos llevaron hacia Camagüey. Al iniciarse el viaje, cuyo destino desconocíamos, éramos como 800 hombres. Al llegar a Morón, después de haber recogido a varios centenares en distintas partes éramos más de 1200. Veinticuatro horas duró aquel viaje, sin comida, casi sin agua».

*«Varios oficiales nos recibieron con insultos y vejaciones. Un joven de los que iban con nosotros −creo que se llamaba Jorge Carpintero Méndez− se les enfrentó con una impresionante exposición diciéndoles a los oficiales y a los guardias que todos éramos cubanos pero que, sin embargo, ellos estaban abusando de nosotros, y denunció la forma en que nos habían tratado en el tren y allí. No lo dejaron terminar. Lo metieron en un **jeep** y se lo llevaron. No regresó».*

2. CÓMO TRASLADAN A LA ESCORIA. CÓMO VIAJA LA ÉLITE

No todos viajan hacinados, hambrientos, sedientos, empujados a punta de bayoneta. Otros llegan a la Estación de Ferrocarril de La Habana y, *«bajo una luna redonda de noviembre, se despiden de sus parientes y amigos. Besos. Abrazos. Chistes, comentarios, alegrías, ansiedad».*

«Los viajeros visten de uniforme gris y cargan pesadas mochilas. Los hay que visten uniforme verde olivo. Cuatrocientos veintiseis llevan su identificación en la parte superior del brazo: SERVICIO MÉDICO RURAL».

«De pronto, algo así como una corriente eléctrica llegó a todos los vagones, despierta a los pasajeros y los hace vibrar en tensión emotiva: ¿Qué ocurre...?».

«¡Fidel está en el tren!. Montó en Santo Domingo. Viene de vagón en vagón... va regalando sonrisas, chistes, palabras de aliento, habla del viaje y se preocupa por el ánimo de todos».
«No repuesto aún de esta gran emoción, Miguel Martín, Secretario General de la Unión de Jóvenes Comunistas, se alegra con la presencia de su dulce madre que había entrado a hurtadillas y le había traído una botella de café caliente, el cual distribuye, con bondad comunista, entre sus compañeros más inmediatos».[71]

Esclarecedor contraste que muestra la falsedad del régimen que hipócritamente afirmaba que los jóvenes *«no serían enviados a la UMAP como castigo... sino para un proceso de rehabilitación ideológica y reeducación».*

No le cumplieron –ni siquiera lo intentaron– a los confinados de la UMAP. Tampoco le cumplirán a muchos facultativos enrolados en el Servicio Médico Rural. Ya lo veremos en próximas páginas.

3. LE INCUMPLEN A LOS SEMINARISTAS

Cuando a Joaquín Rodríguez le notifican, durante el curso del 65 al 66, a los diecinueve años, que debe presentarse al Servicio Militar Obligatorio se encontraba como seminarista en La Habana.

Joaquín era de Cárdenas y había tratado de trasladar su inscripción para La Habana porque residía, permanentemente, en el Seminario del Buen Pastor, a lo que se negaban las autoridades alegando que aquello era un colegio y no su residencia. Consideraba el seminarista Rodríguez que en La Habana a las autoridades del seminario y a las autoridades superiores les sería más fácil manejar lo de su llamado al S.M.O. porque monseñor Cesare Sacchi había hablado con Raúl Castro *«y éste le había prometido que no se enviaría a ningún seminarista para el servicio militar».*[72]

---

[71] Revista *Bohemia*. Noviembre 27, 1965.

[72] Testimonio del Padre Joaquín Rodríguez, sacerdote de la Iglesia «Blessed Trinity Catholic Church" de Miami Spring, Florida; en aquel momento, seminarista.

Luego lo volvieron a citar otra vez después del primer llamado de la UMAP; en los últimos días del curso tuvo, más de dos veces, que ir a Cárdenas a llenar planillas.

«Yo les dije que yo era seminarista de la iglesia católica y consideraba que, por el momento, estábamos exentos del servicio». De nada valió.

La última entrevista se produjo estando ya fuera del seminario, que había terminado el 16 de mayo, fecha en que *«nos habían quitado el Buen Pastor y nos mudaron para el antiguo Seminario de San Carlos, que había sido el Palacio Cardenalicio que el Cardenal había reformado, o sea, que ya no tenía forma de seminario y tuvimos que volverlo a adaptar».* Fue en Cárdenas que la entrevista de él y de muchos más, se produjo con una especie de plana mayor del Comité Militar de Cárdenas y allí *«nos informaron que nos habían escogido para servir a la Patria y del Servicio Militar Obligatorio y que si teníamos alguna objeción. Aunque yo les dije que yo era seminarista, me llamaron».* Profesar una religión era una falta grave. Es el caso, entre tantos, de Pedro González, el joven de 19 años, de Cabaiguán, que es reclutado en ese primer llamado de noviembre de 1965.

«Yo había tenido –para ellos– varios tropiezos. El primero fue que cuando me llamaron para llenar las planillas del servicio, yo les dije que no estaba de acuerdo con el SMO y el segundo cuando les informé –ellos lo sabían– que mi familia y yo éramos religiosos y profesábamos la fé católica».[73]

Afirmaba sin sonrojo Fidel en aquel mes de noviembre de 1965 –al comenzar el primer llamado al trabajo esclavo de la UMAP– que *«Cuba era una sociedad de hombres libres, para hombres libres que libremente quieren pertenecer a ella».* (Revista *Bohemia*, noviembre 12, 1965).

Aquellos campamentos se nutrieron de millares de jóvenes desconocidos cuyo único delito era el de no aceptar las arbitrariedades del régimen.

---

[73] Testimonio de Pedro González, mayo 28, 2003.

Entre los metodistas se encontraba Alberto Hernández Llunfrío, que es hoy Pastor Metodista en Miami; José Alberto Badín, hoy Ministro Presbiteriano.

4. JAIME ORTEGA, ALFREDO PETIT Y OTROS

A la UMAP enviaron todo lo que representaba la sociedad civil cubana, todos hombres, religiosos, jóvenes, estudiantes, trabajadores, homosexuales; toda la gama que componía nuestra sociedad, para calificarla de lumpens, de desajustados sociales, de elementos antisociales de bajo nivel moral (Testimonio de Hugo Arza, mecánico de la Compañía de Aviación, enviado a los campos de trabajo forzoso en abril de 1966).

Junto a ellos, sometidos a las mismas iniquidades, se encontrarían figuras, algunas de alto relieve, en el arte, en las letras, en la iglesia, en su profesión. Allá se encontraba el hoy Cardenal Jaime Lucas Ortega Alamino, en aquel momento sacerdote de Cárdenas; el hoy Obispo Alfredo Petit, que entonces era párroco de la Catedral de La Habana; el Padre Armando Martínez, párroco de San Juan Bautista, de Matanzas; el Reverendo Lenier Gallardo, hoy en la Iglesia Luterana Príncipe de Paz, de Miami; el Pastor Charles Vento, hoy al frente de la Iglesia Adventista del Séptimo Día; el Reverendo Orlando Colás, entonces Pastor de la Iglesia Bautista de Palma Soriano y Presidente de la Convención Bautista de Cuba Oriental, y hoy en el exilio; el entonces estudiante, Joaquín Rodríguez, hoy sacerdote de la Iglesia Católica Blessed Trinity, de Miami Springs; Eliseo Franchi, hoy Pastor de la Iglesia Adventista.

Monseñor Petit es enviado por breve tiempo a una de las granjas donde es reubicado como sanitario en el Campamento 4 de la Estrella, en el que sitúan a todos los enfermos que van a ser examinados por una comisión médica que viene cada tres meses a los hospitales cercanos. Será comisionado Petit para llevar al confinado Rigoberto Cabrera, gravemente intoxicado, al Hospital Civil de Morón[74]. Petit y Ortega no permanecieron juntos en ningún campamento.

---

[74] Testimonio de Rigoberto Cabrera al autor, octubre 14, 2003.

Estará allí, en la Comisión Médica, cuando llega otro confinado, Guillermo Corvo, del campamento Timangó (Cacahual) padeciendo de un fuerte ataque de asma. Para marzo, Corvo recibirá la baja.

Renato Gómez conoció a Jaime Ortega cuando era «un sacerdote lleno de amor, buena persona. Antes de ser cardenal yo hablé con él infinidad de veces. La UMAP era un tema que él no quería tocar. Cuando regresamos a La Habana yo le manejé algunas veces y en una oportunidad, en un viaje de regreso me dijo: «Te tienes que ir del país. No puedes seguir aquí. Es hora que te vayas».

Me ayudó en mi salida. Pero no quería Ortega hablar de la UMAP, me insistía: *«Sácate eso de la cabeza. No guardes ningún odio en el corazón para que seas un hombre de bien. Hay cosas que te hacen daño. Tienes que sacarlas. Si no, no vas a ser feliz».* Esa conversación la tuvimos en el Arzobispado de La Habana, el día de mi salida del país cuando fui a visitarlo en compañía de mi familia para despedirnos de él, su mamá Adela y su tía que estaba con él.

En sus visitas a Miami lo ví en varias ocasiones en casa de sus familiares; no tuvimos mayor comunicación y las posiciones no eran coincidentes. Nunca me visitó en España. Sí compartí cuando estaba en España con otros obispos y sacerdotes que ejercen su labor aún en Cuba, con los que me unen buenos afectos. Luego de su ordenación ya no tuvimos mayor comunicación. Discutíamos».[75]

«Allí estaban el cantautor Pablo Milanés que, lamentablemente, luego se sometió al régimen que lo había esclavizado; Raúl Roa Kouri, hijo del entonces Ministro de Estado[76]; *«un hombre que heredó de su padre su prosapia, los argumentos inquisitivos. Llegó maldiciendo a la Revolución. Era un atardecer cuando lo tiraron del jeep aquel*

---

[75] Renato Gómez al autor.

[76] Años después Roa Kouri será designado Viceministro de Relaciones Exteriores y Representante de Cuba en la Comisión de Derechos Humanos en Ginebra. Tal vez su breve permanencia en los campos de la UMAP le ofreció amplia experiencia sobre los abusos de esos Derechos. Pero no la utilizó para condenar los vejámenes.

como un preso cualquiera, diciendo barbaridades de Fidel Castro y de todos ellos. Los que se les acercaban haciéndole un corrillo se deleitaban oyéndole las barbaridaes y los chismes de las figuras importantes de la Revolución. Pero como lo hicieron Silvio Rodríguez y algunos otros, cuando salió de la UMAP guardó silencio», nos relata el Pastor Charles Vento.

Raulito Roa Kourí había sido enviado a la UMAP por haber salido su nombre a relucir en el juicio al que es sometido Rolando Cubela por el plan, elaborado en Madrid y París por Cubela y otras figuras, para atentar contra Fidel Castro en una reunión del gabinete que se celebraría en Varadero[77].

Estaba allí el que sería después renombrado periodista José Antonio Zarraluqui; los escritores Luis Bernal Lumpuy y Santiago Mateo; Jorge Ronet, escritor y amistoso polemista que luego, al salir de la UMAP, y ya en el exilio, escribió *«La Mueca de la Paloma Negra»* donde narra sus experiencias, como joven homosexual, en aquellos campos de trabajos forzados; José Mario, que fundara en 1960 el periódico *El Puente* que recoge el trabajo de noveles escritores y fue de los primeros en denunciar aquellos horrores. También Rafael de Palet quien, como actor, debía interpretar el personaje alemán de una obra de teatro y, para darle realidad a su papel, se tiñó el pelo de rubio[78]. Crimen horrendo.

Un grupo de ex-confinados que luego residieron en Nueva York ofreció sus testimonios a Néstor Almendros y Orlando Jiménez-Leal que fueron recogidos en el libro «Conducta Impropia» que fue llevado a una película con el mismo nombre.

En la obra citada aparecen testimonios de escritores, artistas e intelectuales que, al salir de la UMAP y del país, residieron en Nueva York. Entre ellos los ya mencionados Jorge Ronet, José Mario, Héctor Aldao, y Rafael D. Palet.

---

[77] Ver amplia información sobre el juicio y la conspiración en el libro «Años Críticos: del camino de la acción al camino del entendimiento», del autor.

[78] Néstor Almendros y Orlando Jiménez-Leal «Conducta Impropia», Biblioteca Cubana Contemporánea.

Estas son algunas de esas declaraciones:

«Cuando los autocares salieron del estadio, se produjeron escenas de histeria entre los familiares que estaban alrededor. Hubo personas que se agarraron a los carros. Una mujer fue lanzada al suelo cuando los autocares arrancaron».

Llega José Mario al campamento. Así lo describe:

«A la entrada había una pancarta enorme en la que se leía: 'Unidad Militar de 2269' y un letrero con el lema: 'El trabajo os hará hombres', una frase de Lenín. Entonces fue cuando yo me acordé de aquella frase que cita Salvatore Quasimodo y que estaba a la entrada del campo de concentración de Auswichtz: 'El trabajo os hará libres'»[79].

Están también otras figuras conocidas:

«En otro llamado de la UMAP cayó el conocido médico Jorge Tablada, que ahora vive en España y se dedica a la cirugía plástica. Dicen que cayó preso en el primer grupo. Castro limpió la 'elite' de los que se decían revolucionarios pero que no lo eran (no quiero decir que el Dr. Tablada fuera en verdad 'elite revolucionaria') lo que sí es cierto que era muy amigo de Amejeiras».[80]. (Testimonio de Juan Villar).

Por dificultades que tuvo fue enviado a la UMAP a Camagüey pero posterior al traslado allá de los primeros 19 médicos. (Testimonio del Dr. Oscar Leal, agosto 9, 2003).

Entre las figuras conocidas que estaban en la UMAP se encontraba, en el campamento de *«Campo Quemado»* el actor Albertico Insua. *«Era un hombre serio, trabajaba a la par que nosotros sin recibir algún trato preferencial»*[81]. Allí se encontró con un buen amigo de La

---

[79] «Conducta Impropia». *Obra citada*.

[80] En extensa entrevista con el autor, Jorge Tablada afirma no haber tenido estrechas relaciones con Amejeiras. (Efigenio Amejeiras es separado del Ejército Rebelde el 15 de marzo de 1966 por 'su conducta irresponsable'... al desarrollar estrechas relaciones con elementos antisociales).

[81] Ernesto Alfonso, entrevista con el autor, agosto 14, 2003.

Habana, también castigado: el médico Tablada. Nos referiremos a esta inesperada reunión en próximo capítulo.

A campamento distinto al de Milanés fue también enviado Silvio Rodríguez. Lo veremos en las próximas páginas. Para 1967 ya ambos, sin conocerse aún personalmente, habían salido de sus respectivos confinamientos.[82]

5. EL CANTAUTOR PABLO MILANÉS EN LA UMAP

Pablo Milanés llega, junto con Emilio Danilo Ferreiro, al norte de Jatibonico al campamento *«Pablo Pérez»*, a unos 20 kilómetros de la Carretera Central. Tiene Ferreiro un buen concepto del cantautor: *«Tremenda persona. Muy trabajador. Siempre alegraba a la gente con su guitarra. Había estado con el cuarteto Los Bucaneros y lo quitaron para poner a Raúl Gómez».*[83]

De «Pablo Pérez» lo envían a la más distante granja «Vega Dos».

«En aquellos días en que Pablo Milanés fue, como yo –nos dice Renato Gómez– *de los primeros en ser internado, todas las tardes cantaba, melancólico, esta canción protesta:*

*«Catorce pelos de alambre y un día,
después de tanto tiempo sin verla,
me separan de mi madre.
Catorce pelos de alambre y un día
me separan de mi madre.
Catorce pelos de alambre y un día
me separan de mi amor.
Catorce pelos de alambre y un día
me separan de la **libertad**».*

La canción, por supuesto, se refería a las catorce alambradas que componían la cerca de aquel centro de castigo y oprobio. El día se

---

[82] «A Silvio lo conocí en el año 1967 en un estudio de televisión de La Habana. Nos presentó Omara Portuondo... yo había oído de sus cosas y él de las mías y fue un encuentro fabuloso» (Fuente: Víctor Aguilar: «Muy Personal», (Graphic Publicidad, Madrid, 1990).

[83] Testimonio de Emilio Danilo Ferreiro al autor, octubre 13, 2003.

refería a la distancia que lo separaba de su madre, de La Habana, de la libertad.[84]

Estará Pablo Milanés en el mismo campamento al que es destinado Serafín Sarduy, maestro de Santa Clara quien, a pesar de haber cumplido ya 31 años había sido arbitrariamente llamado al «servicio militar». Motivos?. Tal vez celos profesionales de la directiva de la escuela que quería deshacerse de un más capacitado colega o, con absoluta seguridad, por haber llenado Sarduy sus papeles para salir del país.
En Vega 2, uno de los tres campos que constituyen la Agrupación Vertientes[85], se encuentran Milanés y el maestro villaclareño.

Con ellos coincidían Roberto Beltrán, conocido bailarín que la Vedette Rosita Fornés escogía como pareja cuando bailaba.

Quien lo conoce primero en este nuevo campamento es Álvaro Álvarez. Así nos describe aquel encuentro:

«Recién me habían trasladado a una granja llamada 'Vega Dos' a unos 30 kilómetros del Central Vertientes, ahora llamado Panamá. Era un lugar en casa del diablo. Yo tenía allí mi hamaca y un maletín grande de cedro, con llave, que me había llevado mi familia en una de sus visitas porque mi familia sabía lo que era estar preso. Al lado de mi hamaca había un camastro vacío.

»Un buen día llega aquel mulatico flaquito, con una guitarrita vieja y empezamos a hablar. Y me pregunta: –¿Tú no sabes quién soy yo?. Le digo: –Chico, tu cara me es familiar. –Yo soy Pablo Milanés. Ya él era conocido y ahí comenzamos a conversar más estrechamente. Él era compositor e intérprete. Tomaba su guitarra y la amarraba con una cadena y nos íbamos al campo juntos.

»Allí tuvo una conducta digna. Siempre lo veías solo. Allí compuso muchas canciones de protesta. Entre ellas aquella de 'Catorce pelos de alambre y un día'.

---

[84] Testimonio de Renato Gómez.

[85] Vega 1, Vega 2 y Manantiales de Vertientes eran los tres campos que formaban aquella Agrupación.

»Cuando salimos de la UMAP me lo encuentro un día en Radio Centro y le digo en forma amistosa: –Oye negro, mira que tú eres descarado, ¿cómo es que ahora tú le estás haciendo el juego a Castro? y me respondió: –Álvaro, tú estás equivocado. Yo lo que me cansé es de darle golpes a la pared. Porque yo estuve preso en La Cabaña. De La Cabaña se fugó; lo detienen de nuevo y lo mandan a la UMAP.
»Pablito me dijo: –Yo, ahora, los voy a vacilar. Más nunca lo ví.
»Lo que he sabido de él es que es el representante de Sonny en Cuba y Sur América, y creó una Fundación Pablo Milanés y ha hecho mucho dinero».

No estaba nada errado el amigo Álvaro Álvarez cuando hablaba de la *Fundación Pablo Milanés*.

Luego de exitosos conciertos que llenaron el Coliseo de Bogotá y el Auditorio Nacional de Ciudad México, en noviembre de 1992 se fueron perfilando las condiciones básicas para la creación de la *Fundación de Pablo Milanés* y la hacen coincidir, en febrero de 1993, con la elección y designación del trovador a la Asamblea Nacional del Poder Popular. Se convierte así Pablo Milanés, de hecho, en un hombre del régimen.

Muy hábilmente –como lo explicó a su amigo Álvaro–, Pablo se convirtió en el Presidente de la Fundación y, como tal, de su Junta Directiva que tendría al Ministerio de Cultura como tutor. Pero quedaba bien establecido que la Fundación era *«una entidad cultural de carácter civil, no gubernamental, autónoma, y que tiene capacidad para poseer patrimonio propio».*

Viaja a Francia. La prensa informa que la policía tuvo que realizar un gran esfuerzo y cerrar todas las calles que rodean el Teatro Olympia, debido a que miles de personas llenaban las vías manifestando su aprecio por el cantautor.

Para entonces, tras sus conciertos en Argentina, Chile, Venezuela, Colombia y México y los celebrados en España y Francia, el dinero lo ganaba a raudales. Pero tendría que compartirlo con el Primer Ministro y Secretario General del PCC; líder máximo de la Revolución y socio principal de toda empresa.

Milanés vive consciente de la crítica que su riqueza despierta: «A mis espaldas, ciertos señores hacen alguno que otro comentario de mal gusto y dicen: *«Mucha representatividad de Cuba, mucha Revolución, mucha disposición a servir a los ideales, y los bolsillos llenos de dinero»* pero –aclara con prontitud quién es el mayor beneficiario: *«la mayor parte de la ganancia de esos contratos comerciales es para «mi país»*[86]*, y la de los discos también».*[87]

Ese mismo sentimiento se lo expresa a uno de sus biógrafos:

«El formar parte de aquellas Unidades Militares en zonas rurales del país, en donde la faena diaria del duro trabajo agrícola bajo un régimen disciplinario de vida militar, me haría meditar una y otra vez acerca de lo vivido y por vivir, sobre este nuevo mundo de tan fuertes experiencias».[88]

Dolorosamente para Milanés –cuando se celebra el Primer Encuentro Internacional de la Canción Protesta, confinado, preso, como tantos en la UMAP–, no puede asistir a ese evento que para él hubiera tenido tanta resonancia.

Aclaremos que Pablo Milanés no se considera, ahora, un contestatario a las ideas de la Revolución. Como tantos otros artistas no culpa a Fidel ni a la Revolución. Los culpables son otros. *«Era el enfrentamiento contra esquemas mentales y dogmáticos a ultranza que manifestaban algunos funcionarios. Nunca fuimos tan terribles como la imagen que ofrecían de nosotros esas personas»*[89]. Esas personas, no Castro!.

Ronet tuvo la honestidad que les faltó a Pablo Milanés y a Silvio. Cuando salió de la UMAP denunció los atropellos a que todos fueron

---

[86] Entrecomillado del autor.
[87] Víctor Águilar: «Muy Personal». *Obra citada.*
[88] Clara Díaz Pérez. Editorial Cxalaeatla, Navarra, España, 1994.
[89] Víctor Aguilar, «Muy Personal. Pablo Milanés». Editorial Graphix, Madrid, 1990.

allí sometidos. Los dos cantautores guardaron cómplice y cobarde silencio.

6. SILVIO RODRÍGUEZ CONDENADO A LA UMAP

El 4 de marzo de 1964 Silvio Rodríguez fue citado ante el primer llamado del Servicio Militar Obligatorio de las Fuerzas Armadas Revolucionarias. Tenía 17 años y en abril fue enviado a la Unidad 3234 de Infantería, en Artemisa, y luego a la Unidad 1087 de Servicios de Retaguardia del Ejército Occidental, más cerca de La Habana. Posteriormente fue ubicado en la 2105, de Comunicaciones, en el Campamento de Managua. Como era dibujante y caricaturista, Juan Azúa, Director de la Revista *Venceremos,* logra que pase a colaborar en la revista.

Un día no puede regresar al campamento de Managua (en La Habana) donde dormía. Fue reprendido y enviado al Tribunal Militar. Se decidió enviarlo a una Unidad Militar de Apoyo a la Producción (UMAP) para que se corrigiera y adquiriera una férrea disciplina, pero la intervención a su favor de parte de sus jefes inmediatos en la Revista *Venceremos* paralizó el recio dictado.

No sería en la UMAP donde Silvio cantaría sus canciones protesta pero sí en otras unidades militares y las letras de sus canciones en aquellos dos años reflejaban una crítica al régimen de silencio impuesto por Castro. Poco después, en noviembre de 1965 pasa a trabajar en la revista *Verde Olivo* bajo la dirección, en aquel momento, de Luis Pavón. Allí se quedó Silvio hasta junio del 67 en que cumplió los años del servicio militar.

En aquellas tardes cuando el físicamente débil cantautor se veía obligado a cortar caña en el Central «Camilo Cienfuegos»[90], Silvio rasgaba *«su vieja y destartalada guitarra, que pintarrajeó por completo»* expresando los tantos motivos que en Cuba existían para no reírse:

«Hay un grupo que dice
que le haga reír;
dice que mi canción

---

[90] Antiguo Central Hershey.

*no es así, juvenil;
que yo no me debiera
poner a cantar
porque siempre estoy triste,
muy triste.
Miren que decir esto
con tantos motivos
para no reírse como hay.
Miren que decir esto
con tantos motivos
para no reírse como hay.*

*Yo no puedo vivir fácilmente,
sin ver que suceden mil cosas
muy tristes.*

*Miren que decir eso
con tantos motivos
para no reírse como hay».*[91]

Más tarde, al salir del campamento, se olvidó de aquellos tantos motivos que en Cuba existían para no reírse.

A la UMAP, nuestro Gulag tropical, fueron enviados profesores retirados de las universidades y los centros de segunda enseñanza. La universidad quedaría abierta sólo para los revolucionarios. La Escuela de Medicina la hicieron prioritaria; no ingresaría en ella ningún estudiante que no estuviera integrado a la Revolución.

---

[91] Clara Díaz Pérez. *«Hay quien precisa»*

CAPÍTULO IV

LLEGAN LOS PRIMEROS CONFINADOS

1. TRATADOS COMO BESTIAS

No había compasión para nadie. Desde el primer momento eran tratados como bestias, como esclavos.

«*De allí nos sacaron y nos montaron a unos cien, aproximadamente; muchos, persones destacadas del pueblo, casi todos de convicciones religiosas. Católicos, Testigos de Jehová, Evangelistas, Bautistas, Metodistas. Nos llevaron a la estación del ferrocarril; nos metieron, junto con tres o cuatro mil en un tren con escoltas militares a empujones y golpes: –No se pueden levantar y ban! el culatazo, la ametralladora. –¡No se pueden mover!.*

»*Había que orinarse allí, donde estábamos sentados, hacinados unos encima de los otros y salió el tren para Artemisa y allí paró por mí, porque me desmayé; tenía la presión alta; volvieron a decir lo mismo: que tenía que seguir con los demás. Siguió el tren y llegamos a La Habana. Le pusieron tres o cuatro vagones y siguieron hasta llegar a Matanzas donde le agregaron otros tres o cuatro vagones, y aquel tren seguía caminando hacia el este sin que pudiéramos tomar agua, sin comer, orinándonos en el asiento; sin nada, sin movernos; todo lo peor que uno pueda imaginar*».[92]

Seguía esa caravana de hombres que, según Castro, iban a ser reeducados, no castigados, en la que no se vió –como no se verá en la UMAP– un rasgo humano.

---

[92] Testimonio de Renato Gómez al autor, abril 24, 2003.

«*Llegamos a Santa Clara; allí nos dieron una cajita con un poquito de arroz, un sancochito de ésos. Seguimos y a los dos días llegamos a Violeta, en Camagüey.*
»*Comenzamos a bajar; habían dos filas de guardias con bayonetas. Cuando nosotros bajábamos, allí mismo nos daban el bayonetazo y nos daban un empujón y nos metieron en un estadio; porque todo era siempre en un estadio. Me recuerdo a un comandante, cuando voy pasando por su lado me dice: «Por ti fue que paró el tren en Artemisa para venir pa'cá?». Y yo, con inocencia, le digo que sí... y me ha dado una trompada por el oído que me tiró al suelo.*
»*Había ametralladoras 50 en todo alrededor del estadio. En las gradas, dos ametralladoras apuntando para nosotros y, allí, un comandante de espejuelos negros, García, nos dijo, con estas palabras casi textuales: –Ustedes van a aprender lo que es ser hombre y van a salir de aquí o revolucionarios, o muertos. Ustedes entraron pero no van a salir. Les vamos a enseñar lo que es ser revolucionario*».[93]

En Bahía Honda, provincia de Pinar del Río, varios jóvenes son notificados para que se presenten aquel domingo en el Comité Militar que quedaba a un costado de la iglesia. Muchos eran católicos activos de la parroquia San José.

Van primero, como lo han hecho desde su niñez, a la iglesia. Luego se dirigen al Parque de Las Madres frente al que se encuentra el Comité Militar.

«*Conmigo están* –nos relata Enrique Trigo Gálvez– *Pedro Alfonso Tariel, su hermano Moisés; Jesús González (ya fallecido); Noel Cuervo Socarrás, Francisco Figueroa Lombillo, Raúl Palacios Sandoval, Raúl García y cuatro Testigos de Jehová cuyos nombres no recuerdo pero entre los que se encontraban dos hermanos de apellido Cabana.*

---

[93] Testimonio de Renato Gómez, abril 24, 2003.

»*Pedí permiso para ir a un kiosko que estaba enfrente, pero me fue negado. Entonces le pregunté que qué sucedía, que si es que estábamos presos; y uno de los militares me contestó: –No, no están presos pero sí están retenidos. Después de tenernos como dos horas (retenidos o presos) nos montaron en un camión escoltados por militares con armas largas y nos llevaron a las afueras de Bahía Honda. Al rato llegó otro camión con jóvenes que procedían de Consolación del Norte (La Palma). Nos montaron en el mismo lugar y en el mismo camión y nos llevaron hasta Cabañas donde recogieron a otro grupo de jóvenes y nos trasladaron por la carretera de Cayajabos».*

GRANJA PEPITO TEY, CAMPAMENTO MORENO I, CENTRAL VIOLETA
Dos años y siete meses pasó Enrique Trigo en distintos campamentos: Malezal, Magarabomba, Manga Larga y otros. De «Pepito Tey» es la foto que aquí se muestra. Para recibir las visitas y tomar fotos estaban obligados a vestir estos uniformes de aspecto militar. Al terminar las visitas volvían los confinados a sus sucios uniformes azules de trabajo.

Llegaron a Artemisa donde permanecieron largo rato sin permitirles moverse, esperando que cayera la noche. Allí comenzaron a llegar camiones de Guanajay, Mariel y de la propia Artemisa. Siguieron en una caravana por la carretera central recorriendo Candelaria, San Cristóbal, Consolación, Los Palacios hasta llegar a la capital, Pinar del Río, al estadio Borrego donde los bajaron y empezaron a llamarlos por nombre y apellido y a numerarlos formándolos en grupos.

«Nos trasladaron hasta la terminal de trenes donde comenzaron a llenar los vagones con los jóvenes de toda la provincia –era la primera vez que yo montaba en un tren–. No sabíamos hacia donde íbamos o si se movían hacia Occidente o hacia Oriente. En la terminal de La Habana subieron a los vagones militares para registrar y quitarnos cortauñas, llaveros y algunas otras pertenencias. De allí hasta Jovellanos donde hubo un problema mecánico y algunos de los futuros confinados pudieron escaparse por las ventanillas, a pesar de los custodios que llevábamos en cada vagón. Ya todos teníamos hambre y no nos dieron de comer hasta que pararon en Santa Clara y nos dieron una cajita con un poco de arroz», recuerda Enrique Trigo.

Aquel tren, lleno de jóvenes hambrientos, desorientados, sin idea de cual sería su destino siguió avanzando hacia el este hasta llegar a Morón. De allí continuaría hasta el central Violeta *«que ahora lo llaman 'Primero de Enero'»* –recuerda Trigo– *«al amanecer nos empezaron a bajar de los vagones rumbo al estadio de pelota que queda en el mismo batey del central en cuyo terreno se veían ametralladoras y armas largas. Llenaban un camión y fueron repartiéndonos a distintos campamentos o barracas».*

A muchos de Las Villas los iban concentrando en la capital de la provincia:

«Nos montaron en un tren, en el caso nuestro, para Santa Clara. En camiones. De toda la provincia fueron recogiendo. Un tren infernal. Los vagones no llevaban agua o sea, que, un vagón llevaba un tanque con agua y el otro no. Teníamos que encontrar una botella vacía para poder llenarla porque el

viaje empezó como a las nueve de la mañana y llegamos como a las once de la noche a un lugar que se llama Silveira, cerca de Stewart». (Testimonio de Cecilio Lorenzo).

2. LA «REHABILITACIÓN» INCLUYE A TODOS

La participación activa en una iglesia –católica, bautista, pentecostal, adventista, no importa la denominación– será una de las causas que impulsará al régimen a intentar *«rehabilitar socialmente»* a estas personas para que puedan integrarse a la nueva sociedad que la Revolución está construyendo.

No serán solo peligrosos vínculos religiosos los que mueven al gobierno revolucionario a *reeducar* a tantos jóvenes que se niegan a participar en el proceso revolucionario.

Es el caso, entre muchos, de Juan Gómez, joven de Regla no integrado a la Revolución pero sin vínculos religiosos.

«Me vinieron a buscar a mi casa –sin citación previa alguna– y me llevaron al Campo Deportivo Alberto Álvarez. Nos tuvieron allí hasta las 6:00 de la mañana en que nos montaron en rastras y nos llevaron hasta la Terminal de Trenes de La Habana. Era el 20 de noviembre. Al meternos en el tren a las 12:00 del día, ya sabíamos que íbamos presos –no conocíamos aún hacia dónde– porque íbamos custodiados por reclutas del ejército».

Para algunos, la vinculación –real o aparente– con altas figuras del régimen que habían perdido el favor oficial era la razón, no esgrimida, para someterlos a este programa de reeducación.

Le sucedió a José Luis Llovio-Menéndez[94] que mantenía –inducido por José Abrantes, el entonces poderoso subsecretario del MININT[95] a cargo de la Seguridad del Estado– estrechas relaciones con Rolando Cubela, Osmany Cienfuegos, Pedro Miret y otros prominentes oficiales cercanos a Fidel. Todos ellos, aún no lo presentían, estarían envueltos en *La Dolce Vita* acusados de irresponsables y corruptos funcionarios que malgastaban fondos de la Revolución en francachelas y escandalosos lujos.

Muchos de éstos, sin la fortaleza que le da a los creyentes su fe religiosa, sufrieron un serio quebranto emocional cuando, pensando que gozaban de la total confianza del régimen, en París, disfrutando de la *Dolce Vita* con otros privilegiados, conocieron que su próximo destino eran los recién creados campos de la UMAP.

En marzo de 1966 mientras saboreaba una apetitosa pizza napolitana en un elegante restaurante de La Habana –por supuesto, no accesible al ciudadano ordinario– sintió Llovio un toque en la espalda y una voz baja y autoritaria que le decía:

«Ciudadano Llovio, levántese tan tranquilo como sea posible y venga conmigo. Por orden del Comandante en Jefe, usted está arrestado».

Cuando se volvió, vió a un oficial apuntándolo con una pistola y, detrás, otros dos hombres con sus armas medio ocultas bajo sus camisas. Días después, 35 en total, pasaba Llovio de la *«dulce vida»* a la dura vida de la UMAP.

Fue el primer paso del ciudadano Llovio en su largo camino que lo llevará a los campos de concentración y trabajo forzado. Su deten-

---

[94] José Luis Llovio-Menéndez, camagueyano, joven auto-exiliado durante el gobierno de Batista, estudiaba medicina en La Sorbona de París. Al triunfo de la Revolución se integró en Francia al gobierno revolucionario en una posición del cuerpo diplomático. En los primeros años mantuvo cordiales relaciones con Pepín Naranjo, Ernesto Guevara y Alfredo Guevara. Fue, entonces, un oficial del MININT, dirigido por José Abrantes.

[95] Vinculado al Movimiento 26 de Julio y expedicionario del *Granma*, Ramiro Valdés había creado el MININT, y era, en aquel momento su ministro. Forma parte de la ORI, el PURS y el PCC.

ción coincidía con la Conferencia Tricontinental que se celebraba en La Habana. En aquel momento se desarrollaba el juicio a que era sometido Rolando Cubela. Su vida cambió. De París a Villa Marista. De allí a la UMAP.

3. LLEGAN LOS PRIMEROS CONFINADOS

Jorge Ronet, el joven escritor, llega a la Granja Libertad, cerca del Central Senado, al mediodía. Se encontraba entre unas 300 personas provenientes de distintas partes de la isla. Había estado viajando toda una noche y parte del día anterior. Se sentía molesto y confuso. Había perdido el sentido del tiempo.

Oye los gritos de un sargento:

«¡Los más altos, pónganse al final de la línea. Quiero cinco líneas, del frente hacia atrás, de diez cada una!.

«Voy a asignar un número a cada uno al pasar lista. No quiero oír voces ni quiero errores en la formación. ¡De prisa. Maricones, escoria!. ¡Recuerden que esta es su última oportunidad para ponerse en regla con la Revolución!».

«El sargento comenzó a leer nombres y asignar números... 41, 42, 43, Jorge Ronet. Ése era mi número».

Siguen los improperios:

«¡Todos ustedes son la escoria de la sociedad, gusanos, contrarrevolucionarios, agentes de la CIA, Quinta Columna del imperialismo!».

El que estaba a cargo del entrenamiento de los recién ingresados comienza su catilinaria:

«Déjenme decirles que ustedes cortarán caña y recogerán papas, calabazas, malanga, tomate, boniatos y yuca. Van a recoger y plantar todo tipo de legumbres y van a limpiar las yerbas malas con sus propias manos. Esta es una oportunidad que les dá el gobierno para rehabilitarse con la Revolución... deben darse cuenta de la generosidad de la Revolución Cubana... todos ustedes deben estar agradecidos a Fidel, al Ché Guevara y a todos los patriotas por haberles dado esa oportunidad de rehabilitarse, y por no haber sido enviados al pare-

dón de fusilamiento como nuestros camaradas chinos hicieron en Shanghai en 1949 con los contrarrevolucionarios como ustedes».

Todos reciben el mismo humillante tratamiento:

«Nos bajaron de los camiones a punta de bayoneta. Nos formaron en grupos de ciento veinte, éramos tres camiones cada uno con 40. Y llegamos a unos campamentos sin luz eléctrica. Eran unas barracas y lo primero que nos dijeron fue que ese comando militar tenía la potestad hasta de aplicar la pena de muerte. O sea que de allí podíamos salir quizás a los dos años, quizás a los tres, quizás a los cuatro; de acuerdo a nuestra conducta de allí podíamos salir con los pies para adelante pues ellos podían fusilarnos. Efectivamente, en algunos lugares hubo fusilamientos». (Cecilio Lorenzo)

De San José de las Lajas, pueblo rebelde, saldrá también Juan Rodríguez que ya, a los 16 años es llamado el 30 de octubre de 1964 al servicio militar. Debe presentarse en el Campo Armado y formará parte de la Unidad 13 y 13 de la División 2350.

Vio muchos casos de automutilaciones:

*«Yo mismo fui **mutilador** cuando algunos compañeros me lo pedían. Lo hacía no con el machete sino con una mocha afilada».*[96]

Inconforme con las regulaciones del servicio militar y los excesos de sus superiores se fuga del campamento. Asesorado por su padre para evitarle serias sanciones, se presenta.

«Me pelaron al rape y me enviaron a Vertientes, cerca del Central Elia. Luego me trasladaron a distintos campamentos: Ramón, La Rivera, Los Sitios (donde fusilaron a Eleguá y donde yo caí preso).

»Allí, en aquel campo hubo muchos casos de rebeldía. Recuerdo que dos homosexuales trataron de escaparse. Capturados, fueron regresados al campamento. El capitán Zapata comenzó

---

[96] Testimonio de Juan Rodríguez al autor. Noviembre 7, 2003.

a interrogarlos y a maltratarlos. Uno de ellos lo escupió. Fue violentamente castigado. Se creó una muy tensa confrontación.

4. PEONÍA, TRES GOLPES Y JAGUEYCITO

Se repite, con saña, el mismo patrón de abuso para *reeducar ideológicamente* a los confinados:

«Con los de la primera recogida los guardias se ensañaron. Cogían una manguera, de 2 pies –recuerdo como si fuera hoy– que era de vinil azul.[97]

»La cubrían con alambres de púas, y empezaban, fuera de la barraca, a tomar cerveza. A las once o doce del día entraban y comenzaban a golpear a todo el que pasaba por su lado. Los que más sufrieron estos criminales castigos fueron los Testigos de Jehová a quienes amarraban por las manos, a muchos los arrastraban por la guardarraya y cuando los regresaban a las barracas llegaban desbaratados. A varios los desnudaban, los ataban con alambres de púas que se los enrollaban alrededor del cuerpo y los paraban frente a las alambradas. También de púas. Entonces, los dejaban allí un día o dos, sin comer, ni beber; al frío del sereno y al azote del viento. Cuando se desmayaban, los golpeaban con aquella manguera cubierta de alambres de púas desbaratándoles el cuerpo».

»Entre los oficiales más sádicos se encontraban los hermanos Aldo Guerra, Víctor Dreke[98], *José Ramón Silva, el capitán Magaña, Montelier, un mulato al que le decían 'Cunagua'. Eran anormales, bestias».*

En aquel tren que partió de La Habana y recogió confinados en su lento recorrido por varios pueblos llegan, entre tantos miles del no

---

[97] Testimonio de Renato Gómez, abril 24, 2003.

[98] Unas semanas antes, el 3 de octubre, Víctor Dreke, recién regresado del Congo –donde había estado con Ernesto Guevara– había sido designado miembro del Comité Central del nuevo Partido Comunista Cubano. En los campos de la UMAP se encontraba en un viaje de inspección, no castigado como otros prisioneros.

muy distante Camagüey, Mario González, Samuel de la Torre, William Amores, Benny Morales, Pedro González y Adrián Cereijo. Juntos sufrirán maltratos en los distintos campamentos a que serán enviados. Nos referiremos a ello en próximas páginas.

Llega Luis Albertini, el joven de Santa Clara, al Campamento de Quince y Medio. *«Allí nos fueron formando en batallones y nos trasladaron a diferentes lugares. Yo caí en el campamento Tres Golpes, entre Ciego y Morón. Conmigo estaban Rafaelito Surí (que está ahora por Texas) Mateo; Ache, de Santo Domingo y otros. Estuvimos allí unos seis meses hasta que hicieron el segundo llamado. Entonces me mandaron para Jatibonico y, luego, a Jagueycito, al lado de Ciego de Ávila donde estuvimos otros seis o siete meses»* recuerda Luis Albertini en entrevista con el autor.

A Campo Cardoso, cerca de Esmeralda, y formando parte de la Capitanía el Mijial, llega desde su lejano Baracoa, Melkis Díaz. El primer ¡De pie! Se lo dan en el Batallón 4 comandado por el capitán San José[99] que al ordenar a formación se dirige a los confinados recién llegados con estas palabras, sazonadas con los peores improperios y blasfemias:

«Ustedes vienen aquí a trabajar y hacerse hombres. Si tratan de escapar los cazaremos enseguida. Morirán y sus cuerpos serán enterrados en estos cañaverales y nadie, ni siquiera sus familias, sabrán donde». (Testimonio de Melkis Díaz).

---

[99] Afirma Melkis Díaz que el capitán San José, que en los campamentos de la UMAP se comporta como un hombre cruel y despótico, había gozado de prestigio al triunfo de la Revolución al tomar Caimanera.

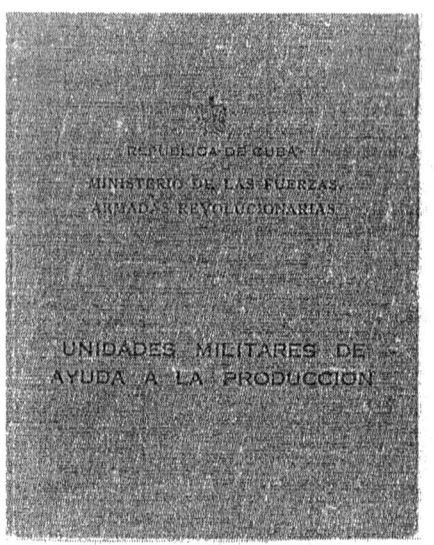

CARNET DE IDENTIFICACIÓN
DE LAS UNIDADES MILITARES DE
AYUDA A LA PRODUCCIÓN

CUMPLIMIENTO DE LAS NORMAS

MES	AÑO	%	FIRMA J' COMPAÑIA
3	66	63	*(firma)*
4	66	66.7	*(firma)*
5	66	15	*(firma)*
6	66	49	*(firma)*
7	66	61	*(firma)*
8	66	56	*(firma)*

CUMPLIMIENTO O NO DE LAS NORMAS

DISMINUCION O AUMENTO DEL TIEMPO DEL SERVICIO MILITAR

MES	AÑO	DIAS MENOS	DIAS MAS	FIRMA J' UMAP
8	66		10	
9	66		10	

PENALIDADES. AUMENTO EN EL
TIEMPO DEL "SERVICIO MILITAR"

ADVERTENCIAS

1. Este Carnet es un documento personal e intransferible y será mostrado únicamente cuando sea necesario identificarse como miembro de las UMAP de las FAR.

2. La pérdida, extravío o destrucción de este Carnet será sancionado de acuerdo con las disposiciones de la legislación Penal Militar vigente.

3. La tenencia o posesión de este Carnet en persona distinta a la interesada, conlleva la responsabilidad del delito de hurto, previsto y penado en el Artículo 529 del Código de Defensa Social.

PENALIDADES POR EXTRAVÍO
O DESTRUCCIÓN DEL CARNET

5. CAMPO QUEMADO, QUINCE Y MEDIO, MONTE QUEMADO, MOLA Y GATO PRIETO

Al joven seminarista bautista Ernesto Alfonso, al llegar al stadium de la ciudad de Matanzas lo despojan de todo:

«Nos quitaron todo lo que llevábamos. Nos metieron en un tren y marchamos sin destino conocido por 24 horas sin ingerir alimentos. Algunos lanzaron notas por las ventanillas con la dirección y teléfonos de los padres diciendo «vamos con destino desconocido.

»Ya en las afueras de un pueblo en Camagüey nos bajaron y caminamos entre dos hileras, muy cerradas, de soldados armados con rifles y bayonetas. Tan cerca de nosotros estaban que si te caías te enterrabas la bayoneta. Uno se cayó; lo clavaron con una bayoneta; lo subieron a un camión y se lo llevaron. No supimos que fue de él.[100]

»Llegamos –nos cuenta el bautista Ernesto Alfonso– *a unos grandes cañaverales en Lugareño a un campo llamado Campo Quemado. El jefe de aquella unidad era de apellido Feria (nosotros le decíamos Fiera porque era un verdugo). Había otro teniente que se llamaba Verdecia y el capitán Barceló. Los dos de un carácter muy recio con los que estábamos allí. Allí estaba el teniente Guevara que había pertenecido a la guardia especial de Fidel».*

Junto a Ernesto se encontraban Alfredo Capote, de Gabriel, y Estrada Milián. A ellos se les unirán siete seminaristas que llegarán en el segundo llamado.

En la tarea de esclavizar *«hasta el último joven que no estudia ni trabaja»* participaron distintos organismos de base; entre ellos la Unión de Jóvenes Comunistas, los Comités de Defensa y «Juventud Rebelde». En la agricultura, quieran o no, jóvenes brillantes o descarriados tendrán que participar todo el tiempo *«porque tenemos cantidad de lugares donde podemos incorporarlos».*

---

[100] Testimonio de Ernesto Alfonso, hoy pastor bautista de Miami.

En noviembre de 1965 Luis Bernal Lumpuy recibió una citación para que se presentara en los terrenos de la Feria Agropecuaria de Sancti Spiritus. También la recibieron otros muchos. De allí los llevaron en camiones hasta la ciudad de Santa Clara donde los amontonaron en vagones de ferrocarril. Eran jóvenes y, algunos, mucho más jóvenes que el propio Luis.

A medianoche llegaron a un pequeño poblado. Luego supieron que era Quince y Medio, ubicado cerca del Central Stewart, que ahora le dieron el nombre de Venezuela, en la provincia de Camagüey; los bajaron de los vagones del ferrocarril, los montaron en camiones donde estaba el vagón, y de allí los condujeron a distintos albergues de la región[101].

«Nuestro grupo fue llevado a Gato Prieto; lugar inhóspito cerca de la costa, el primer punto de destino para los que íbamos a formar parte del Batallón 2085. Nos repartieron sacos de yute para que los tendiéramos en el suelo». Recuerda aquel joven confinado.

A otros los enviaron a sitios aún más distantes.

Humberto Guiteras, de Surgidero de Batabanó, en la costa sur de La Habana, es transportado, junto con muchos hombres de su pueblo y poblaciones cercanas, a la Terminal de Trenes de La Habana.
De allí, en el largo y humillante viaje de aquel tren en que se les mantenía inmovilizados, llegó Humberto a Lugareño. Será una breve estadía, porque, de inmediato, camiones de carga lo llevarán a Monte Quemado, cerca de Nuevitas.

«Allí me encontré al capitán Barceló, un tipo realmente malo, y al teniente Feria que era un verdadero h. p. Tan miserable era que un día al llegar a las barracas vio a un muchacho con fiebre muy alta que por eso no había podido ir al campo. El teniente Feria cogió un machete, se lo dio al muchacho para que se fuera a cortar caña porque era lo mejor para quitar la fiebre».

---

[101] Luis Bernal Lumpuy, «Tras Cautiverio, Libertad», 1990.

Gato Prieto se componía de tres barracas rudimentarias que albergaban a 40 hombres cada una. Entre dos de ellas estaba la barraca de los militares. *«En el fondo del patio estaban los baños; detrás, los excusados, que no tenían nada de sanitarios. Eran cinco o seis simples huecos en un piso de cemento, donde hacíamos las necesidades de manera colectiva, a la vista de los demás, como si fuéramos animales».*

En la entrada del campamento había una garita, con uno o dos guardias fuertemente armados.

«No nos llamaban por el nombre sino que nos convirtieron en números. Yo fui simplemente «el 24", así me decían los jefes y los compañeros de trabajo.[102]

»Ví de inmediato que los pelotones estaban formados por jóvenes católicos, protestantes, masones, miembros de los Testigos de Jehová, intelectuales disidentes, sospechosos de no simpatizar con el régimen. En esa situación, nos mezclaban con delincuentes de todo tipo. También, homosexuales y exhibicionistas».

Esta fue la experiencia de uno de los primeros en conocer los campos de concentración y trabajos forzados de la UMAP:

«Entonces empezaron a escogernos de 40 en 40. Nos montaron en los camiones chinos aquellos y nos llevaron para las barracas. A mí me tocó una hacienda que se llamaba El Mijial, en Ciego de Ávila, Ceballos. Fue allí donde estuve; no me trasladaron como a otras personas que estuvieron en varios campamentos. Yo estuve allí y después en otro lugar que se llamaba Anguila, cerca de uno de los centrales.[103]

»Conmigo se encontraban José Guerra, Joseíto Salazar, Elecier Rodríguez, de Cárdenas. De mi pueblo, Jovellanos, fuimos como cinco, Emilito Nieves, Guillermo Borroto, Quimbembe, Jorge Piedra, los hermanos Lantigua, otros y yo».

---

[102] Luis Bernal Lumpuy. *Obra citada.*
[103] Testimonio de Francisco García Martínez al autor.

»*En la barraca que me habían asignado había religiosos de todas las denominaciones. Estaba el Pastor Pablo, una persona de color que nos hablaba mucho y nos daba mucha fé. Era pastor bautista de Madruga, de la provincia de La Habana. Estaba allí, también, el Padre Armando Martínez, que era el párroco de Matanzas. Testigos de Jehová había bastantes. Casi todos de Santa Clara».* Testimonio de Francisco García Martínez.

En el distante campamento de Mola permanecían varios religiosos, José Chaviano, Leonardo Jáuregui, entre otros. Nos relata el pastor Manuel Molina:

«Estos adventistas, y otros más, fueron castigados a permanecer sin comer, por negarse a trabajar los sábados. Los mantendrán así 8 días hasta que José Chaviano se desmayó de fatiga. Las protestas que se habían originado por aquel castigo y el temor de que alguno pudiera morir forzaron a los jefes militares a comenzar a alimentarlos al noveno día».

Hubo crueles castigos. *«A Isaac Suárez, adventista, lo amarraron a un caballo y lo arrastraron».*[104]

Continúan los atropellos en Mola cometidos contra todos. Especialmente con aquellos que abiertamente mostraban su fe religiosa. Nos lo relata el Pastor Molina:

«En Mola nos tomaron a 17 religiosos: adventistas, Testigos de Jehová y del Bando Evangélico Gedeón, y nos amenazaron con fusilarnos.

»Nos fueron llamando uno a uno detrás de un monte espeso y los que quedábamos oíamos las descargas de los fusiles. Al terminar conocimos que era sólo unos falsos fusilamientos. Pero vencimos porque nos permitieron continuar respetando el sábado como el Día del Señor».

---

[104] Testimonio del Pastor Manuel Molina.

Allá en Mola permanecerá el Pastor Molina un año, antes de ser trasladado a Bueycito y Laguna Grande donde recibió el mismo castigo. Este de mucha menor duración. Pronto lo trasladan al Combinado de Camagüey.

Poco después hubo un cambio en todo el personal y se designó la compañía dos de Gato Prieto como albergue de los homosexuales del batallón. Comienzan a sacar de las distintas compañías a los sodomitas o sospechosos de serlo y llevarlos a aquella compañía especial de la que fue jefe el teniente Marcelino Falcón. Afortunadamente este militar, también castigado, nunca permitió maltratos a sus subordinados. *«Pero fue un acto deleznable del estado mayor de la UMAP reunir en la misma barraca a jovencitos que tenían algún ligero rasgo de amaneramiento o que en su expediente apareciera un informe sobre homosexualidad»*, con adultos envueltos en esa actividad, recuerda Bernal Lumpuy.

Varios confinados dan fe de la actitud humana del Primer teniente Marcelino Falcón Matos. Uno de ellos, Cecilio Lorenzo:

«Falcón Matos era Primer teniente del Ejército Rebelde; hijo de una familia burguesa. Con él podíamos hablar de cualquier tema, incluso de política. Me contó que había tenido un problema con Raúl Castro en los primeros meses de la Revolución y que eso le había costado que lo mandaran castigado con una condena que ya estaba terminando y así fue porque antes de salir nosotros ya a él lo habían trasladado a San Luis, Oriente. Falcón era un hombre preparado. Le gustaba mucho leer. A la semana de estar allí conocía el nombre de los que estábamos en el campamento con nombre y apellido. Jamás participó en ninguna de las muchas de las golpizas que allí propinaban.[105]

Sin excepción, todos los confinados se expresan en términos elogiosos sobre el teniente Falcón, su caballerosidad y accesibilidad. Lo confirma el maestro Mario Ruiz, que fue destinado a la Compañía #2 del Batallón #2 (Unidad Militar 2085).

---

[105] Testimonio de Cecilio Lorenzo a Enrique Ros, mayo 27, 2003.

«El jefe de la Compañía Número Dos era el más preparado de todos. Era un hombre que tendría en aquel momento unos 30 años: Marcelino Falcón Matos, Primer Teniente del Ejército Rebelde. Estaba al frente de los homosexuales de la Compañía Dos. Era un tipo con el que se podía hablar. Había hecho su bachillerato en Santiago de Cuba, de la gente de Frank País. Venía del llano, no de la Sierra Maestra. Pero no le era confiable; por eso lo enviaron a la UMAP como jefe. Le asignaron a los homosexuales dos barracas que mantenían limpias y llegaron a teñir los mosquiteros».

Como vemos, no todos los militares abusaron de su posición maltratando a los confinados. Algunos, los menos, mostraban una humana comprensión. Uno de ellos, el mencionado teniente Falcón.

«Falcón había sido Jefe de la Policía de Santiago de Cuba y había llegado a ser Primer capitán. Un hombre muy preparado. Muchos decían que era abogado. Tuvo un problema con Tomassevich[106] a quien golpeó y se puso tan fatal que en ese momento entró Raúl Castro. Allí mismo lo degradan y lo envían a la UMAP. Con el teniente Falcón uno podía hablar. Era recto pero cortés. Todos lo respetábamos y él a nosotros».
(Testimonio de Francisco (Frank) García al autor, abril 24, 2003).

En algunas barracas separan prontamente a los abiertamente homosexuales de los demás confinados como sucedió con los del primer llamado que llegaron a Chambas.

Lo confirma Ronet: *«Una mañana de diciembre, cerca del período pascual decidieron trasladar a los homosexuales a otro campo de concentración... a la hora del almuerzo llegaron varios camiones militares de fabricación rusa (los que siempre usaban ellos para el*

---

[106] Raúl Menéndez Tomassevich, fue condenado por delito común (falsificación de firmas en una cuenta bancaria) en septiembre de 1952 (Testimonio del propio Tomassevich en el libro «Secretos de Generales» publicado en 1969 por el régimen cubano con prólogo de Raúl Castro). Se fuga de la cárcel el 30 de noviembre de 1956 y se incorpora a los alzados en la Sierra Maestra. A las órdenes de Raúl Castro fue ascendiendo hasta alcanzar el grado de General de División de las Fuerzas Armadas. Murió en el año 2002.

ejército en Cuba). Nos llamaron los guardias a formar y se nos ordenó recoger las jabas con nuestras pertenencias. Antes de las once de la mañana ya estaban todos rumbo al nuevo campo de la UMAP». Entre ellos el propio Jorge Ronet.

Poco después los jóvenes no integrados en la Revolución comienzan a recibir las citas para presentarse el 19 de junio en las oficinas del Servicio Militar Obligatorio, poniendo así en marcha el segundo llamado de la UMAP.

CAPÍTULO V

EL SEGUNDO LLAMADO

1. NUEVAS CITACIONES

Desde las más remotas poblaciones siguen enviando, sistemáticamente, a la UMAP a los jóvenes que, activos en sus parroquias y centros evangélicos, no se han integrado al proceso revolucionario. Ya lo hemos visto y lo seguiremos confirmando a lo largo de las próximas páginas.

De Jaguey Grande, la pequeña población al sur de la provincia de Matanzas, saldrán en aquel mes de junio de 1966 Hiram Pablo Cartas, Omar Águila y varios amigos más. Todos ellos activos en sus iglesias y pertenecientes a la Juventud de Acción Católica.

Veamos el testimonio de Hiram Cartas:

«A mí no me llegó ningún telegrama. sencillamente vino a mi casa un oficial de la Policía y me notificó que debía estar en el local de la Asociación de Colonos con mis pertenencias personales; pero no me dijo nada de servicio militar. Cuando llegué allí había más de cuarenta jóvenes. Algunos ya habían oído hablar de la UMAP. Esa fue la primera vez que yo oí ese nombre».[107]

No viajará el joven Hiram solo. Con él partirán otros jóvenes de la misma parroquia. Veámoslo en sus propias palabras:

«Conmigo estaban Omar Águila, Ronobaldo Elvis, Orlando Ojeda, Modesto Sanabria, Carlitos Gómez, Orlando Borrego, Nelson García y Humberto González éste estuvo conmigo todo el tiempo y con afecto le decíamos 'Avioneta'».

Otros ya han sido enviados a los campos de trabajo forzoso en Camagüey por procedimientos más irregulares. Les sucederá a pilotos

---

[107] Testimonio de Hiram Pablo Cartas al autor, agosto 11, 2003.

y empleados de Cubana de Aviación y a varios profesionales. Jorge Tablada ejercía como médico en La Habana cuando el 8 de marzo de 1966 lo fueron a buscar a su consulta y lo llevaron a la Seguridad del Estado.

> «*No tenía la menor idea de por qué me detenían. Llegué junto con 60 personas que venían en distintos carros. No conocía a ninguno de los otros detenidos. Nos retrataron. Y comenzaron a interrogarnos. El comandante Almeida luego de hacerme varias preguntas y emitir juicios se dirigió a los oficiales que lo rodeaban y dijo: «Éste es la antítesis del hombre nuevo que nosotros queremos crear».*[108]

De allí lo enviaron con un grupo, en el que se encontraban varios empleados de Cubana de Aviación a Camagüey. A Monte Quemado.

2. JUNIO DE 1966: NUEVO VÍA CRUCIS

La segunda recogida, que se inicia en junio de 1966, se hace a través de los Comités de Reclutamiento del Servicio Militar Obligatorio. Ya antes los habían llamado para llenar formularios como si fuesen a ingresar en las fuerzas regulares del ejército. Les hacen exámenes médicos y les dan una cita como la que les hacen a los reclutas de las fuerzas armadas. Los recorridos variarán en las distintas provincias y en diferentes municipios.

Los de Pinar del Río seguían esta ruta:

> «*Llegamos al comité militar de Bahía Honda que se encontraba cerca de mi casa, como a una cuadra de donde estaba el antiguo ayuntamiento del tiempo de España y allí tenían la oficina para eso.*
>
> »*Nos hacían montar en camiones que ya venían custodiados por militares con armas largas. Se dirigían hacia el este y a la larga caravana se iban uniendo camiones de otros pueblos. Después tomamos hacia el sur y, por la carretera central, volviendo hacia el oeste llegamos a Pinar del Río, la capital de*

---

[108] Testimonio de Jorge Tablada al autor, octubre 13, 2003.

la provincia. Ya caía la noche cuando llegamos a los terrenos del antiguo regimiento militar».

Se encontrarán con una sorpresa:

«Vimos, antes de que anocheciera que había también muchas personas de mayor edad. Era que a todos los barberos de la ciudad de Pinar del Río los habían recogido porque el ejército no tenía suficientes barberos para pelarnos a rape a todos. Nos pelaban para que, si nos fugábamos, fuera más fácil capturarnos al tener la cabeza rapada.

»Ya de noche comenzaron a llegar ómnibus Leyland –los recién comprados a Inglaterra– con un militar en cada puerta (la de adelante y la de atrás) con un rifle automático y una pistola de reglamento. Allí comenzó la gran caravana por los distintos pueblos. Aquello se repitió durante varios días durante el mes de junio. No lo sabíamos, pero nos dirigíamos hacia Camagüey».[109]

Al llegar confirmaron la triste situación en que se encontraban y a la que tendrán que hacer frente:

«Mi ómnibus llegó a la ciudad de Morón y en el estadio en que se jugaba pelota nos estaba esperando un inmenso despliegue militar. Allí llegaron muchos ómnibus, a los que se unieron camiones rusos a los que nos fueron montando para llevarnos a nuestro destino final, todavía desconocido por nosotros, no sin antes oír el discurso de un capitán o un comandante que nos acusaba de estar nosotros totalmente errados, que éramos gente que tenía a la sociedad confundida y que nosotros teníamos que cambiar nuestra actitud. Insistió una y otra vez que en los lugares donde íbamos no podíamos decir que éramos presos porque realmente nosotros éramos militares. Una de las grandes mentiras de la UMAP», recuerda Emilio Izquierdo.

No era distinta la cita ni el recorrido de los que vivían en la provincia de Matanzas: *«Yo había cumplido 18 años. También me mandan*

---

[109] Testimonio de Emilio Izquierdo.

un telegrama donde me dicen que me presente con mis pertenencias personales al cuartel del ejército de mi pueblo, Jovellanos», relata García Martínez.

«Me citaron a la una y media de la tarde. Cuando llegué allí, no ví nada. En aquella época Seguridad del Estado no te iba a buscar a la casa, te mandaba un telegrama y tú solo te presentabas con tus pertenencias. Nada más te permitían la pasta de dientes y una muda de ropa interior y un cepillo y un jabón. Más nada te permitían. Eso es lo que ellos llaman las 'pertenencias personales'. Cuando entré al cuartel por la puerta principal hablé con un soldado y le dije: –Mire, yo fui citado para aquí. Me respondió: –No, no, no, vete allá atrás que eso es allá atrás en la caballería donde están los caballos. Efectivamente, cuando llegamos atrás, tenían allí metido a todo el mundo, pero no se veían porque los tenían agachados y allí nos mantuvieron hasta las 10:30 de la noche o las 11:00 cuando venían una caravana de microbuses, de rastras, de todo tipo de transporte».[110]

El grupo de Jaguey Grande fue trasladado hacia los terrenos de la Feria Ganadera de Colón donde permanecieron, hacinados en una nave, desde las cuatro de la tarde hasta las once de la noche. Iban llegando a esa ciudad matancera camiones y más camiones llenos de jóvenes de otras poblaciones de la provincia. Los montaron en guaguas Leyland que llegaban con hombres armados. Partieron con rumbo desconocido. Llegarían a Ciego de Ávila donde los fueron separando. Nos cuenta Hiram Cartas:

«A un grupo nos llevaron al estadio de Morón. Allí nos dieron dos galletas y una limonada alrededor de las tres de la tarde donde permanecimos al resistero del sol. Más tarde llegaron una carretas de caña, nos metieron en ellas y nos llevaron a un campamento cerca de Morón que se llamaba Peonía. Uno de los lugares más tétricos a los que se puede enviar a un hombre. Hubo allí mucho maltrato físico y sicológico; amenazas de

---

[110] Testimonio de Francisco García Martínez, de la primera llamada.

todo tipo. El grupo de oficiales estaba encabezado por el primer teniente Leonardo Isalgué, jefe de batallón; hombre altanero, había sido combatiente en la Sierra Maestras y estaba allí «cumpliendo obligaciones.

»Pero antes nos había hablado el comandante José Ramón Silva, a quien le faltaba un brazo, blanco amulatado y quien nos dijo que estábamos allí con una misión: adaptarnos a la Revolución y que ésta no tenía retroceso. Que no podíamos avisarle a nuestra familia donde estábamos o, de lo contrario, seríamos castigados.

»Nos forman en escuadras mandadas por cabos confinados que ya habían estado en la UMAP. Por encima de ellos estaban el sargento Saborit, Oscar Llera, el sargento Armona, el sargento Calitre (que no era una mala persona); el sargento Redis, que tuvo una actitud posterior muy digna ya que se quitó la camisa verde olivo en presencia de todos por el maltrato que se le estaba dando a un compañero nuestro, diciendo: «Yo no fui a la Sierra para que se le maltrate a los jóvenes que no piensan como nosotros». Lo sacaron de allí detenido; nunca más supe de él. ¡Cuanto hubiera dado yo por estrecharle su mano y felicitarlo!». (Testimonio de Hiram Pablo Cartas).

Mario Lujo, joven camionero de 19 años, de Palma Soriano, es citado aquel mes de junio al S.M.O. No, no será al servicio militar regular al que irá. A las pocas horas estará camino de la vecina provincia de Camagüey. Conocerá allí, junto con su amigo y coterráneo Carlos de la Torra, que ha sido destinado a realizar las más duras tareas agrícolas al campamento 44 de Céspedes cerca de Florida. Dejarán de llamarlos por sus nombres. Ya no son personas. Ahora son sólo números. Mario será el número 31. Carlos, el número 9.[111]

De San Luis, Oriente, llega a Kilo 36 Enrique Álvarez, de 24 años que había dejado sus estudios en el Instituto y, ahora, trabajaba como electricista.

---

[111] Testimonio de Mario Lujo al autor, octubre 14, 2003.

Había recibido su notificación para presentarse al SMO. No iría al servicio militar regular sino a los campos de concentración de la UMAP. Llegaría a la ciudad de Camagüey y, de allí, al campamento Kilo 36 del Batallón 38, en una de las líneas que llevan al Central Florida. Permanecerá allí más de seis meses.

Junto con Enrique Álvarez se encontraban Rafael Villalón, William Acre, Raúl García e Hipólito Melián.

Luego la unidad completa pasará a Morón formando parte del Batallón 6 en Peonía y Desengaño.

Al frente de Peonía está el teniente de milicias Rogelio Acevedo. *«No de los peores. Como su segundo actúa el analfabeto sargento Peña».*

Pero Álvarez navega con suerte cuando lo sitúan en la oficina del personal de la Agrupación de Morón de la que está al frente el sargento Enzo del Río.

Luis Valle, Héctor Monal, Pedro Fernández y otros habían salido de su pueblo natal San José de las Lajas. Todos eran jóvenes, desafectos al régimen porque habían antes aplicado a sus pasaportes. Arribarán, tras una larga travesía, a Esmeralda.

«Allí nos reunieron; nos dieron un pedazo de pan viejo con sardina y comenzaron a tratarnos en forma despectiva. Por un terraplén de tierra roja que va al Central Jaronú nos llevaron hasta un lugar que se llamaba Jucarito. Un punto desolado, donde la barraca estaba en construcción. No había agua potable. Sólo había ocho literas. Los demás tuvimos que dormir en el suelo. Fue allí que nos dieron un pantalón azul, una camisa de mezclilla, un par de botas, un par de medias y nos pusieron a trabajar de sol a sol».[112]

Lo confirma otro confinado de aquel pueblo habanero.

---

[112] Testimonio de Luis Valle al autor de julio 21, 2003.

Pedro Fernández parte hacia los campamentos el 20 de junio de 1966.[113] Saldrá de su pueblo natal, San José de las Lajas, en una caravana de cinco guaguas Leyland en dos de las cuales metieron a un gran número de confinados de aquel pueblo central de La Habana.

Los Leyland se convierten en cárceles y letrinas. Así describen los confinados el largo y penoso recorrido cuyo destino final no conocen.

«Los Leyland venían con un guardia armado en la puerta de adelante y otro en la de atrás. Nos obligaban a permanecer sentados sin movernos. Solo para evacuar las necesidades corporales nos permitían levantarnos pero teníamos que hacerlas en los escalones de la puerta de atrás donde permanecía, imperturbable, el soldado con su arma larga y su bayoneta. El ómnibus se convertían en una pocilga hedionda».

Con Pedro, que tenía 23 años en aquella fecha y trabajaba en una tintorería, iba un grupo de amigos: Tomás González, Guillermo Padrón, Miguel Camacho, Inocencio Rodríguez, Abraham González, Héctor Morales, Luis Valle, Samuel Lorenzo y otros.

Llegarían al estadio de Esmeralda. *«De allí nos llevaron en camiones cañeros hasta una arboleda cerca de Morón. El capitán Cabrales nos habló para decirnos que de nuestro comportamiento dependería nuestra salida. Estuvimos allí, en la arboleda, hasta por la tarde cuando nos llevaron a las barracas que estaban dentro de un campo de caña, totalmente cercado y que llamaban Pedraza. Eran tres barracas: dos para los otros, los confinados; y otra, para oficiales y guardias. Tenían dos horcones a todo lo largo para colgar de allí las hamacas. No había agua corriente. Para bañarnos teníamos que ir a unos zanjones que tenían agua para la caña»,* recuerda Pedro Fernández.

«La cerca era muy alta y la contracerca, que es la parte de arriba, que en una fortaleza militar está hacia afuera para protegerse del enemigo, pero en la UMAP estaba hacia dentro,

---

[113] En el segundo llamado hubo dos masivos traslados. El primero se realizó el 20 de junio con destino a Ciego de Ávila y Morón. El segundo se dirigió a Florida. Hubo algunas ligeras modificaciones en los planes.

donde estábamos nosotros: para ellos éramos sus enemigos».[114]

Octavio Valdés, de La Ceiba, Marianao, fue desde su pubertad un joven rebelde. Trabajando en la Compañía Cubana de Electricidad se negó a pertenecer a las milicias. Fue, por supuesto, separado de la empresa.

Comenzó a trabajar en la fábrica de tabacos José L. Piedra, mientras mantenía su posición de Jefe de Despacho de la Logia Caballeros de la Luz.

Será en junio del 66 que lo citan a la Tropical para presentarse al SMO. De allí lo enviarán a Cunagua desde donde lo llevarán, en vagones de tren, hasta la 5 de Manga Larga. No han pasado 48 horas cuando presencia el primer castigo impuesto a un confinado. En próximo capítulo nos referiremos a éste y a otros muchos abusos cometidos con impunidad y sadismo.

Próximo a San José de las Lajas, el pueblo de Pedro Fernández, se encuentra Güines donde, en el campo, en una finca nació Jorge Menéndez López y desde niño ayudaba a su padre en las faenas agrícolas con su ágil machete sin abandonar sus estudios.

Precisamente el Día de los Padres recibe la notificación en julio de 1966 de que debe presentarse al servicio militar en el Coliseo de Güines. Meses atrás había presentado sus papeles para salir del país. Ni saldrá de la isla ni lo enlistarán en el servicio militar regular. Lo enviarán a la UMAP. No partirá solo, lo acompañarán otros jóvenes güineros: José González, Israel y Gilberto Torres, Arquímedes Montero, Osmel y Jaime Pando, Alfredo Rojo y Pedro Alfiem, entre otros. Los enviaron a Jucaral, comandado por el teniente La Rosa y donde Jorge permanecerá hasta diciembre cuando lo trasladan a El Desengaño situado entre Ciego y Morón. Allí, lo veremos en próximas páginas, el joven hombre de campo formará parte de la Brigada Millonaria de la UMAP.

El Desengaño está próximo a la jefatura militar y la Agrupación Morón que comprendía los batallones 6, 7, 8 y 9. Allí –nos lo narra otro

---

[114] Testimonio de Pedro Fernández al autor.

güinero, Rigoberto Cabrera– junto al Jefe de Personal se encontraba
–castigado, por supuesto– el chofer que recién llegada al poder la
Revolución, conducía el automóvil en que viajaba el entonces joven
hijo de Fidel que resultó seriamente herido en un accidente.[115]

Siguen llegando güineros a los campos de la UMAP. Eduardo
Pereira, trabajaba como fumigador por cuenta propia cuando fue
citado. En una caravana de las cárceles rodantes en que el régimen ha
convertido los ómnibus Leyland es enviado –junto a Orlando Rodríguez, Ricardo Conde y otros, del vecino pueblo de San Nicolás– al
campamento Cacahual/Timangó.[116]

Allí se encontrará a cargo del Cacahual al teniente Robledo que
había sido Capitán del Ejército Rebelde y enviado a escuelas militares
de la Unión Soviética.

Se ofreció como cocinero y fue aceptado –*«sin siquiera saber freír un huevo»*– pero transcurridas unas semanas prefirió que lo devolvieran al campo porque no recibía suficiente comida para todos.

En este segundo llamado se llevan también a siete seminaristas
bautistas de La Habana: entre ellos a Julio Cornelio, Ismael García,
Pablo Soto, Alberto González y Milanés Cordobés. (Testimonio del
Pastor Ernesto Alfonso).

Las condiciones de higiene eran deplorables. El proceso de *«reeducación ideológica»* nada tenía que ver, al parecer, con el aseo:
«Cuando limpiábamos la caña y regresábamos llenos de churre, como solo teníamos una muda de ropa teníamos que colgar esa ropa sucia y volvérnosla a poner al otro día a las cuatro de la mañana» comenta aún con indignación, Luis Valle.

---

[115] Es conocido que estando Fidel Castro en un programa de televisión respondiendo preguntas de varios panelistas, el moderador, Jorge Mañach, recibe una nota y le informa a Castro que le acaban de notificar que su hijo se ha visto envuelto en un accidente automovilístico y que está en grave estado por lo que se podía suspender el programa para que pueda ver a su hijo. Castro, teatralmente, responde que primero están las cuestiones del estado, del país, antes que las personales o familiares; y que el programa debía continuar.

[116] Testimonio de Eduardo Pereira al autor.

Recuerda que cuando llegaron a aquel campamento, el jefe, un teniente, le dijo: *«No los esperábamos. Tienen que construir el pozo si quieren agua, y anoten la fecha en que llegaron porque ustedes no van a saber cuando se irán de aquí».* Parte de las torturas sicológicas a que fueron sometidos desde el primer día.

A Joaquín García, de La Habana, que trabajaba en la Arrechabala, casado y con una niña pequeña, lo citan al Pontón.

De allí lo envían, la larga travesía de las guaguas que ya conocemos, hasta el stadium de Ciego de Ávila. Pasará, en pequeños camiones, hasta un campamento cercano al Central Pina. Le asignan un número. Ya no será Joaquín García, ahora es el número 54.

El campamento lo dirige *«un teniente mulato; decía que había matado a su mujer y lo enviaron castigado a la UMAP».*[117]

Pronto Joaquín aprendió a no confiar, en ninguno de aquellos guardias. Así nos lo explica:

«Cuando llegamos nos llaman a formación y preguntan: «Los que saben manejar den un paso al frente». Más de 300 hombres respondieron. A todos los mandaron a cortar caña. Algo similar hicieron preguntándole de quienes sabían cocinar. Los que respondían los enviaban al campo».

A Joaquín, por recomendación de un joven que allí conoció le dieron un trabajo en la oficina. Lo pusieron a escribir en una vieja máquina *Remington* para mecanografiar los nombre de todos los de la división.

«El oficial, semianalfabeto no podía comprender como yo escribía sin mirar el teclado. Pidió a otro oficial que leyera lo que yo había escrito. Se convenció y me dio un puesto permanente en la oficina».

Ahora gozaba de más libertades. Hice amistad con una guajira que le lavaba la ropa al teniente. Con ella consiguió un uniforme. Se lo puso y se escapó llegando hasta Ciego de Ávila. Desde allí, con todos

---

[117] Testimonio de Joaquín García. Noviembre 20, 2003.

creyéndolo teniente de las Fuerzas Armadas, pudo llegar hasta La Habana.

Los holguineros Sergio Nieves y Ronald Pellitero con absoluta seguridad se convirtieron en los confinados que permanecieron menos tiempo en los campos de la UMAP.

Ronald trabajaba para la UNICEF y cuando esa organización se retiró de Cuba el Ministerio de Salud Pública les hizo saber a todo el personal que los que tuviesen intención de salir del país debían comunicarlo. Así lo hizo Ronald que ya había tenido problemas con el régimen cuando la invasión de Bahía de Cochinos.

«Yo era, además, fervoroso creyente y devoto de la Virgen de la Caridad del Cobre».

Como vemos, presentaba tres serios agravantes: actividades contrarrevolucionarias, intención de abandonar el país y firmes creencias religiosas.

Sergio, a diferencia de Ronald había simpatizado con la Revolución en su primer año. Pronto se alejó de ella y comenzó a arreglar sus papeles para salir. Sufrió de inmediato la hostilidad de las autoridades que le restringieron sus movimientos prohibiéndole salir de Holguín a menos que tuviera un salvoconducto.

Pero, a partir de ese momento coincidirán los pasos de estos dos orientales.

Con Sergio Nieves y Ronald Pellitero, partieron hacia los campos de trabajo esclavo otros jóvenes de Holguín: Leonardo Leiva, Germán Rivas, Carralero, Daniel Rodríguez y Roberto Pellitero, primo de Ronald. En la propia ciudad agrupan como a 200 personas que son trasladadas al campamento Mijial Uno.

Uno de los oficiales de Mijial 1 era un sargento llamado Alipio y el capitán Parlá que era un sanguinario. Otro, el capitán Miguel Ginaste, de Santa Clara, tan sádico como los demás.

Hombres casados, que trabajan y son el sostén económico de su familia, son también enviados al *Gulag* en que han convertido la extensa llanura camagueyana.

Emilio Porrúa, de Santos Suárez, trabajaba. Tenía 25 años, casado y con dos hijos. Pero fue citado, falsamente, al Quinto Distrito, para presentarse al SMO. Obraban en aquellas oficinas muchos de sus datos personales. Uno de ellos el que su esposa había presentado papeles para salir del país. Gravedad suficiente para que Emilio fuera colocado en una de las atestadas Leyland. Llegará hasta Florida. De allí, en camiones, será enviado con otros, al pequeño pueblito de la Industria; paso previo para ser ubicado en el campamento Las Parras.

Su primera tarea fue la limpia de caña. Con machete y con guataca. Después el corte. Luego pasó a Manga Larga 35.

«Ví cometer los más censurables abusos. Uno de ellos con un joven Testigo de Jehová llamado Julián, golpeado porque se negaba a marchar, dejarlo amarrado, sin comida ni agua. Ví a dos locos, traídos de Mazorra, indisciplinados, a los que forzaban a trabajar. Aquellos crímenes tenemos la obligación de denunciarlos».[118]

Pedro González, el joven de Cabaiguán que acababa de cumplir 19 años cuando fue notificado el 19 de noviembre de 1965, narra su largo y penoso recorrido. Cuando llega a La Virginia recibe la impresionante, pero falsa advertencia de no acercarse a la alambrada porque están electrificadas y los guardias tienen órdenes de disparar si se acercan a menos de 5 pies.

Llegan con él Mario González, con quien estudiaba en el preuniversitario de Santa Clara, Samuel de la Torre, William Amores, Benny Morato, Cedeño, entre otros.

Al llegar, recuerda Pedro este episodio:

«El primer gran incidente se produjo el día del cobro, porque el servicio militar establecía un pago de $7 pesos mensuales y el primer mes que estábamos allí era de noche, ya estábamos durmiendo y se oye el grito: ¡de pié!. Salimos y en el comedor estaban los sobres con el pago. Los Testigos de Jehová que eran quince o veinte, no aceptaron el pago y les dieron una paliza enorme. Se los llevaron al patio y los pusieron contra la cerca amenazando con fusilarlos. Trajeron soldados con armas largas pero tiraron al aire. Los Testigos se quedaron

---

[118] Testimonio de Emilio Porrúa, noviembre 16, 2003.

imperturbables, como si nada pasara. Hubo una protesta enorme. Inclusive, un hombre que se llamaba Pedro Palau, que era uno de los presos comunes, y varios de su grupo, se unieron a aquella protesta».[119]

Amir Álvarez había nacido en Camagüey pero se educó y vivió en La Habana. Tenía 23 años cuando fue notificado para presentarse al servicio militar. Era maestro, había presentado papeles para salir del país:

«Me citaron al estadio Tropical y nos mantuvieron allí por horas, sin comer ni beber, hasta la madrugada del día siguiente cuando llegaron dos ómnibus grandes con soldados portando rifles con bayonetas. Nos metieron en aquellos ómnibus y nos llevaron hasta cerca de Esmeralda, en Camagüey, a un pueblo que se llama Samalacrana, cerca de otra población llamada Señorita».[120]

Rigoberto Cabrera, de Bauta, tenía 20 años y había aplicado para salir del país. Ya tenía pasaporte; estudiaba; no estaba integrado y pertenecía a la juventud ajefista. No fue sorprendente que el 20 de junio fuera citado en el segundo llamado para presentarse en el estadio de su pueblo. Luego de largas horas de espera los ya conocidos ómnibus Leyland –cárceles con ruedas– lo llevan hasta Morón. Así lo recuerda:

«Nos formaron en grupos de 40. Nos presentaron los sargentos del Ejército Rebelde y los cabos del primer llamado que los hicieron cabos por su cobardía».

Rigoberto fue asignado a la Compañía 4, Batallón 9 en el campamento La Estrella.

«Una barraca larga con literas hechas de troncos con sacos de yute clavados; alumbrándonos con chismosas, unas botellas

---

[119] Testimonio de Pedro González, al autor, mayo 28, 2003.

[120] Testimonio de Amir Álvarez al autor, agosto 2, 2003.

con petróleo de los tractores. No existía luz eléctrica ni baños sanitarios.

»Nos dieron unos machetes sin filo y sin limas y nos pusieron a cortar marabú sin guantes. Las manos se nos destrozaron; chorreábamos sangre. Darle machetazos al tronco del marabú que tendría 4 a 6 pulgadas de circunferencia con aquel machete que no cortaba te tomaba una hora.

»Las condiciones de la Estrella eran pésimas. No había agua. El agua para beber venía en una botija que traía un tractorista y con unas laticas que teníamos, sucias de tierra, sacábamos el agua para tomar, toda embarrada de nuestras propias manos porque era de noche y apenas veíamos. En los campos tomábamos el agua que se acumulaba en los surcos».

No había ni un solo baño sanitario ni una miserable letrina.

«Lo que había era una zanja, en plena intemperie, que abrimos nosotros. De pie, o agachado, hacíamos nuestras necesidades, y aquello se quedaba abierto así. Cuando la zanja se llenaba abríamos otra zanja delante y, con la tierra que sacábamos tapábamos la de atrás. No nos permitían hacerlo con la frecuencia que deseábamos».[121]

Llega Rigoberto a La Estrella junto con varios amigos de Bauta: Jorge Luis Rodríguez, Sabino Alin Novo, Monaguillo de la iglesia; Roberto Li Camejo, José (Tití) Gómez; Joseíto Fuentes, y Francisco Arguelles, de Punta Brava que es, como Rigo, masón.

De La Estrella, uno de los campamentos que adolecía de las peores condiciones de higiene, pasa Cabrera a J. Moreno que cuenta, al menos, con letrinas y agua para beber. Pero se encontrará allí con el sargento del Ejército Rebelde, Félix Rodríguez, un asesino. Hablaremos luego de la odisea del confinado Rigoberto Cabrera en aquel campamento.

A la finca «La Señorita» llegará Mario Víñez, el joven de Marianao. *«Aquello era un campo con 25 pelos de alambre de púas, con 5 de antifugas. Los conté yo, más de una vez»* nos dice en nuestra

---

[121] Testimonio de Rigoberto Cabrera, octubre 14, 2003.

conversación Víñez que, al igual que Amir Álvarez, había partido del estadio «La Tropical» y quien nos describe su llegada a aquel parque:

«Me habían citado para presentarme en el estadio «La Tropical» el 26 de junio de 1966. Habíamos miles allí. El terreno estaba lleno de los muchachos que se iban a llevar. Las gradas, llenas de los familiares. Cuando abrieron las puertas entraron los ómnibus Leyland. Ya supimos que la cosa era lejos».[122]

Un cardenense narra una experiencia similar:
«Un día me llegó un telegrama para que me presentara el 16 de junio de 1966. Nos presentamos y salimos de Cárdenas en camiones descubiertos, hacinados, nos habían tenido allí desde las doce del día hasta las ocho de la noche en los terrenos de deportes del Instituto de Cárdenas, al cuidado de nuestros familiares, que por una escalera se encaramaban en el muro y nos veían.
»Llegaron los camiones por la noche (al mes de haberme llevado a la UMAP murió mi madre). Testimonio del entonces seminarista Joaquín Rodríguez.
»Estuvimos viajando toda la noche. Hicimos una parada en Coliseo o en Jovellanos, no recuerdo bien. Y allí estuvimos esperando hasta que pasaron las guaguas o los buses de La Habana; eran Leyland, de transporte local. Venían muchas docenas; hasta que llegaron las últimas vacías y ésas eran las nuestras. Pararon. En ellas venían dos guardias sentados en el asiento transversal de adelante y uno atrás. Para hacer cualquier necesidad había que hacerla en los escalones de bajada de atrás porque no paraban en ningún lugar. Íbamos presos; presos».

Los buses Leyland convertidos en apestosas cloacas.

---

[122] Entrevista de Mario Víñez con el autor, agosto 14, 2003.

Dagoberto Jacinto, nacido en Pinar del Río, era Pastor Pentecostal en la zona del Central Francisco, hoy llamado Amancio Rodríguez, en Camagüey. Allá fue citado para el servicio militar aunque ya por sus 28 años, estaba exento. No obstante en junio de 1966 fue enviado al campamento de Santa Susana, cerca de Vertientes. Allá pasará, junto a su amigo Humberto Calas, también pentecostal, diez meses de trabajo forzado.

Casado, de sólo 20 años, con un pequeño hijo, se llevan de La Habana a Heriberto E. Peñaranda, que trabajaba en la Empresa Consolidada de la Harina. ¿Cuál era la peligrosidad de este joven?. Había presentado los papeles para salir del país.

Lo citan en el Pontón y de allí será enviado a Vertientes siguiendo el mismo largo recorrido que hemos narrado. Al llegar, junto con Arcadio Vasallo, Arencibia y otros, serán trasladados en camiones a distintos campamentos. A ellos los ubicaron en Los Mameyes, el más distante de todos, a unos 20 kilómetros de Manatí, central situado en la provincia de Oriente. Permanecerá allí, antes de su próximo traslado, unos 9 meses.

En esos días había habido un llamado del Servicio Militar regular para poco después; por eso todos sabían que aquel llamado del 16 de junio era para la UMAP.

«De madrugada, antes de amanecer, llegamos a un pueblo. No sabíamos cual. No había luz; todo estaba oscuro. Supimos luego que era Ciego de Ávila.

»Cuando bajamos, de uno en uno, de los buses, había, a ambos lados de la calle guardias con armas largas pero a una distancia uno de otro de cuatro a cinco metros. Paramos en el estadio de la ciudad. Allí me encontré, cuando me haló por un brazo, porque había llegado momentos antes y se había ajustado a la oscuridad, a mi amigo Johnny Villar y nos unimos con otros jóvenes de Cárdenas que nos conocíamos y, de ese modo,

caímos juntos en la misma compañía. Luego formamos en el mismo batallón y varios en la misma escuadra».[123]

De la provincia central llega al campamento Vega 2, en la distante región de Vertientes, el maestro Serafín Sarduy. Se encontró las barracas a medio hacer, y hamacas inconfortables. *«Yo prefería descolgarlas y dormir en el suelo de tierra»*. La primera tarde de los recién llegados, *que iban a ser reformados ideológicamente*, fue construir las letrinas.

Vivía en Quivicán ejerciendo su profesión de barbero cuando a Orestes Acevedo que acababa de cumplir 23 años le notificaron para que se presentara en el Comité Militar para comenzar a cumplir su servicio militar.

Como en tantos otros casos era un engaño. No le cambiaban sus tijeras por un fusil; se las sustituían por un machete, sin filo, para cortar caña.

No fue para Acevedo una gran sorpresa este engaño en el que hicieron caer a tantos jóvenes de aquella región que incluía a San Antonio de los Baños, Bejucal, Quivicán, La Salud y pueblos aledaños. La razón nos la ofrece el propio Orestes:

«El jefe del Comité de Reclutamiento en la Regional de San Antonio de los Baños, lo era el teniente Leonel Villarreal, del municipio La Salud. Vivía en la Calle 33 en La Salud. Este teniente Villarreal se caracterizó por enviar a la UMAP injustamente a cientos de personas que no habían cometido falta alguna sino, simplemente, que no estaban integradas en organizaciones de la Revolución o querer emigrar.

»El funesto teniente Villarreal hoy se encuentra residiendo en la Ciudad de Miami».[124]

Su primer campamento fue el Batallón 18, en Piedrecita, colonia La Mascota, en Florida. Creyó que ya no cortaría pelo, que ahora, sólo cortaría caña. Pero lo pusieron a hacer ambas cosas.

---

[123] Testimonio del ahora sacerdote Joaquín Rodríguez en entrevista con Enrique Ros, mayo 9, 2003.

[124] Testimonio de Orestes Acevedo, noviembre 19, 2003.

Veremos, en las próximas páginas, la dura experiencia del joven barbero en el Batallón 18 comandado por uno de los más inhumanos oficiales de la UMAP, el capitán Ramón Zaldívar.

En este segundo llamado se llevaron de Bahía Honda a Ismael Hernández Ordaz, Manuel Miranda Ordaz, Alberto Pandiello y Humberto Chipi Páez, todos de la iglesia parroquial de Bahía Honda.[125]

Ismael Hernández, activo en la iglesia católica de su pueblo, tenía 19 años cuando fue llamado el 15 de junio de 1966 al servicio militar. Era estudiante. Se va a producir para él un impresionante cambio.

Estas son sus propias palabras:

«Un día estoy en el pupitre de mi escuela leyendo a Martí hablando del derecho de ser libre y, horas después, estoy en un campo de concentración en mi propia patria, realizando un trabajo esclavo. Todo cambió para mí».[126]

Comienza para Ismael Hernández un largo camino: *«Me llevaron para la Loma de los Coches, en Pinar del Río, donde ahora está el preuniversitario Federico Engels, donde hay también, ahora, una escuela industrial. Muy cerca está la sede provincial del Ministerio del Interior. Nos pelaron al rape. Nos pusieron en línea y nos retrataron, uno a uno con un número a la altura del pecho, los presidiarios»* recuerda Ismael.

«Nos trasladaron en ómnibus y fueron recogiendo más jóvenes en Artemisa y otros pueblos hasta llegar al estadio Eloy Cándido González en la ciudad de Camagüey. Allí nos encontrábamos cerca de cuatro o cinco mil personas. Al bajarnos habían hecho dos hileras de soldados con armas largas con bayoneta calada. Caminábamos entre ellos de uno en fondo. Recuerdo que uno de los muchacho, de Artemisa, que iba caminando delante de mí tropezó y se cayó. Y uno de los soldados le pegó por la espalda con la culata del fusil para levantarlo. Un

---

[125] Emilio Izquierdo. Revista *Sentencia Internacional*, Miami, Florida, Agosto-Septiembre 1997.

[126] Testimonio de Ismael Hernández al autor, agosto 10, 2003.

nuevo atropello estoy presenciando. El oficial que nos recibió nos dijo a todos que éramos unas «lacras sociales».

Los Leyland, letrinas rodantes, llegaban, unos tras otros, malolientes, a los campos de concentración de la UMAP.

Eran varios los jóvenes que llegaban de Bahía Honda. Entre ellos Emilio Izquierdo y Manolito el Curro.

«Nuestras familias no sabían donde estábamos ni hacia donde íbamos. En los ómnibus Leyland escribíamos unas notas en algún papelito que encontráramos, le poníamos algún dinero y se lo tirábamos a las personas que estaban cerca, para avisarles a nuestras familias.

»Cuando llegamos, en la unidad donde nos alojaron la bienvenida fue terrible. Estaba lloviendo. Nos dieron una litera de hierro, no con bastidores sino con alambres. Tuvimos que ponerle papel periódico y cartones. El que tenía un saco de yute era un privilegiado. Así estuvimos toda la semana hasta llegar los 'avituallamientos', como ellos decían».

El mismo viacrucis recorren los jóvenes de Unión de Reyes. Enrique Estorino –que en su niñez y adolescencia había sido monaguillo de su parroquia cuando el padre José María era el sacerdote– cayó en el llamado de junio de 1966. Confirma la información del cardenense Joaquín Rodríguez:

«Me pasaron un telegrama para presentarme al servicio militar; pero en aquellos días hubo dos citaciones. Una para el 16 de junio, y otra para el 18. Los del 18 –no muchos lo sabían– serían enviados a la UMAP».

«Cuando llegamos a la cita nos trancaron en el Casino Español que en aquel momento era el Círculo Social. Las calles cercanas estaban bloqueadas por soldados. En camiones nos trasladaron a Matanzas, al estadio Palmar del Junco donde empezaron a concentrar a todos los que traían de toda la provincia».

No sale sólo Enrique Estorino de su pueblo. De su Unión de Reyes irán con él muchos amigos de su parroquia ahora atendida por el Padre Solana: Humberto Moreno, Pepito Álvarez, Huton Morejón, Geraldo Granda que, nos dice Estorino, está ahora en Los Ángeles; Albertico Delgado, que vive en Costa Rica, y Emilio Dreke que sigue en Cuba.

Los de Cabezas, tan cercano a Unión de Reyes, seguirán el mismo recorrido. Se verán en el Palmar del Junco con Humberto Álvarez, Ramón Betancourt y con Orlando Rodríguez y Margarito Rivero que ya murieron.

Era comprensible que Kike Estorino fuera de los primeros en ser citados para ingresar en aquellos centros de *reeducación ideológica*. Él mismo nos lo explica:

«Para el régimen yo tenía todos los agravantes: mi hermano Julio había caído preso y se le había escapado al G2; yo era católico activo, y había sacado mis papeles para salir del país».

Sin duda mostraba el joven matancero los índices de peligrosidad que *«forzaba»* al gobierno a considerarlo un *«elemento antisocial»*.

Llegaron todos ellos a Ciego de Ávila.

De Ciego de Ávila empezaron a enviar camiones a distintos sitios. Uno de ellos a La Virginia, a unos ocho kilómetros de Ceballos. Éste era el grupo en el que se encontraba el seminarista Joaquín Rodríguez: *«Éramos el batallón de Ceballos. Yo era el número 116 de mi compañía».*

En la segunda recogida se llevaron de la parroquia de Morón a Emigdio Menéndez.

Al salir de la UMAP, Menéndez pudo viajar a España. Emigdio era muy antiguo en la iglesia católica.

«Voy a darte a conocer, Enrique, algo que pocos conocen: Yo soy diácono permanente de la iglesia católica. Fui ordenado en Cuba en el año 1990 por monseñor Adolfo Rodríguez Herrera. Arzobispo de Camagüey.[127] Monseñor Adolfo fue nuestro

---

[127] Monseñor Adolfo Rodríguez Herrera, Arzobispo de Camagüey, murió en su ciudad en mayo del 2003.

maestro. Fue el que nos enseñó y nos ordenó el diaconato. Él, un gran hombre, nos formó a nosotros».[128]

3. LA LLEGADA A LOS CAMPAMENTOS

«Nos habían montado en varios ómnibus con tres soldados armados en cada ómnibus. Era una caravana.

»Finalmente, llegamos a un sitio que era –no lo sabíamos– nuestro destino, en esa primera etapa. Conocí, porque antes yo había estado allí, que era Ciego de Ávila. Nos encontramos con un operativo militar tremendo; soldados con armas largas que nos cercaban como si fuéramos gente muy peligrosa. Nosotros, que ni siquiera sabíamos hacia donde íbamos.

»Al amanecer, altos oficiales del Ejército Rebelde nos dieron una serie de charlas diciéndonos que allí estábamos porque tenían que rehabilitarnos socialmente porque éramos personas que teníamos problemas con la sociedad. Después de varias horas allí, nos mandaron de nuevo en camiones que fueron a distintos lugares», recuerda Joaquín Rodríguez, el entonces seminarista.

Otro confinado nos relata su arribo a esos campos de concentración.

«Nos fueron montando a los que estábamos cerca, sin mayor orden, 30 ó 40 en cada camión. En el caso mío fuimos a parar a un lugar que se llama Purificación, cerca del Central Baraguá[129], al sur de Camagüey, entre Ciego de Ávila y Florida. Allí llegaron cuatro camiones. Era la unidad militar 2291 de la Compañía Número Uno a 6 ó 7 kilómetros del central».

---

[128] Testimonio de Melanio Valdés, agosto 6, 2003.

[129] El antiguo Central *Baraguá* fue denominado *Ecuador* luego de llegar Castro al poder.

»Desde que salimos de Matanzas hasta llegar al stadium de Ciego de Ávila sólo habíamos tomado un poco de agua en una manguera».[130]

A otros, los más, fueron agrupándolos por el físico, por tamaño: los más altos, los más bajitos. *«Cada oficial (teniente o capitán) venía y, como si fuera un mercado de compra de esclavos iba señalando a los que quería: 'a éste; a aquél; al de más allá'»* y los montaba en su camión para llevarlos a su campamento, a su barraca.[131]

4. LA VIRGINIA, CEBALLOS Y LAS TUMBAS

Otros, que venían de Oriente, llegaron a un campamento, pudieron percatarse meses después, cerca de Pina. Estaba situado cerca de un pequeño entronque, llamado La Virginia, entre Florida y Camagüey.

De Dimas, en Pinar del Río, llega Manuel Montero, junto a muchos, al Central Cunagua, hoy llamado *Bolivia, «y de allí seguimos, campo adentro, hasta un lugar a unos cinco kilómetros de distancia que se llama Manga Larga. Por más de seis meses mi familia ni siquiera sabía donde yo iba a estar»* recuerda Montero en extensa conversación con el autor.

Aún los del segundo llamado al arribar al campamento en que iban a ser ubicados se lo encontraban desprovisto de todo.

«Cuando llegamos no había ni camas ni hamacas. Los primeros días dormíamos sobre el suelo. En las afueras había unos pequeños recintos para urinarios donde uno se podía lavar la cara por la mañana. Y los domingos, el medio día que teníamos de asueto, lo empleábamos rápido, porque éramos muchos, en lavar la ropa y ponerla a secar al sol.

»A la semana llegaron las «camas"; eran literas rústicas de sacos de yute, sostenidos por unos palos, que se hundían con el peso de tu cuerpo. De vez en cuando tenías que tener la

---

[130] Testimonio de Silvio Mancha.
[131] Testimonio de Enrique Estorino al autor.

ayuda del compañero que estaba abajo o al lado para estirar la lona de yute!».[132]

En camiones y carretas llegaban los pequeños grupos que provenían de distintos lugares.

«*Entonces se formaban las compañías que eran como 120 hombres. Al principio comíamos no dentro del campamento sino en una casa que estaba afuera, de piso de tierra, llena de telarañas y fogón de leña.*

»*Los primeros días comíamos frijoles caritas y plátanos verdes cocinados con la cáscara,* narra el Reverendo Orlando Colás.

»*Nos dividieron en escuadras y nos ponían a marchar y a hacer ejercicios militares. Allí ví los primeros abusos con los Testigos de Jehová porque sus convicciones religiosas no les permiten ser militares y no querían marchar. Ví como los maltrataban; los pinchaban con las bayonetas, los cargaban y los ponían, de todos modos, a marchar poniéndoles un palo por debajo, entre las piernas, y los alzaban. Si se tiraban al suelo los levantaban a empujones; si gritaban, les echaban tierra en la boca para callarles. Y vimos el castigo a los Adventistas del Séptimo Día que, por respeto, no trabajan los sábados. Como en los campamentos se trabajaba los siete días de la semana, los forzaban a trabajar los sábados.*

»*A un adventista, Reverendo Isaac Suárez, lo amarraron a un naranjo lleno de espinas y le decían: —Ahora tú eres Jesucristo, y te vamos a crucificar. Lo dejaron así, al sol, todo el día. A otro lo llevaron fuera y le hicieron lo mismo. A algunos los metieron en la tierra tapándolos completamente, dejándole fuera sólo la cabeza, dos días en el sol.*

»*Aquel campamento, el Mijial I, queda como a 11 kilómetros de Esmeralda*».[133]

---

[132] Testimonio de Juan Villar.
[133] Testimonio del Reverendo Orlando Colás.

Recién habían llegado al campamento de Pedraja varios de los que provenían de San José de las Lajas cuando reciben una sorpresiva visita:

«Allí llegó un día una comisión del Partido que nos entrevistó a todos. A mí me preguntaron si la posición que yo tenía en mi pueblo era un trabajo envidiable; si yo vivía con la mujer de algún militar o de algún miembro del Comité y otras preguntas similares. Preguntas para mí totalmente absurdas» nos relata Pedro Fernández.

«En Cayo Largo estuvimos en un punto llamado «La Cien» que está pegado a un campamento de haitianos, viejos y jóvenes que vivían allí. De La Cien nos llevaron a Ceballos, cerca de Jatibonico. Nos pusieron, como antes, a cortar caña. Luego nos trasladaron a otro lugar que se llamaba las Tumbas o las Cámaras, en Florida. De allí a Lugareño en el central Panamá, en Camagüey; Vertientes, hacia el sur. En aquel trayecto veíamos varios campamentos llamados Toro 1, Toro 2, Toro 3, todos ellos en el camino a Vertientes. De allí pasamos al Central Senado. Yo era el número 96».

Algunos no han recibido siquiera la notificación de presentarse. Le sucedió a Álvaro Álvarez Oropesa quien un día al llegar a su casa en Quemado de Güines dos perseguidoras lo detienen y lo llevan a la jefatura de la policía desde donde lo envían a la UMAP en un camión, junto con otros jóvenes de la zona de Sagua la Grande y Rancho Veloz.

«Llegamos al Central Vertientes y nos dividieron en grupos en un lugar que se llamaba Manantial. No conocía a ninguno de los que allí estaban conmigo. Nos dieron el uniforme y nos sacaron a limpiar caña cuidados por un guardia que, supimos luego, también estaba castigado».

A La Virginia arriban aquel mes de junio jóvenes de distintas poblaciones del país. De Matanzas llega, recién cumplidos los 21 años, Eugenio Melero, miembro de la Juventud Católica; junto con él vienen varios amigos, que han logrado permanecer juntos: Hernán Ruiz, Harry Castillo, Herman Meléndez y Julián Eduardo Morejón.

Su primer trabajo fue la limpia de la caña y regar abono en los cañaverales que comenzaban a crecer.

Llega también a La Virginia, Orlando Ruiz, de Ceiba Mocha, que había presentado papeles para salir del país.

Conoce en aquel campamento a un personaje de interés: Enzo del Río, el chofer que conducía el carro en que, al chocar, sufrió lesiones el hijo de Fidel. Su descuido lo está pagando como guardia en aquel campamento.

Orlando Ruiz y Eugenio Melero conocen allí, en La Virginia, a un joven como ellos que tendrá un trágico fin.

5. LA MUERTE DE ALEXIS GALLARDO

Alexis Gallardo, matancero, es un joven de débil complexión física. Huérfano de padre había sido su madre quien lo atendía desde su niñez.

Un seminarista, hoy sacerdote, nos dice:

«Había un muchacho de Matanzas, llamado Alexis, que poco tiempo después de salir murió de leucemia. Él no sabía que la padecía cuando estaba allí. Era muy jovencito, bajito y muy débil. Tal vez tenía dieciséis años. Y una vez se desmayó y el hombre aquél, el capitán, le entró a galletazos diciendo que el desmayo era un «show».[134]

«En La Virginia le asignaron como trabajo traer al campamento, desde un sitio muy distante, cantimploras de agua. Recorrido que tomaba horas y que debía hacer una y otra vez. Estaba enfermo; ya padecía de leucemia pero no le daban de baja».[135]

---

[134] Testimonio de Joaquín Rodríguez.

[135] Testimonio de Eugenio Melero.

Un día, totalmente agotado, lo envían al Hospital de Morón. *«De allí,* nos relata Eugenio Melero, *ordenan su traslado –¡al fin le dan de baja!– al Hospital Civil de Matanzas, donde murió.*

Los datos del abusivo trato a que Alexis fue sometido en La Virginia, los confirma también Orlando Ruiz, de Ceiba Mocha, que compartió con él su triste estadía en aquel campo de trabajo esclavo.

6. DE NUEVO PEONÍA, EL MIJIAL, MIRAFLORES Y ESMERALDA

Dos jóvenes, Hiram Cartas, de Jaguey Grande, católico, de sólo 16 años de edad, y Luis Chiong, de 19 años, villareño viviendo en La Habana, recién graduado del Seminario Evangélico, han llegado, en este segundo llamado, al campamento de Peonía, *«uno de los lugares más tétricos a los que se puede enviar a un hombre; donde hubo un excesivo maltrato físico y sicológico. El grupo represor estaba encabezado por el Primer teniente Leonardo Isalgué, jefe del batallón, hombre altanero, que había sido combatiente de la Sierra Maestra y estaba allí «cumpliendo obligaciones»«,* nos relata Hiram.

El joven evangelista Chiong recuerda que el segundo día de llegar a Peonía se fajaron dos muchachos pero el pleito terminó enseguida, minutos antes de llegar los guardias, preguntando: *«¿Que pasó aquí?. Nadie respondió».*

«Nos reunieron en un terraplén. Volvieron a preguntar: «¿Quiénes fueron los que se fajaron?». Silencio. Nadie contestó. «Así que ustedes son muy machitos». Nos llevaron a un terreno de pelota y nos pusieron a correr allí. Hubo algunos que se desmayaron: unos asmáticos; otros, enfermos del corazón. A los que se desmayaban los tomaban por los pies y las manos, los zarandeaban, y los lanzaban arriba del camión».

No el más persuasivo –mucho menos, compasivo– método pedagógico de *«reeducación ideológica».*

«Yo comencé en el entronque de Cunagua. Luego me tuvieron en el Mijial hasta que llegamos a Miraflores, cerca de Morón", recuerda otro confinado.

«En aquella época habían acabado de llegar los Leyland, aquellos buses ingleses, nuevecitos, y los estrenaron casi con nosotros... pero a mí me tocó una rastra y nos llevaron hasta Ciego de Ávila donde apagaron la luz y nos metieron en el estadio de pelota.

»Allí nos tuvieron hasta el amanecer cuando se apareció el comandante Casillas y simplemente nos dijo que habíamos llegado a la UMAP, primera vez que oía ese nombre, y que, debido a que la Revolución no podía confiar en nosotros en llevarnos un servicio militar activo y darnos entrenamiento habían decidido que nosotros pasáramos el servicio militar en la agricultura que era donde la Revolución más nos necesitaba. Que nosotros éramos personas que no merecíamos vivir en la sociedad, que sólo saldríamos vivos de allí si cumplíamos las metas que nuestros jefes nos mandaran. Si no, que ellos preferirían que muriéramos allí. Fueron ésas prácticamente sus palabras textuales. Luego se montaron en el Jeep y se fueron».[136]

El recibimiento no era nada agradable. Este es el relato de Mario Víñez cuando llega a un lugar llamado Mamanantuao, que está en la carretera de Esmeralda a la Florida:

«Allí nos bajaron. Por la mañana llegó un guarda güinero con un subteniente Fuerte, y nos dijo estas palabras que no he podido olvidar jamás: «Ustedes van a ser distribuidos aquí. Esto es del Ministerio del Interior. No pueden arrimarse a la cerca y hay órdenes de tirar a matar si se acercan a menos de cinco pies de la cerca». Así nos recibieron».[137]

En Mijial hubo 25 a 30 pastores de distintas denominaciones; mecánicos de Cubana de Aviación, trabajadores. Estuvo el Pastor

---

[136] Entrevista de Francisco García Martínez con el autor, abril 24, 2003.

[137] Testimonio de Mario Víñez al autor, agosto 14, 2003.

Bautista Rigoberto Cervantes, que aunque no era de Holguín, predicaba en aquella ciudad, nos informa Sergio Nieves.

Sergio Nieves ha llegado, con un grupo de coterráneos holgüineros, al Mijial Uno. Primero trabaja, como los otros, en el campo pero por su débil complexión física tiene serias dificultades para cumplir las normas.

«En una de las entrevistas, que vino a hacer el capitán Laza, matancero, muy alto, 6'2; entrevistas que empezaban con aparente poca lógica, pero fue cambiando. Una de las últimas preguntas fue: –En caso de una invasión extranjera ¿con qué armas va usted a defender la Revolución?. Le contesté que con ninguna; que yo no era comunista y que la defendieran los comunistas. Oyéndome, el capitán daba fuertes piñazos en la pequeña mesa».[138]

Sergio esperaba el peor castigo por sus respuestas pero al salir se topa con el sargento Alipio que venía frenético y le pregunta: «Y usted a dónde va?». «A la barraca». «No, usted no va para la barraca. Usted sabe freír un huevo?». «Claro que sí». «Bueno, hágase cargo de la cocina y búsquese cuatro más para que echen a andar la cocina».

¿Qué había pasado? Nos lo explica el sorprendido Sergio:

«Supe que ese día el sargento se había quedado sin comer porque con la poca que había quedado le habían dado «reenganche» a otros, («reenganche» era darle la poca comida que sobraba a quien ya había comido) y Alipio se había quedado sin comer, y botó a los cinco cocineros que había y los mandó a trabajar al campo. Y al primero que vio fue a mí y me puso al frente de la cocina».

Otro holguinero, German Rivas, ha sido también enviado al Mijial Uno. Serán, él y sus compañeros, recibidos con las peores groserías por el teniente Girarte. Chocará con un sargento llamado Enrique, del Pelotón 3, de la Compañía 3.

---

[138] Testimonio de Sergio Nieves al autor.

«Comenzó a vejarme. Dije a un compañero: «Este hombre la tiene cogida conmigo» pero me oyó. Sacamos otra discusión y sacó su pistola para amenazarme».

Otros problemas, mucho más serios, tuvo que enfrentar Rivas en aquellos campos.

«Estando cortando caña cogió candela un tajo cerca de mí. Me acusaron de haber provocado el incendio y me mantuvieron, por tres días, sin agua ni comida, amarrado al asta de la bandera custodiado por guardias con armas largas. Querían que yo me declarara culpable. Por fortuna, corriendo un gran riesgo vino un compañero, Humberto Hernández, y, a escondidas, me trajo un poco de agua y una lata de leche».

Al cuarto día se apareció en un jeep el jefe del G-2 pidiendo que admitiera su culpabilidad porque tenían muchos testigos que lo habían visto cuando le prendía fuego a aquel tajo. Germán se negó. El incidente terminó con Germán Rivas en una disciplinaria en Jaronú.

Algunos futuros confinados provenían de las filas de las propias Fuerzas Armadas. Eran soldados que sin haber formado parte del Ejército Rebelde y, por tanto, sin –para la clase dirigente– ningún mérito revolucionario, habían cometido faltas que *«no merecían elevarse a un tribunal militar».*[139] La conveniente opción la ofrecían los nuevos campamentos de la UMAP. Para allá serán enviados.

Un confinado de Matanzas, de la primera recogida, confirma los atropellos, ofensas y amenazas a que de inmediato fueron sometidos:

El viaje se inicia en la prisión de La Cabaña donde habían permanecido detenidos en las galeras de los miembros de las FAR o de las reservas.

«Mi delito fue querer viajar hacia los Estados Unidos a unirme con mi familia que ya radicaba allá».[140]

En varios ómnibus ingleses Leyland partieron hacia Camagüey. Hacia los campos de trabajos forzados.

---

[139] Testimonio de Alejandro Rodríguez a Ramón Díaz Marzo, periodista independiente.

[140] Carta de Santiago R. Moisés, miembro de las Fuerzas Armadas, a Emilio Izquierdo, de agosto 14, 1996.

Realizarán las mismas durísimas tareas de los otros confinados pero sus campamentos –mezquina diferencia– carecerán de alambradas y guardias de garita. Algunos de estos militares castigados sentirán, tal vez sin percatarse, cierta superioridad hacia los otros confinados:

«Nuestra situación en la zona de Florida, un pueblo de Camagüey, no era la de los civiles –homosexuales, lumpens, Testigos de Jehová y demás religiones–. Estábamos presos, pero sin alambradas ni guardias de garita».[141]

Algunos de los que cayeron en el Mijial tenían serios antecedentes criminales. Nieves nos relata este caso:

«Antes de yo caer en la cocina nos mandaron a un grupo a dar pico y pala y uno era un señor que yo no lo había visto antes en el campamento. Era negro como de 6 pies o más de estatura y cuando tuvimos un descanso comenzamos todos a conversar y preguntarnos y decirnos quiénes éramos. Y cuando le preguntamos de donde él era, nos dijo de la Cabaña. Le preguntamos: ¿Del municipio de Cabaña? «No, no, de La Cabaña. Yo vengo directo de la cárcel» y entonces contó su historia: Él mató a un individuo a los 14 años; lo metieron en Torrens y de allí, cuando triunfa la Revolución, él es ya un hombre adulto, abren las puertas de la cárcel y él sale, pero al verse en la calle se dice «esto no es para mí» yo no puedo vivir en la calle; yo no sé trabajar, y no sé hablar con una mujer. Y entonces robó para que lo volvieran a meter preso; y estando en La Cabaña tuvo una bronca y lo mandaron a la UMAP.[142]

Ha llegado a su campamento del Batallón 18 el joven de Quivicán Orestes Aceituno. Pronto conocerá de la dureza del que comanda aquel infierno.

---

[141] Testimonio de Alejandro Rodríguez, ya citado.
[142] Testimonio de Sergio Nieves al autor, octubre 22, 2003.

«El jefe del Batallón era Ramón Zaldívar que se caracterizaba por su crueldad y maltrato a los confinados. Ví allí como torturaban a los Testigos de Jehová, y como a un joven negro lo enterraron vivo, dejándole la cabeza afuera por 3 días».

Los más crueles castigos se repetían a diario en aquel campamento que formaba parte del Batallón 18.

«Ví –nos dice Orestes Acevedo– como al confinado 90 (todos teníamos un número) lo metieron por tres días en una fosa donde se encontraban los desperdicios de la basura y las excrecencias. En ese campamento se desató un virus de hepatitis que causó grandes estragos entre los confinados, muriendo varios de ellos por no prestarles atención médica alguna.

»Allí aprendí a comer gusanos que se nos servían en la aguada sopa de chícharos que nos daban».[143]

Desde un lugar no muy distante, Morón, llega a Esmeralda, Enrique Domínguez, joven estudiante. Lo habían citado para el Servicio Militar Obligatorio. En lugar de un rifle le dan un machete; a veces, una guataca.

Su primer campamento será Mestre. No se sentirá solo en aquel aislado paraje. Lo acompañan varios de sus amigos: Humberto López y Pedro Estévez entre otros. Pero, todos, se siente maltratados *«por el oficial Izquierdo Blanco, de malos instintos».*

Porque son jóvenes e inquietos un día planean una fuga. No en busca de libertad sino para participar en los carnavales de su natal Morón. Están allí varios días –probablemente demasiados– y al regresar se encuentran con una sorpresa: *«El campamento lo habían cambiado de sitio. Fue una odisea localizarlo. Al fin pudimos encontrarlo. Ya le contaré como lo logramos».*[144]

Pedro Estevez, el amigo moronense de Domínguez, estudiaba en la secundaria «Félix Triana» cuando, a los 20 años fue notificado. Vía

---

[143] Testimonio de Orestes Aceituno de octubre 3 y noviembre 19, 2003.

[144] Testimonio de Enrique Domínguez, noviembre 21, 2003.

Júcaro, llegará al campamento Mestre, comandado por el teniente Armendal Río, *«un oficial no tan duro como otros que conocí en otros campamentos».* Están con Pedro, además de los antes nombrados, Felipe Almeida y Raúl de la Rosa.

Pasará luego a *Guayabito* bajo el mando del desequilibrado «Caballo Loco» que entraba en las barracas disparando con su pistola para amedrentar a los confinados. Aquel trastornado oficial se complacerá abusando en exceso a los Testigos de Jehová.

Otros confinados son destinados a La Esmeralda. Es el destino de Mario Hernández de Remedios, L.V., joven evangélico de 25 años que vivía en La Habana donde fue citado para presentarse al S.M.O. en el stadium de la Tropical. Existían dos serios agravantes en el expediente de Mario: era activo en su iglesia y haber presentado papeles para salir del país.

En Esmeralda se encuentra con el Reverendo Orlando Colás, aquel pastor que presidía las iglesias bautistas de la región oriental, y algunos empleados de la Cubana de Aviación.

Pronto comprende que no podrá confiar en lo que sus carceleros ofrecen:

«Cuando estamos en el campo nos dijeron: «Vamos a hacer 10 surcos y regresamos a la barraca». Nos esforzamos y terminamos pronto los 10 surcos, pero entonces nos dicen: «Bueno, son sólo las 3 de la tarde, así que podemos seguir trabajando y hacer varios surcos más.

»Después de aquella experiencia ya no creímos más en la palabra de aquellos hombres».[145]

7. ANTIGUO PRIVILEGIADO DESCRIBE LA UMAP

«Campo de concentración es un terreno cercado con alambradas eléctricas y con torretas de vigilancia y reflectores dispersos en el que se hacinan en sus barracas centenares de famélicos esclavos. En Camagüey sólo faltaron los crematorios y cambiar la bandera cubana por la Svastica.

---

[145] Testimonio de Mario Hernández, noviembre 21, 2003.

»Se daba baqueta (una modalidad de la flagelación pero con el canto de una bayoneta de los viejos Springfields del ejército de Batista) 'Piscina' (obligarte a nadar hasta el desfallecimiento y, por consiguiente, hasta la posibilidad de ahogarte, en una poceta de agua fangosa en la que no puedes alcanzar el borde porque te abren fuego), enterrarte hasta el cuello al sol y sereno, amarrarte por las piernas y hundirte en un excusado, y todas las linduras que se apetezcan, teniendo como colofón para los incorregibles, ingobernables, la celebración de juicios con la tropa formada en presencia de un primer teniente que los servicios jurídicos le dan a las Fuerzas Armadas Revolucionarias, que rendía servicios viajando entre todos los campos de la UMAP».

Nunca se sabrá la cifra exacta de personas fusiladas en los campos de la UMAP y Camagüey. Apunta Norberto Fuentes que Castro, al disponer la disolución de los campos por presiones internacionales mandó quemar todos los documentos que pudieran existir sobre este tema.

Muchos de los escritores, de los comentaristas, aún aquellos que sirvieron durante largos años al régimen de Castro, hoy denuncian los atropellos de aquel Gulag. Uno de ellos, Fuentes, afirma que:

«La composición principal de los jóvenes que fueron internados en estos campos, una cifra que oscila entre 30 mil y 40 mil, eran los seminaristas católicos y los ministros protestantes de las iglesias del interior, jóvenes que tenían pasaportes y querían abandonar el país, estudiantes 'depurados' de las universidades por 'incompatibilidad ideológica', hijos de los campesinos que se negaban a integrarse a las cooperativas y personal humano que continuaba trabajando 'por cuenta propia', es decir, eran propietarios de un pequeño negocio.

»Pero el gobierno hizo correr las voces (de que eran homosexuales) para explotar el acentuado sentimiento en verdad homofólico de la población cubana (al menos en esa época) y

hacer simpática la idea de la UMAP –cosa que, no crean, se logró en abundancia».[146]

8. LOS MAMEYES, PURIFICACIÓN, LA SEÑORITA, ANTÓN

Siempre cubierto de grandes mosquitos. *«manadas de mosquitos que hasta caían en la poca comida que nos daban»* llega el habanero Heriberto Peñaranda al campamento Los Mameyes, comandado por el teniente Nivaldo Pereira *«que se excedía en los abusos y castigos a los confinados; opuesto al sargento Paneque que nos trataba con respeto».* Desde el primer día comenzó, durante 9 meses a cortar caña, hasta que fue trasladado a Sola cerca del Central Vertientes.

Con los que llegan en la segunda recogida ya suman varios millares los que ingresaron en los muchos campos de la UMAP.

Al campamento Purificación, localizado en la extensa finca Reforma, del Central Baraguá, hoy llamado Ecuador, llegan muchos de los jóvenes de la provincia de Matanzas. Ubican allí –porque han tenido la habilidad de mantenerse unidos integrándose en las muchas columnas y en escuadras cercanas las unas a las otras– a un buen número de Unión de Reyes, de Bolondrón, de Cabezas y Guamacaro.

Sólo encuentran literas de palos de monte con sacos de azúcar a los que aún no les había quitado todo el azúcar. *«Allí estuvimos unos seis meses, primero con instrucción militar; luego nos mandaron al campo. Nos despertábamos con un disco de arado que tenían dentro de la barraca y al grito –¡De pié! y comenzaba la faena del campo. Las primeras semanas, siembra de frijoles, boniato; luego, limpia y corte de caña»,* recuerda Enrique Estorino.

Las condiciones de aquel campamento, como las de tantos otros, eran pésimas. El agua era extremadamente escasa hasta para las más básicas necesidades. Llegaban los confinados del trabajo en el campo, todos sucios y llenos de fango, y no tenían agua para bañarse. Las letrinas eran chiqueros.

Otros llegan a sitios aún peores. *«Cuando yo llegué a Lugareño –nos cuenta Eduardo Ruiz– nos trasladaron en camiones a Laguna*

---

[146] Norberto Fuentes, «Dulces Guerreros Cubanos», Editorial Seix Barral, Barcelona, 1999.

Grande. Me pareció un monstruo haber salido de una ciudad como Marianao en la que yo vivía y llegar a un lugar completamente desolado. Dos barracas que eran donde íbamos a dormir nosotros y caña por todos lados. Aquello fue la destrucción de mi vida!. No había agua ni para bañarse, increíble que un ser humano pueda estar ocho meses sin tomar un baño. El agua que allí había era solo para la poca comida que nos daban. Gracias a Dios que a los ocho meses comenzaron las lluvias y se inundó aquello y los canales se llenaron de agua y aprovechamos para bañarnos con ropa y todo».[147]

De San José de las Lajas, en la provincia de La Habana, habían partido Luis Valle; Jorge Girotto, de sólo 16 años, cuyo delito había sido asistir asiduamente a su iglesia; y Ciro Molina que era también de la misma parroquia:

«Nos llenaban de ofensas a nosotros, por ser jóvenes, por creer en nuestro Dios y no plegarnos a una doctrina donde sólo impera el odio, la injusticia y la maldad. Eran hombres llenos de rencor que disfrutaban del dolor de nosotros y de nuestra familia» nos narra Luis Valle quien, al igual que los otros, sólo tenía dieciseis años.

«Cuando llegamos a aquel pequeño poblado que se llamaba Señorita tuvimos que dormir en el suelo, cuando llegó el capitán Cabalet y lo primero que nos dijo fue que nos quedáramos tranquilos porque ya habían fusilado a dos...». Era para meternos miedo. Nos llevaron a lo que le decían «unidad militar" que sólo era un terreno cercado con alambres de púa, conmigo estaba Jesús Llavaneiras, y dos hermanos, uno de ellos Mario Presas, que padecía de hepatitis y lo forzaban a trabajar como a todos los demás»* recuerda Amir Álvarez, el joven camagüeyano que vivía en La Habana.

Quien fuera durante un año cocinero en el campo *La Señorita* describe, con conocimiento de causa, la falsa ingestión de «leche» que recibían los confinados:

---

[147] Testimonio de Eduardo Ruiz, agosto 2003.

«Nos daban un poquito de agua con leche, pero ésta no era realmente leche. Eran unas latas rusas de fécula de maíz que estaban vencidas desde hacía meses. A esas latas les echaban agua, las revolvían y nos las daban como si fuera leche con un pedacito de pan».[148]

Muchos de La Habana son enviados a «La Señorita». Llegan primero a Mamanantuao[149] encerrados en corrales. A la mañana siguiente llegaron Juan Zas, Pedro Alfonso, Miguel Huerta, Francisco Ordóñez y otros capitalinos a *La Señorita* con fango hasta la rodilla,

«Recuerdo que allí, con nosotros estaba Martín Conde Ruz, primo –por parte de madre– de Fidel. Alto como él, con facciones parecidas. Nos dijo que la noche antes de que lo citaran para el Servicio Militar había cenado con Vilma Espín y con Raúl celebrando su llamado al servicio militar. Nunca se imaginó que iba a la UMAP. Su madre era la Representante Cultural de Cuba en México. Su padre era un español que comerciaba con Fidel Castro.

»Cuando la madre fue a verlo, aquello fue un caos. Poco después Martín Conde Ruz recibe un pase y nunca regresó».[150]

Cerca de una docena de sargentos del Ejército Rebelde –todos ellos castigados– estaban a cargo de aquel campamento. ¿Quiénes eran algunos de ellos?: Comencemos por uno de quien se tiene –una excepción a la regla– una buena opinión. Nos la ofrece Juan Zas que pasó todo un año en «La Señorita».

«El sargento Zapata era una buena persona. Yo diría que este oriental era una magnífica persona. Una noche de lluvia porque quiso regresarnos temprano al campamento y no se lo permitieron tuvo un serio problema con el jefe del campamento. A los

---

[148] Testimonio de Mario Víñez, de Marianao, que permaneció durante casi un año en aquel campamento.

[149] Mamanantuao está entre la recta de Florida a Camagüey, en el desvío que va a Esmeralda (Testimonio de Juan Zas).

[150] Testimonio de Juan Zas, octubre 21, 2003.

dos meses surgió otro problema y lo trasladaron a otro campamento». Sobre los demás tienen Zas y otros confinados un bajo concepto:
«El sargento Solís decía con voz ronca: «Yo hago temblar la tierra»; y, porque le daba la gana nos mandaba a sacar a todos de la barraca a cualquier hora, aún de noche y nos ponía a marchar. Y gritaba: «Yo no oigo retumbar la tierra!.
»Había otro que se llamaba sargento Céspedes. Era un negrón grande que medía como 6 pies y 6 pulgadas. La capacidad mental era próxima a la de los animales irracionales. Era un energúmeno».
»Había un sargento Mayor –y ahora hablamos de algo tenebroso– que era malo e inteligente. Era de apellido Olivera. Era un guajiro militar que se creía superior a todos. Le gustaba usar una pistola 45. Era el único de todos los militares que andaba siempre impecable. Pero era un metedor de miedo; de instintos criminales, que gozaba con meterle miedo y abusar de los Testigos de Jehová. Le rastrilló en dos ocasiones, delante de nosotros a un Testigo de Jehová y ponerle la pistola en la sien. No amedrentó al muchacho».

Pero, peor que todos ellos era el oficial que estaba al frente del campamento: el teniente Rito Gómez, un borracho, criminal nato, que aprendió a dar el tiro de gracia en los paredones de fusilamiento de La Cabaña.

9. VEGA 2

Al distante campamento de Vega fue enviado –lo mencionamos en páginas anteriores– el cantante Pablo Milanés y el bailarín Roberto Beltrán. Durante un tiempo el teniente Héctor Téllez, *«déspota, grosero, que para sus viajes de placer a Vertientes y a veces a Camagüey, tomaba el único jeep con que se contaba para casos de emergencias, que por su pedantería caía mal aún a sus propios compañeros»*[151], estuvo al frente del campamento.

---

[151] Testimonio de Serafín Sarduy.

El jefe de personal era Meido Costa, semianalfabeto, que no era mala persona, nos relata Serafín Sarduy en una de nuestras extensas entrevistas.

Confinados de todas las provincias se encontraban en aquel campamento. Veamos algunos de ellos:

De La Habana: Jorge Suárez Bibilonia, Jorge Orgáez Ramírez, Francisco Izquierdo Vázquez, Jorge Guitart Méndez, Orlando Roberto Beltrán Pérez; Héctor Losada, Héctor Masón; Gilberto Narug Carvajal, Ricardo Raola Cabrera, José Ignacio Yánez y otros.

De Pinar del Río: Gerino Sánchez Torres, de Bahía Honda, había ingresado en el servicio militar regular y era uno de los pocos que vestía el uniforme verde olivo pero, como los otros confinados, cortaba caña. Era un buen muchacho.[152]

De Matanzas estuvo, por breve tiempo, el sacerdote Armando Martínez que pronto fue enviado a otro campamento donde fue cruelmente golpeado.

De Las Villas: Carlos Mayor, de Sagua la Grande; de Santa Clara, Noel Sánchez Becerra, Víctor Sánchez Llanes, Reinaldo Alemán Huergo, Antonio Hernández Gutiérrez, Fernando Machado Morales; Nicolás Morales Gómez, maestro, al igual que Serafín Sarduy; Felipe Nazco Ruiz, Joel Broche González, Ramón Prado Pérez y muchos más; de Fomento, Norberto Quesada Mora; Enrique Rivero Pérez, maestro, y José Álvarez Porra, de Caibarién; de Cienfuegos, Juan Navarro Soto.

De Camagüey: Arnaldo Ramírez Martín, Antonio Santos Arce; Francisco Gracialidoro, uno de los más jóvenes, aún estudiante del Instituto.

De Oriente: Marino Hecheverría, Reinaldo Colmenares, Aguedo Ferrer Batista, Juan Ferrer Sánchez, Fernando Viera González, Joaquín Martí Leiva, Juan E. Vallejo Dorticós; Francisco Chávez Pardo y Juan Navarro Alonso, entre otros.

---

[152] Testimonio de Serafín Sarduy.

Raúl Inda, apenas cumplidos 17 años, se encontró en noviembre de 1965 dentro de los del primer llamado, ubicado en el remoto Campamento Martínez 2, lugar aislado situado entre Florida y Esmeralda. Sólo Mamanantuao le quedaba cerca.

Coincidió con Frank Solís, que estará allí a cargo de suministro.

No pasó mucho tiempo sin que fuera trasladado al Mijial 1, donde compartió su dura permanencia junto al Reverendo Orlando Colás. Allí se encontraba la jefatura del Batallón 6.

Por su rebeldía fue luego enviado al «Mejicano», campo dedicado a la siembra y recogida de papas y tomates.

10. «AQUÍ VAS A PERDER EL ALMA»

Recién ha llegado al campamento de Mamanantuao el grupo de Osvaldo Friger –Mario Cabrera, Juan Antonio Zas, Francisco Ordóñez, Rodolfo Guanchi y otros– cuando comienzan los maltratos físicos y verbales. Forzados innecesariamente a caminar por el fango, a uno de los nuevos confinados, alzando el brazo se le ocurrió decir:

«Teniente, teniente; aquí vamos a perder los zapatos».

El teniente Rito Gómez, jefe de aquella unidad, se le acerca y bajándole con violencia el brazo le dice:

«Aquí vas a perder el alma».[153]

Rito Gómez era un ente bien singular.

«Conocimos que estaba allí castigado, como casi todos los guardias. Se decía que había sido jefe de pelotón de fusilamiento en La Cabaña. Yo no sé si lo fue o no. Pero de lo que estoy seguro –porque lo vi muchas veces– es que todos los días llegaba con sus botas, su uniforme militar, una camiseta, una toalla, un cepillo de dientes y se dirigía a los lavaderos.

»Al regresar le traían un animal –casi siempre un perro– lo amarraban junto al tronco de un árbol. El teniente Rizo se

---

[153] Testimonio de Osvaldo Friger al autor, octubre 15, 2003.

paraba frente al animal y se daba a sí mismo las voces de mando y fusilaba al perro».[154]

«Este hombre –nos sigue relatando el hoy médico Friger–, *no se ocupaba prácticamente de la Unidad porque era un alcohólico».*

Recorre Julio Acosta –como tantos otros– distintos campos: Antón, Guayabito, Vega Uno, Vega Dos (donde meses antes estuvo confinado Pablo Milanés), El Agro (en una finca que había pertenecido a Bernabé Sánchez); la Cubana que luego se convertiría en una unidad de *«reeducación»* y castigo.

En el campamento de Antón se encontrará Acosta junto a su coterráneo y amigo Jorge Manuel Eurquiza; y con *«Rómulo Ripoll Sánchez, de Céspedes, que era el que echaba a andar las bombas del agua; Alberto Montano de Santa Clara, del barrio Condado*[155]*; Luis Santos Cordero, también de Santa Clara, albañil, muchacho muy bueno; Miguel Aguirre, de Manzanillo, y otro de apellido Frómeta».*[156]

Un joven, nacido en Matanzas, pero viviendo en La Habana, Roque Rodríguez, trabajador por cuenta propia, confiaba en poder ya, pronto, salir del infierno en que para él se había convertido vivir en la isla. Había presentado sus papeles para salir. No pudo hacerlo. El 18 de junio es enviado a un distante campamento: Los Mameyes, cerca de Manatí.[157]

---

[154] *Ídem* (O. Friger funcionaba como Sanitario en ese tiempo y pudo presenciar la repetición de esta escena).

[155] Sobre el Condado, zona de Santa Clara donde fueron ejecutados muchos de los alzados del Escambray, el escritor Norberto Fuentes, entonces –tal vez aún– al servicio del régimen escribió un libro «Condenados de Condado», impreso en 1967, que ganó el Premio Casa de las Américas, 1968.

[156] Testimonio de Julio Acosta al autor, agosto 23, 2003.

[157] Testimonio de Roque Rodríguez al autor, octubre primero, 2003.

CAPÍTULO VI

UN DÍA EN LOS CAMPOS DE LA UMAP

1. SE INICIA LA JORNADA

La jornada de trabajo comenzaba, a oscuras, a las cuatro de la madrugada con breve descanso de quince minutos a las diez de la mañana. Un corto período para almorzar, y tras doce a catorce horas de dura labor regresaban, también a oscuras, a sus barracas.

«*Nos dieron un uniforme que era un pantalón de kaki y una camisa azul de jean (el mismo que usaban los locos de Mazorra). Así estuve 10 ó 11 meses. No acepté recibir visitas de mi madre, mi hermana y mi novia (hoy mi esposa) porque ví la forma en que trataban a las mujeres. Sólo recibí a mi padre, a un tío y a un amigo*». (Testimonio de Hugo Arza).

Al campo eran transportados en carretas (tres o cuatro) tiradas por un tractor. Otras, tiradas por bueyes.

Se producen –sin aparente razón alguna– continuos movimientos de confinados de un campamento a otro. Así nos encontramos que Orestes Aceituno, aquel joven barbero de Quivicán que había estado en La Mascota sufriendo los atropellos del capitán Ramón Zaldívar del Batallón 18 es, ahora, trasladado a mediados de 1967 al Central Elia.

Realizará allí, como antes, las mismas labores: limpiar y cortar caña. Trabajará también como barbero y recibe, y ve cometer, en Elia, las mismas vejaciones, castigos y malos tratos físicos.

«*En Elia conocí a un gran cubano, el Dr. Concepción Leal, médico que estaba internado en el campamento. Murió en Cuba. Cuando yo salí el Dr. Leal se encontraba trabajando en el hospital «Leonor Pérez» en Rancho Boyeros*».[158]

Recibirá Aceituno su baja de la UMAP en el Central Sierra Cubitas.

---

[158] Testimonio de Orestes Aceituno.

En el campo, doblados, trabajando, permanecían más de diez horas. Unos eran enviados a lugares donde ni siquiera los campesinos del lugar trabajaban porque eran insalubres, llenos de mosquitos, de agua fangosa. Allá iban estos hombres, estudiantes, profesionales, religiosos[159], castigados por sus ideas, sus convicciones, sus apariencias, o por sus orientaciones sexuales. A todos les asignaban su número.

Los confinados eran llamados –y se llamaban entre sí– por los números que les habían asignado en lugar de sus nombres. Eduardo Medina, del primer llamado, era el número 7. Lauro Pérez (Laurito) el 28; Luis Bernal Lumpuy, el 24; Renato Gómez, el 35; Gustavo Cuervo Sabá, era el 21. Del segundo llamado, Francisco García Martínez, era el número 67; el Reverendo Charles Vento, el 107; Silvio Mancha, el 51; el joven que se suicidará tirándose al hoyo que servía de letrina, fue el 66; Pedro González, de Cabaiguán, el 21; Emilio Porrúa, el 38; del Batallón de las Porras, José Manuel Díaz Gómez, de Regla, el 119; Eduardo Ruiz, el 45; Pablo Milanés, 41; Emilio Daniel Ferreira, 38; Juan Zas, 50; Osvaldo Friger, 56; Francisco Ordóñez, el 61; Rodolfo Granado, 48; Carlos de la Torre, 9; Mario Lujo, el 31; Octavio Valdés, 88; Enrique Melero, el 38.

«El primer trabajo que me asignaron fue el de 'la limpia' porque todavía no se cortaba caña. Luego tuve que atender sembrados de naranja y más tarde regar abono en unos sacos que pesaban unas 120 libras. El último día se me abrió la cintura, quedé baldado por un tiempo, sigo padeciendo de eso» recuerda Joaquín Rodríguez, entonces seminarista, hoy sacerdote de la iglesia católica Blessed Trinity de Miami Springs. Y continúa explicando:

«Nos llevaban por escuadras de diez hombres mandadas por un cabo. Teníamos que ir a un almacén de abonos, cargando sacos en una carreta y después cada uno iba bajando lo que iba a regar en el surco asignado. Eran unos tres sacos por

---

[159] Testimonio del Reverendo Orlando Colás, en entrevista con el autor de febrero 14 de 2003.

surco. No teníamos guantes; las manos se te pelaban. Las cortadas que te producían las fibras rojas de la caña se hinchaban y sangraban».

Otros, eran enviados a un campo de marabú que estaba siendo recobrado porque había sido explotado y, de tramo en tramo, iba surgiendo alguna caña. *«Teníamos que protegerla limpiando aquellos tramos. Algunos, pasaban horas en ese trabajo. Podíamos producir poco o producir más; en definitiva el trabajo era un castigo».*[160]

«Los domingos, cuando no salíamos a trabajar al campo teníamos que permanecer en el campamento para hacer trabajos de limpieza en el patio y cortar hierba. A esto le decían hacer 'guardia vieja'.

»Cuando terminabas las tareas entregabas las guatacas y al día siguiente te entregaban otra; muchas veces mal cuidada, muy ajustada, muy parada. Nos dieron una lima para todos. Se le gastaban los dientes. Nunca la cambiaron. Era la que usábamos también para los machetes. Lo que hacía que el trabajo no rindiera y se nos dañara la espalda».[161]

Cuando los del primer llamado arriban a sus campamentos se produce, en algunos de ellos, como el de La Fortuna, en el entronque de Pina una situación peculiar. Nos la relata Sireno Prendes.

«Las dos o tres primeras semanas –como no habían llegado machetes, guatacas ni aperos de labranza alguno– nos pusieron a marchar. En esos días los guardias entraban continuamente en las barracas. Cuando llegaron los machetes y nos los dieron, los guardias, temerosos, dejaron de entrar y cuando

---

[160] Testimonio de Silvio Mancha en entrevista con el autor, febrero 12, 2003.

[161] Joaquín Rodríguez sólo estuvo pocos meses. Porque «al fin y al cabo, el Nuncio según tengo entendido, se movió a pesar suyo. El Rector del seminario: Evelio Ramos, nos había prometido que nos iba a sacar de allí porque el Nuncio se lo había asegurado. Supimos que Ramos iba todos los días a la Nunciatura a preguntarle a Zacchi qué sabía de nosotros. Por esas gestiones del Rector Ramos nos dieron de baja y así los seminaristas de La Habana regresamos: monseñor Ángel Cabo, monseñor Alfredo Avello y otros.

había un problema en la barraca ellos llamaban a los LCB (Lucha Contra Bandidos) y entraban con dos o tres de ellos».

Otro que ha llegado en aquel primer llamado es Eduardo Ruiz a quien, como primera faena, le imponen la recogida de frijoles. Así recuerda Eduardo aquella experiencia:
«Llegamos al campamento a las seis de la mañana a recoger frijoles negros. Cuando empezamos a sacar el frijol que está debajo de la tierra para echarlo en la parihuela la cantidad de enormes mosquitos que de allí salió lo oscureció todo. Cuando mirábamos a otro recluta no lo distinguíamos porque estaba lleno de aquellos mosquitos y el frijol hay que sacarlo con el rocío porque está la vaina húmeda. Si esperas a que salga el sol, se degrana. Todos los reclutas salíamos hinchados hablando horrores de Fidel Castro y su camarilla... y los que nos cuidaban, que eran gente de ellos, se callaban la boca y nada nos decían. Al fin, ellos también estaban allí castigados».[162]

2. PRESIONES SICOLÓGICAS

«El gobierno había hecho una preparación sicológica e informativa con los campesinos del batey cercano al campamento, diciéndoles que se mantuvieran alejados de los que íbamos a llegar «porque era gente de La Habana, muy peligrosa, que eran presos, lacras sociales con instintos criminales y muchos eran homosexuales y todos eran gente sumamente peligrosa y que no tuvieran contacto con nosotros», según le narra Silvio Mancha al autor.

«Al principio, aquellos campesinos que nosotros veíamos venir por la guardarraya tomaban el sendero opuesto y pasaban sin mirarnos. Con el tiempo llegaron a conocernos y tenían más confianza en nosotros que en aquellos soldados con uniforme y armas largas».

---

[162] Testimonio de Eduardo Ruiz, agosto 30, 2003.

Lo confirma, entre otros muchos, Ismael Hernández al llegar al campamento cercano a Cunagua:

«Al principio los campesinos que vivían cerca tenían desconfianza de nosotros porque les habían hecho creer que éramos delincuentes peligrosos. La situación a medida que nos iban conociendo fue cambiando».

Concepto parecido expresa otro confinado pinareño:

«Uno de sus planes era que nosotros nunca nos ubicáramos. Que no supiéramos donde estábamos. Por eso salíamos muy de madrugada, a oscuras, y regresábamos también a oscuras. Esperábamos a que saliera el sol para saber donde quedaba el este. No había calendarios. Era una forma de represión sicológica. Algo diabólico. Me trasladaban con frecuencia. Yo comencé en el entronque de Cunagua. Después me llevaron cerca del entronque del Central Pina. Luego me tuvieron en el Mijial y me enviaron cerca de Morón. Estuve en Miraflores. Me enviaron al 31 de Manga Larga. La intención era que tú no te familiarizaras con la zona».[163]

Otro de los factores sicológicos de represión era que los carceleros te decían constantemente: *«Aquí ustedes se van a podrir. Saldrán cuando acepten la Revolución». Ni siquiera sabíamos cuando saldríamos liberados. No supimos al llegar por que tiempo permaneceríamos en aquel lugar. Era parte de la tortura sicológica»*[164]

3. CONFINADOS, NO PRESOS

Para no utilizar el término *prisionero* les llamarán *confinados*. Los confinados tenían que cumplir hasta tres años de servicio militar obligatorio en aquellas unidades destinados a *«contribuir al desarrollo del país trabajando en la producción»*. A cada uno de ellos le extenderán un carnet donde harán constar, cada mes, el *«cumplimiento de*

---

[163] Testimonio de Emilio Izquierdo.

[164] Testimonio de Emilio Izquierdo.

las normas»: las cañas que ha cortado; qué por ciento de la norma ha cumplido. Aparecerá en ese carnet los traslados a otras unidades. *«La disminución»; «el aumento»* del tiempo de servicio militar: *«días más »* o *«días menos»*. Algunas páginas –que casi siempre quedaban en blanco– se destinaban a reconocer los *«premios en permisos»* que se traducían en *«la cantidad de días»* concedidos. No podían faltar las páginas destinadas a dejar constancia de *«las sanciones impuestas»* con mención de las fechas y el tiempo de las mismas.

Había serias penalidades por el extravío de tu carnet:

«La pérdida, extravío o destrucción de este carnet será sancionado de acuerdo con las disposiciones de la Legislación Penal Militar vigente».

Por supuesto, *«la tenencia o posesión de este carnet en persona distinta a la interesada, conlleva la responsabilidad del delito de hurto, previsto y penado en el Artículo 529 del Código de Defensa Social».*

Otro grupo irá a Manga Larga. Nos cuenta Renato Gómez:

«A mí me montaron con un grupo de 120, nos llevaban para Manga Larga, que quedaba encima de un pantano, y por arriba de aquello uno iba mirando y nada más que había fango. Cuando llegamos al supuesto campamento sólo había allí una pesa de caña y una barraca con techo de guano, sin paredes, con piso de tierra. Al fondo, una casita que era la de los guardias y unas letrinas chiquitas que no eran más que un hueco». No había caña; todo era mangle; una línea de tren que pasaba por el centro de un cercado de 100 metros por 100 metros que tenía catorce alambres de púas viradas la parte de arriba hacia adentro para que uno no pudiera salir».

Al lado del campamento existía un barracón de negros haitianos viejitos, que en su día fueron cortadores de caña.

«Afortunadamente, yo caí con un grupo maravilloso. Yo diría que los más opositores, los más recalcitrantes; después supe, con el tiempo, que ese fue uno de los grupos más verticales en su oposición».

4. MANGA LARGA

Al extenso campo de Manga Larga fue enviado Emilio Izquierdo que había comenzado su viacrucis de la UMAP en el entronque de Cunagua[165] pasando, en el transcurso de los meses, a los campos cercanos al Central Pina, al Mijial y Miraflores. *«La intención era que no nos familiarizáramos con la zona».*

A Emilio Izquierdo, *«católico activo, por consiguiente, negativo al proceso revolucionario»*, luego de varios traslados lo enviaron a la «Treintiuna de Manga Larga».

«En el entronque de Cunagua se encontraba la '31 de Manga Larga'. Allí sacamos la piña de lugares que estaban perdidos. Las manos se nos destrozaban. Se pusieron, aún peor, cuando al comenzar la zafra, nos enviaron ese mismo año a la caña. Las manos se me pudrieron. Aquéllo los obligó a situarme en otra posición, afortunadamente, más conveniente para mí. A ella me voy a referir más adelante».

Charles Vento, Pastor de la Iglesia Adventista del Séptimo Día, recorre también varios campos de trabajo forzoso, antes de llegar *«a la 37 de Manga Larga».*

¿Qué era Manga Larga?. ¿Qué significaba la Veintisiete, la Treintiuna, la Treintisiete?.

«Manga Larga, en la amplia llanura de Camagüey, era un campo de impresionante extensión. Cada número correspondía a los entronques que interceptaban las líneas del ferrocarril donde los trenes enchuchaban y recogían la caña cortada. La más temible de aquellas obligatorias paradas de tortura era la 37. Un lugar lleno de mosquitos enormes. Cuando salías al campo a trabajar y sentías en el cuello una picada, al pasarte la mano te la llenabas de sangre y baba de los mosquitos.

---

[165] Cunagua era uno de los grandes centrales azucareros de la provincia de Camagüey, En la época republicana molía 650 mil arrobas de caña cada 24 horas, utilizando 545 caballerías de tierra, de una total extensión de tierra muy superior a ésa.

Mosquitos por cantidades enormes. No sé como pudimos vivir allí.[166]

»Al entronque de la 37 no podía entrar un vehículo, salvo una carreta con esteras. Yo, que soy campesino, fue allí, en Manga Larga, en la 37 famosa, donde por primera vez ví carretas con esteras, como tanques de guerra. La 37 era muy conocida y temida. Los pisos llenos de rajón, del alto de los tobillos, que traíamos nosotros de las canteras y sobre los que era casi imposible caminar; cubiertas de fango. Las carretas, cargadas con 300 ó 400 arrobas de caña, no podían avanzar por aquellos trillos fangosos. Ensayaron tractores y caterpillar y se atascaban también. Aunque nos ponían a trabajar como esclavos se perdía así una enorme cantidad de caña.

»A los Testigos de Jehová los trataban peor que a otros. Veces de desnudarlos, de amarrarlos, con los brazos en alto a las cercas aquellas de 16 pies y tenerlos por días allí. Si no se morían era porque nosotros, de madrugada, arriesgándonos a tremendos castigos, porque no teníamos casi nada que darles, rompíamos un pedacido de un pancito viejo y con una cantimplora vieja, lo mojábamos con agua y tratábamos de echárselos por la boca porque estaban allí, deshidratados, partiéndoseles los labios.

»Y todavía, después de tenerlos así, por días, traían pedazos de mangueras de nylon[167] *para castigarlos por la espalda. Tan débiles estaban que algunos se desmayaron y de allí se los llevaron hacia algún lugar».*

Otros confinados, provenientes de las filas revolucionarias, espantados, denunciaron las mismas iniquidades. Este es el caso de Raúl Fernández Sáenz, quien luchó en el Segundo Frente en Oriente, como ayudante de Raúl Castro.

---

[166] Testimonio del Pastor Charles Vento al autor.

[167] La primera vez que ví mangueras de nylon de colores fue en aquel campamento de la UMAP. (Charles Vento. Testimonio).

«Ayer los guardias hicieron que dos reclutas cavaran zanjas desde las 8 de la noche hasta las 5 de la mañana. Los mantenían desnudos!. Estaban siendo comidos vivos por los mosquitos. Era horrible verlos sufrir, pero nadie podía hacer nada. Y todo porque se habían negado a cortar caña a las 4 de la mañana!».[168]

»*Eso era nada, aquí los oficiales azotan las espaldas de los presos con los duros cordeles del magüey. Era como estar en un campo de concentración nazi».*[169]

Enrique Trigo, el adolescente de Bahía Honda que permanecerá en la UMAP por casi tres años, fue destinado a la «Treinta de Manga Larga», *«famosa, entre otras cosas, por los mosquitos tan grandes que allí existían»*. Su tarea, como la de los demás de su grupo, era la limpia o el corte de caña en las largas jornadas de 12 y 14 horas que comenzaban antes de las cinco de la mañana. Comúnmente en la mañana un poco de café aguado y, si había, un pedacito de pan. *«Así nos mandaban en camiones a cortar caña aunque estuviese lloviendo».*

«En la Treinta de Manga Larga, que eran almacenes de una antigua arrocera, no habían literas sino hamacas que colocábamos de palo a palo».

Sigue para Trigo un continuo recorrido de campo en campo. De allí pasan a Kilo Cinco y luego, a Kilo Ocho, que ahora se ha convertido en una tristemente conocida prisión. Pasará a luego a Magarabomba, próximo a Florida.

5. EL SECUESTRO DEL AVIÓN. FUGA Y MUERTE DE BETANCOURT

La segunda recogida de *«derelictos humanos»*, se realizaría el 16 de junio de 1966 coincidiendo con la sentencia que ha dictado el

---

[168] Testimonio de Raúl Fernández Sáenz a Llovio-Menéndez.

[169] Raúl Fernández Sáenz a Llovio Menéndez.

Consejo de Guerra Ordinario al ingeniero del vuelo, Ángel María Betancourt, al Padre Miguel Ángel Loredo y a los otros encausados en el intento de secuestro de un avión Ilushin.

En Santiago de Cuba, a las 6:30 de la noche del domingo 27 de marzo de 1966 se iniciaba lo que se convertiría en uno de los más dramáticos intentos de fuga del país. Despega de aquella ciudad con destino a La Habana el avión Ilushin y, en la mitad del trayecto, Betancourt fuerza al piloto a dirigirse hacia Cayo Hueso. El secuestro del avión se frustra cuando, engañando a Betancourt, el piloto aterriza en La Habana y no en Cayo Hueso. (Ver amplios detalles en la obra «*Cubanos Combatientes: peleando en distintos frentes*» del autor).

Al percatarse el Ingeniero Betancourt de que había sido engañado disparó con su pistola al piloto Fernando Álvarez[170] y al copiloto Evans Rosales. Álvarez murió instantáneamente, Rosales resultó herido.

Los motores del avión que ya se habían apagado empezaron de nuevo a vibrar y el «Ilushin» comenzó a moverse alocadamente hasta que se fue de la pista, cruzando la cerca de una finca cercana. Eran las nueve de la noche. Betancourt saltó por la ventanilla delantera del avión y se perdió en la oscuridad.

Comenzaba, así, la cacería humana más grande que Cuba había presenciado en toda su historia.

Al tirarse del avión, en plena oscuridad, pasaba un tren de carga en el pase que hay cerca de la carretera de Wajay, a Santiago de las Vegas y, sin ser visto, puede romper el primer cerco y se escapa por varios días.[171]

Sujeto a la cola del tren cañero llegó hasta Bauta de donde, luego, se trasladó a Marianao.

---

[170] Iba a ser otro el capitán de aquel vuelo. Horas antes de despegar fue sustituido por Fernando Álvarez, «un hombre de ideas firmes que simpatizaba con la Revolución, pero una buena persona. Era mi amigo», expone, al autor, Félix Ignacio Rodríguez, piloto, como Álvarez, de Ilushin 14, y quien, días después es enviado a la UMAP.

[171] Detalles ofrecidos por su compañero de trabajo Hugo Arza.

En la cacería toman parte todas las unidades del Ministerio del Interior, las Fuerzas Armadas, los Comités de Defensa de la Revolución (CDR) y otros organismos.

Unas personas le dieron protección temporal al prófugo. Otras, se negaron a recibirlo o ayudarlo.

El lunes 11 de abril Ángel Betancourt es capturado. El gobierno afirma, y así lo da a conocer a través de la prensa controlada, que el ingeniero de vuelo había sido detenido en el Convento de San Francisco, en La Habana Vieja, donde el sacerdote Miguel A. Loredo le había dado refugio. Le interesaba en aquel momento al régimen complicar a la iglesia en este hecho. Por eso, no sólo culpan al Padre Loredo sino, también, al Superior de la Orden de los Franciscanos, Serafín Azuria.[172]

El 12 de abril el *Granma* destacaba con un gran cintillo en primera plana: «FUE CAPTURADO EL ASESINO ESCONDIDO EN UNA IGLESIA» y en un subtítulo: «Complicados dos curas de la Orden Franciscana».

En abril el gobierno cubano había iniciado la depuración de los empleados de la Compañía Cubana de Aviación, perteneciente al gobierno, y del Instituto de Aeronáutica Civil, para eliminar algunos elementos considerados contrarrevolucionarios. La depuración en la Compañía Cubana de Aviación fue anunciada por el teniente Mariano Mijares, Comisario Político, a los empleados del aeropuerto internacional.[173]

Algunos, totalmente ajenos a la trama por ser, sencillamente, compañeros de trabajo del ingeniero de vuelo, serán enviados a la UMAP.

Veamos el caso de Hugo Arza.

---

[172] El 15 de junio se inicia el Consejo de Guerra Ordinario. A las pocas horas el juicio había terminado. Ángel María Betancourt Cueto fue condenado a la pena de muerte por fusilamiento. Otros sufrirán varios años de prisión.

[173] Periódico *Diario Las Américas*, sábado, 3 de abril, 1966.

«*Yo era mecánico de aviación, de Cubana de Aviación. Betancourt había sido, como yo, mecánico y ahora trabajaba como ingeniero de vuelo. Por ese motivo el gobierno tomó el acuerdo de mandar a muchos empleados que no estábamos sumados al proceso revolucionario para la UMAP que ya había establecido un año antes.*

»*Nos citaron a varios al Servicio Militar Obligatorio (S.M.O.), aunque no estábamos comprendidos en la edad militar. Yo no estaba comprendido porque tenía veintinueve años. Se llevaron del aeropuerto a personas que ya habían cumplido 56 años. Es que lo del S.M.O. era una de las tantas farsas que utilizaba el sistema*».

»*Recibí un telegrama para que me presentase en el lugar de reclutamiento, en Santiago de las Vegas. Ya habían salido cuatro días antes otros compañeros que no sabíamos exactamente hacia donde iban pero yo lo sospechaba porque, siendo masón, nos habían llevado a varios jóvenes por no estar adaptados al sistema. No habían detenido aún a Betancourt cuando nos llevan a unas ochenta personas, no todas, pero muchos, de la aviación y nos montan en tres buses custodiados por soldados con armas largas, con una parada o dos para ir al baño, hasta la ciudad de Camagüey.*

»*Recuerdo, nos dice José Antonio Nadal[174], que fue el 12 de abril de 1966 el día que nos enviaron a la UMAP. Me habían citado a la oficina y allí me estaba esperando el capitán Reina que me dijo que me iban a enviar al servicio militar. No mencionó la UMAP. Al día siguiente, en mi casa, llegó un policía con un telegrama citando para presentarme al día siguiente en Santiago de las Vegas. Allí nos montaron en los ómnibus Leyland con dos soldados alante y dos atrás*».

La madre de Jesús, su esposa y varios familiares intentando conocer a donde llevaban a su hijo siguieron en auto al ómnibus. Al llegar

---

[174] José Antonio Nadal, de la zona de Rancho Boyeros, empleado de Cubana de Aviación, era conocido por muchos de sus amigos como Jesús Nadal.

a Matanzas desistieron y regresaron, deprimidos y confusos a La Habana.

«Cuando la guagua paró en Santa Clara, los soldados con armas largas, nos llevaron a una cafetería y uno de ellos le dijo al dependiente: –Tú tienes algo que darle a los presos éstos. Eso me afectó mucho. Supe que yo era un preso que no había cometido delito alguno ni había sido juzgado». De allí no pararon hasta llegar a la unidad militar 1015 de Camagüey, donde un grupo de personas y pioneros empezaron a gritar: 'fusílenlos, fusílenlos'», recuerda Nadal.

Son enviados a diferentes campos, Hugo Arza, Félix Ignacio Rodríguez, Efraín Urquiza y Diosdado Fernández, de Cubana de Aviación. También Roberto García, José Antonio (Jesús) Nadal, Lagurio, Pino, Santiago Rodríguez, Espina, Luis Casal, Luis Espinosa, Manuel Bode, José Beceiro Vera, Roberto Lence, Nicolau Benemelis, el capitán piloto Roberto Carrillo Castillo y Luis Xiques, entre otros.

Cuando Efraín Urquiza, con varios de sus compañeros de la Cubana de Aviación, llega de noche a Mijial Uno donde habían 4 ó 6 barracas, lo mantienen de pie hasta las 2 ó 3 de la madrugada cuando les dan un saco de yute como los que se utilizan para envasar café y viandas *«con ese saco nos tiramos a dormir sobre la tierra. Antes de dos horas llegó una orden: ¡De pie! y con un poco de leche aguada nos mandaron para el campo»*.[175]

Muchos de ellos fueron ubicados en la Unidad Militar 2085, en Gato Prieto, lugar inhóspito cerca de la costa. Al frente de aquel campamento se encontraba el capitán Barceló de muy mala reputación.

De Mijial Uno pasa Urquiza a Jaronú haciendo trabajo de campo en lo que llamaban «La 100», donde a corta distancia del ingenio había una romana para pesar la caña. Al poco tiempo comenzó a

---

[175] Testimonio de Efraín Urquiza a Enrique Ros, abril 22, 2003.

trabajar como mecánico en el propio central. Había terminado para él la dura faena del campo.

A Mijial había llegado de un lugar bien cercano otro confinado. Antonio Zayas sólo tenía 18 años cuando en el Aeropuerto de Camagüey, fue citado para presentarse en el Comité Militar de aquella ciudad. Creía que iba al servicio militar. Se engañaba.

«De allí, junto con varios de mis compañeros fui transportado en un camión al campamento Mijial. Estaba ya Raúl Inda. Como segundo jefe de aquella unidad estaba Arsenio, un hombre despótico lleno de odio. Por su carácter, lo llamaban 'Arsénico'».[176]

Jorge Alberto Fernández Hernández que en sus 24 años de impecable servicio en la Cubana de Aviación había ascendido de aprendiz de mecánico a ingeniero de vuelo y piloto vio –al igual que tantos de sus compañeros– como cambiaba su vida aquel día primero de abril. Lo citan para presentarse ante el comité de reclutamiento en Santiago de las Vegas.

Cuando llega se encuentra con otros «depurados» de la Cubana: Vicente Bermúdez, Ramón Rodríguez, José Laureiro, Francisco Martínez Malo, Jorge Martínez Cabo, Alberto Aquino, Santiago Rojas, Isidro García, Valeriano Borjas, Ángel Lotti, René Bague, José Pestana, Víctor Bermúdez, Juan Yabre, Orlando Hernández, Diodado Fernández, Elías Mirete, José Torrez y Manolito Ruiz.[177]

Al día siguiente se hallaban en uno de los campos de Camagüey hacinados en una habitación de 25 metros cuadrados junto a otras 100 personas. *«Fue un terrible momento que no he podido borrar de mi memoria».*

---

[176] Testimonio de Antonio Zayas al autor, agosto 26, 2003.
[177] Testimonio escrito de Jorge Fernández Hernández.

Confinados de Cubana de Aviación
De izquierda a derecha: Eduardo San Gil, Santiago Rodríguez, Manolo Oliva, Jesús Nadal, Carlos Puig. Sentados: Sargento Montalván y Aldíazar.

(Cortesía de José (Jesús) Nadal).

Rubén Blas Rodríguez trabajaba en la Compañía de Aeropuertos Internacionales S.A. (CAISA), en Rancho Boyeros cuando en marzo fue «depurado» junto con otros 902 empleados. *«De ese total, 570 fuimos enviados a la UMAP»* nos informa Rubén Blas.

Es pronto transportado en guaguas junto con muchos de sus compañeros. El estaría en el Campamento de Peonía doblando su espalda frente a las 14 caballerías (divididas en dos lados de 7 caballerías cada uno) sembrados de boniatos.

«La tarea asignada, por pareja, era la de sacar 30 sacos diarios cuando pasara el tractor».

No er apara Rubén Blas, hombre de campo, tarea tan dura como le resultaba a muchos de sus compañeros. Luego le asignaron otro trabajo: Ir a cortar caña a los largos surcos de caña.

Familiares de confinados de Cubana de Aviación

Campos de La U.M.A.P. Arriba; Isidro Garcia.
Jose Loureiro, Sra de Isidro Garcia, Sra de Loureiro, Ramon Rodriguez (El Arabe) y Señora, Diosdado Fernandez (El Buby) y Señora.
Cuba 1966

Hasta salir con un pase a visitar la familia le resultó difícil. Así lo relata:

«Tres veces, montados ya en la guagua con cuatro compañeros, nos bajaron porque «venía la invasión». Terminamos, la cuarta vez alquilando un carro que nos llevó hasta La Habana. Regresamos luego al campamento».

Tres meses antes, en enero, se habían incorporado «voluntariamente», al trabajo agrícola en los campos de caña más de 700 hombres de los sindicatos de la Alimentación, Metalúrgica y de la Aviación. Muchos de ellos irán «como trabajadores voluntarios» a las once regionales camagueyanas.[178]

Comenzaba, luego de largas demoras, la molienda en el Central Haití, antiguo Macareño, en la regional Santa Cruz del Sur. Poco antes había comenzado la del Central «Amancio Rodríguez», el antiguo Central Francisco.

Además de las grandes «recogidas», la de noviembre de 1965 y la de junio de 1966, y la de los obreros y pilotos de Cubana de Aviación, los campos de la UMAP se iban llenando con hombres sacados por Ramiro Valdés de las prisiones del Castillo del Príncipe para atemorizar, con su presencia, a los que allí permanecían por sus ideas religiosas o su inconformidad con las normas revolucionarias.

6. DE LA CABAÑA A LA UMAP

No sólo llegan presos del Príncipe. También arriban, procedentes de La Cabaña, dos centenares de militares que se encontraban cumpliendo prisión en la antigua fortaleza. Saldrían en varios buses de transporte local.

Uno de ellos, Reinaldo Landrián que se había visto en doloroso e involuntario accidente.

«A los 17 años fui llamado al servicio militar regular. En Matanzas, en el campamento cercano al Estado Mayor de la provincia comencé mi entrenamiento que se inició aprendiendo

---

[178] Periódico *Granma*, La Habana, 16 de enero, 1966.

a manejar un rifle. Conmigo estaba mi mejor amigo que en esos días se enferma y tiene que ser sometido a una operación quirúrgica par la que debe aportar sangre. La madre y otros familiares la ofrecen. El día antes él se encuentra acostado en su cuarto, yo estoy afuera jugando, imprudentemente, con otra arma. Se me escapa una bala. Mi amigo me grita: «Reinaldo estoy herido». Voy a su lado. La bala que se me escapó lo había alcanzado.

»Todos, mi amigo, sus padres testificaron que había sido un accidente. Pero, al morir él, fui sometido a juicio y condenado a 7 años de prisión. Los comenzaría a cumplir en los campos de la UMAP».

En el mes de diciembre, llegaba Reinaldo Landrián al campamento Macuto 4 en la carretera que va a Santa Cruz del Sur. Comenzará a cumplir las duras faenas que están realizando los demás confinados. Coincide su llegada con la condena a 10 años que le imponen a varios Testigos de Jehová que son trasladados a Isla de Pinos.

Pasará después a Cayo Mosquito, campamento cercano a Manga Larga que se distingue por los enormes mosquitos que al volar oscurecían el espacio.

Quien comanda aquel campamento es un desequilibrado mental, el «capitán Bazooka», que ordenaba el ¡de pie! a las 4 de la mañana y ya antes de dos o tres minutos entraba en la barraca con un machete y cortaba las sogas que sostenían las barracas de los que aún no se habían levantado. Otras veces disparaba su pistola con igual propósito.

Como tantos de sus compañeros confinados presenciará aberrantes castigos y abusivas condiciones y jornadas de trabajo que llevarán a muchos, y a él mismo, a automutilarse. Lo describiremos en otro capítulo.

Por razones bien distintas se encontraba Ezequiel Madrigal en la fortaleza de La Cabaña.

Ezequiel, de Ciego de Ávila, había sido llamado en noviembre de 1964 al servicio militar regular. Su entrenamiento comenzó a recibirlo en la propia ciudad de Camagüey manejando antiaéreas en pistas paralelas a la del aeropuerto de aquella ciudad. Eran momentos de tensión y Castro creaba la histeria de una invasión. Recién se había producido el incidente del Golfo de Tonkín y, poco después, el levantamiento de Caamaño en República Dominicana.[179]

Disminuida la fiebre bélica reciben Ezequiel y varios de sus compañeros un pase de 30 días; ocasión que aprovecha su padre para prepararles una salida ilegal del país por el puerto de Esmeralda. Varios de los jóvenes caen presos y, también, su padre y su abuelo. Para evitarle a ellos trastornos, Ezequiel se presenta. Pero es remitido con los otros a La Cabaña.

De La Cabaña los envían a una Escuela de Reeducación frente al aeropuerto de Camagüey en la carretera que va a Nuevitas. Un serio incidente allí se produce. Uno de los muchachos trata de fugarse trepándose sobre la cerca de alambres. Los soldados le tiran y cae al suelo. Todos creen que ha muerto y se produce una rebelión que es sofocada al llegar, siempre disparando, más guardias. *«Se inicia una investigación y llega el fiscal Cubas[180]. No recuerdo que haya habido sanción»*, informa Ezequiel Madrigal al autor.

Otro grupo de militares –tres oficiales, cuatro sargentos, seis cabos y 9 marineros– serán enviados a los campos de la UMAP. Todos habían formado parte de la Unidad Militar 3391, de lanchas coheteriles, cuyo jefe era el capitán Ernesto Cristóbal Suárez de la Guardia.

Días antes se había producido el intento de secuestro de la Lancha Coheteril 274 que ocasionó la muerte de su comandante, el fusilamiento y reclusión penitenciaria de los ejecutores y cómplices.

Este hecho originó una investigación ordenada por el Almirante Aldo Santamarina. Conclusiones: «Mantienen relaciones con desafectos de la revolución...algunos han criticado al mando...dos de ellos tienen sus padres y hermanos en los Estados Unidos».

---

[179] El 24 de abril el Coronel Francisco Caamaño entra a Palacio y depone al presidente Donald Reid provocando una serie de hechos que conducen a la intervención norteamericana.

[180] Santiago Cubas había sido fiscal del Tribunal Supremo, fiscal en el juicio a los expedicionarios de la Brigada 2506 y lo será en el juicio a Marquitos Rodríguez.

Los veintidós militares, vigilados por un sargento y dos guardias armados, fueron enviados –sin ser sometidos a un juicio– a la UMAP.[181]

7. LOS PRIVILEGIADOS

Otros llegaron al cuartel de Camagüey con marcados privilegios: *«En el piso alto de aquella mansión me situaron en un cuarto de techo verde, con dos pequeñas camas, una mesa, dos sillas, un cuarto de baño, y un teniente francés llamado Lavandeira. Un veterano de la columna invasora del Ché, Lavandeira era alto, delgado, rubio, de nariz aguileña y pequeños ojos verdes. Lavandeira, llegaba a Camagüey como el experto en homosexualidad designado por el Ministro de las Fuerzas Armadas»*, apunta Llovio-Menéndez en su libro.

El capitán Machado, a cargo de la unidad Malisar compuesta primordialmente de homosexuales, asignó a Llovio-Menéndez como su representante en el proyecto de investigación de Lavandeira y el equipo de especialistas que venían de la facultad de sicología de la Universidad de La Habana.

Según Lavandeira la causa de la homosexualidad era simple: *«sólo había una medicina y la tenemos: es la filosofía marxista acompañada de un duro trabajo forzado que los obligara a adquirir conciencia y gestos masculinos».*[182]

Llovio-Menéndez fue liberado el 22 de junio de 1967 *«por su impecable conducta, disciplina y actitud revolucionaria»;* al reconocer sus errores Alfredo Guevara lo llevó enseguida al ICAIC.

No era bien visto Llovio Menéndez por sus compañeros en la barraca:

---

[181] Información ofrecida por el capitán Ernesto Cristóbal Suárez de la Guardia, noviembre 29, 2003.

[182] El teniente Lavandeira regresó pronto a La Habana y fue ingresado, temporalmente, en la sala de siquiatría del Hospital Militar. Sin embargo fue, luego, considerado por el gobierno revolucionario como uno de los más prominentes sicólogos de Cuba. (Fuente: J.L. Llovio-Menéndez, «Insider»).

«Yo conocí a José Luis Llovio. Lo trajeron al campamento. Recuerdo que su mujer venía a verlo y le traía revistas. Nosotros se las cogíamos para limpiarnos. Aunque él estaba allí castigado se sentía parte de los revolucionarios y nos veía a nosotros como que no pertenecíamos a la misma clase de él. Como broma, para molestarlo, le poníamos guisasos en la cama porque él tenía una litera y nosotros dormíamos en hamacas o en el suelo» le relata al autor Manuel Montero.

Llovio afirma en su libro: *«Ché fue mi amigo. Siempre lo respeté por su integridad. Vivió místicamente. Fue siempre fiel a sus convicciones y murió por ellas».* Criterio no compartido por los confinados entrevistados.

El mismo respeto lo sentía Llovio-Menéndez por Alfredo Guevara[183] presidente del ICAIC, el Instituto Cubano del Arte y la Industria Cinematográfico, *«un amigo personal mío, uno de los pocos líderes revolucionarios que yo consideraba eran sinceros».*

8. ENTRA EN CRISIS FUNCIONARIO DE INTELIGENCIA

Antonio Carrillo, embajador en Francia, trató de ocultar de la UMAP a su sobrino. Su adversario, Manuel Piñeiro, vice primer ministro, le negó la solicitud a Carrillo e informó a Fidel y Raúl. Carrillo cayó en desgracia.

Fue un error de cálculo de Antonio Carrillo que ya, desde antes, había chocado con Manuel (Barbarroja) Piñeiro. Ambos personajes respondiendo a figuras de mayor jerarquía que representaban dos polos distintos de poder. Manuel Piñeiro respondía a Raúl Castro; Carrillo a Guevara aún, momentáneamente, distanciado de Fidel[184].

Carrillo era mucho más que la persona que está al frente de la Misión Diplomática de Cuba en Francia. Es, también, Jefe de la

---

[183] En sus años universitarios Alfredo Guevara derrotó a Fidel Castro en tres distintas elecciones a la posición de Secretario General de la FEU (Federación Estudiantil Universitaria). (Ver detalles en *«Fidel Castro y el Gatillo Alegre: Sus Años Universitarios»*, del autor).

[184] Ver detalles sobre la pugna de Barbarroja y Carrillo en la obra *«Años Críticos: del camino de la acción al camino del entendimiento»* del autor.

Seguridad de Inteligencia Cubana en toda Europa. Había sido Ernesto Guevara quien llevó a Carrillo a esa posición cuando el argentino estuvo en Francia organizando su prolongada excursión por varios países de África. Tenía Carrillo –que contaba con el firme respaldo de Pepín Naranjo– amplia y útil experiencia en asuntos de África y del Medio Oriente, adquirida al servir como embajador en Irak antes de pasar a Francia en 1963. Sólo en apariencia era un diplomático.

Frustrado estudiante de medicina, Carrillo era amigo del comandante Rolando Cubela desde los años universitarios con quien estuvo estrechamente vinculado en el Directorio Revolucionario. Carrillo había informado a tiempo a Raúl Roa, Secretario de Estado, las excesivas cantidades que estaba gastando Cubela en su prolongado viaje por España, Francia e Italia, sumas muy superiores a los estipendios entregados a él por el estado cubano. Había sido otra funcionaria[185] quien le había expresado a Raúl Roa –y éste a Raúl Castro– su inquietud. En el juicio al que será sometido Rolando Cubela en marzo de 1966 –en el corto período comprendido entre la primera recogida de la UMAP en noviembre de 1965, y la segunda en junio de 1966– saldrán a relucir los extravagantes viajes y gastos de éste y otros funcionarios que disfrutaban en Europa de la *Dolce Vita*.

Era, pues, evidente el error que había cometido Antonio Carrillo en pretender que no fuese enviado a la UMAP su sobrino que era una de las «*lacras sociales*» que habían sido recogidas en la Rampa junto con otros jóvenes que, como había advertido Castro, políticamente no encajaban en el servicio militar regular por deficiencias políticas: falta de integración en la Revolución..., holgazanería y otras razones.

---

[185] Marina García, quien trabajaba en Italia para el Ministerio de Relaciones Exteriores (MINREX) es quien alerta al Secretario de Estado.

CAPÍTULO VII

LA UMAP: DECISIÓN DE FIDEL

1. ¿QUIÉNES ESTÁN AL FRENTE DE LA UMAP?

Al frente de la UMAP fue situado el comandante Ernesto Casillas[186], miembro del Comité Central del Partido. Casillas había combatido en la Sierra Maestra y en el Segundo Frente «Frank País» a las órdenes de Raúl Castro.

Junto con Casillas se encontraba, como segundo jefe, el comandante Reinaldo Mora y, compartiendo su dirección, el comandante José Ramón Silva, también miembro del Comité Central del Partido Comunista Cubano, como jefe de instrucción; y el Primer capitán José Q. Sandino, Jefe del Estado Mayor.

El jefe de la Agrupación de Morón –nos informa Prendes– era Israel Ruiz Artime; el comandante, Reinaldo Mora, fue después jefe de la Agrupación; la jefatura del Batallón 8 la desempeñaba Ernesto Rosales Matos, un hombre enfermo como Reinaldo Mora, un guajiro ñongo. Otro oficial, un impresionante hombre, lo fue Addys Torres Feria. No abusaba de nadie. Era tosco pero hablaba como un abogado. Carlos Cabalé Araujo, fue, también, jefe de la Agrupación de Morón. Teófilo Aguilera Betancourt, segundo jefe del Batallón 8, no fue un hombre malo.

«El capitán Sandino era, cuando yo estaba, segundo jefe de la UMAP en Camagüey; se comportó como una persona decente, amable», recuerda el médico Oscar Leal.

«Recuerdo como jefe a Reinaldo Mora, jefe de la División en el año 67. Antes lo había sido el comandante Casillas». (Ismael Hernández).

---

[186] Ernesto Casillas Palenzuela nació en Oriente y formó parte del Segundo Frente Frank País, en la Sierra Cristal. En 1961, con grado de capitán, fue asignado al Estado Mayor del Ejército de Oriente. Ascendido a comandante por Raúl Castro se hizo cargo (1962) de la Lucha Contra Bandidos (LCB) de la provincia oriental.

El grupo de 800 que habían partido de Pinar del Río y venía en numerosas guaguas sin prácticamente comida, ni agua que beber fue recibido en Morón por el comandante Silva, que le faltaba un brazo y que estaba al frente de aquella agrupación; nos recuerda Alfredo Padrón. *«Allí nos mantuvieron reunidos para escuchar un discurso del comandante Silva y de allí nos mandaron para distintas unidades militares».*

Las condiciones que encontró el pinareño Padrón eran deplorables. *«Los primeros diez días estuvimos con la misma ropa y los mismos zapatos. Empezaron a tratar de adoctrinarnos pero muchos de ellos eran prácticamente analfabetos. Lo que les interesaba, era que nosotros cortásemos caña. Pero allí conocimos, entre aquellos confinados, a los cubanos más bravos que yo he conocido en mi vida; uno de ellos Marcos Imperian, primo de un comandante del Ejército Rebelde. Marcos era un hombre rebelde.*

»Un día nos negamos a trabajar porque estábamos enfermos y nos dejaron en la barraca y como a las diez de la mañana viene el sargento Palmeiro y nos ordena limpiar el campamento y nos da unas guatacas para limpiar unas hierbas que habían crecido en un estrecho tramo entre dos grandes piedras donde una guataca no podía servir. Era una cosa estúpida pretender hacerla. Marcos Imperian tiró su guataca al suelo y le dijo: 'Yo no guataqueo aquí porque no me sale de los c...', Palmeiro le responde: '¿Quién es usted?'. 'Yo soy Marcos Imperian', y le caen arriba Palmeiro, el sargento Bacallao, tres o cuatro verde olivos y otros dos o tres reclutas del verdadero servicio militar. Lo golpearon, lo inmovilizaron, lo desnudaron y lo pusieron al lado de la posta con un soldado apuntándole. Aquel sitio estaba lleno de enormes mosquitos de más de dos pulgadas, capaces de matar caballos y reses. Y así lo tuvieron desde las diez de la mañana por veinticuatro horas

hasta el otro día a las diez cuando llegó un comandante y le quitó el castigo, lo envió a la barraca».[187]

Muchos confinados recuerdan al capitán Sandino.

«Se decía que Sandino había venido de lo que ellos llamaban 'la invasión' con Camilo Cienfuegos desde Oriente a Las Villas.[188]

Durante un tiempo estuvo, también de jefe, Belarmino Castilla Mas, recuerda Cecilio Lorenzo en una de las entrevistas con el autor.

La prensa de Castro silenció, –es necesario destacar esto– desde su establecimiento en noviembre de 1965 hasta su disolución en 1968, la existencia de la UMAP. Uno no encuentra en las páginas de *Revolución*[189] ni el Granma mención alguna de este organismo, con excepción de un artículo de Luis Báez[190] en el que nos describe este idílico cuadro:

«Los jefes trabajan a la par con los jóvenes en la tarea de la producción. Pasan sus mismas dificultades y necesidades. Cuando algún joven no está realizando su mayor esfuerzo el jefe no dice nada; solamente se para a su lado y se pone a cortar, lo cual produce un gran efecto moral.

»Un ejemplo de esto lo es el teniente Leonardo Isalgue, Jefe del Batallón Dos el cual ha llegado a cortar en un solo día hasta 820 arrobas. El personal que trabaja con estos jóvenes no los trata superficialmente sino, al contrario, busca la forma de penetrar en lo más profundo de cada uno, averiguar sus problemas, sus dificultades, sus necesidades y trata de resolverlas».

En el enternecedor cuadro de la UMAP descrito por Luis Báez se expresaba que todo joven debía pasar *«como un honroso deber»* el

---

[187] Testimonio de Alfredo Padrón, julio 25, 2003.

[188] Testimonio de Luis Albertini, julio 21, 2003.

[189] El periódico *Revolución* terminó su existencia en octubre cuando fue sustituido por *Granma*.

[190] Periódico *Granma*, jueves, 14 de abril de 1966.

servicio militar, como un modesto aporte a la defensa de la patria: *«unos lo harán en las Unidades Regulares; otros, mientras estudian aumentándoles solamente un año a sus estudios, como sucede actualmente en los Centros Militares de Enseñanza Tecnológica y, algunos, en el futuro, en todos los pre-universitarios y, otros, en ayuda a la producción a través de la UMAP».*[191]

Afirma el *periodista* del *Granma* que *«todos los jóvenes deben pasar el servicio militar por alguna de las tres variantes y no es justo concebir excepción de ningún tipo, salvo impedimento físico. De esta medida tampoco deben quedar excluidos los que estudian cualquier tipo de religión en colegios especiales con carácter profesional».*

En los primeros llamamientos del S.M.O. (Servicio Militar Obligatorio), le manifestaba Castro a Báez, fueron escogidos los mejores jóvenes. Muchos otros que ni estaban estudiando, ni trabajaban, ni se encontraban incorporados en las Milicias Revolucionarias o en el Ejército Rebelde, no fueron seleccionados.

2. LA UMAP: EL *GRANMA* CONFIRMA QUE FUE DECISIÓN DE FIDEL CASTRO

«Quedaba por ver el caso de una serie de elementos desubicados, vagos, que ni trabajaban, ni estudiaban. ¿Qué hacer con ellos?. La cuestión era tema de preocupación para los dirigentes de la Revolución».

«Un día del mes de noviembre del pasado año (1965) un grupo de oficiales se encontraban reunidos en el Estado Mayor General y discutían estas cuestiones. Hablaban con Fidel, el cual compartía esas mismas preocupaciones y le propusieron la creación de la UMAP».[192]

Fidel Castro aseguró que el objetivo de la UMAP no era castigar a nadie; el objetivo principal de esa organización sería *la educación de esos jóvenes,* y pontificó el Primer Secretario del Partido Comunis-

---

[191] Periódico *Granma*, La Habana, jueves, 14 de abril, 1966.
[192] Periódico *Granma*, La Habana, 14 de abril, 1966.

ta y Primer Ministro del Gobierno: *«La misión fundamental es hacer que estos jóvenes cambien su actitud, educándose, formándose, salvándose. Evitar que el día de mañana sean parásitos, incapaces de producir nada o delincuentes contrarrevolucionarios, o delincuentes comunes, seres inútiles para la sociedad».*

Cuestión primordial de la UMAP, sentenció Castro, era *«educar a todos aquellos jóvenes que escapan propiamente por sus características a todas las demás instituciones educadoras porque ni estudian en una Tecnológica, ni asisten a una Secundaria, o a una Pre-Universitaria, ni pertenecen a una Unidad Militar y, por tanto, están fuera de todas las organizaciones donde pueden ser educados; y para que no se pierdan, entonces deben ingresar precisamente en esta institución».*

Un antiguo funcionario de la Organización Internacional del Trabajo en Ginebra y autor de varios libros sobre derecho laboral ha manifestado que:

«No hay certeza sobre quién fue el padre de la idea de la UMAP; es probable que lo fuera Raúl Castro, gran promotor de las soluciones militares y paramilitares. Su propuesta fue acogida de inmediato por su hermano, de quien se sabe que visitó en 1966 los campos de concentración y dispuso se efectuaran experimentos médicos con los homosexuales».

«Ambos estaban al parecer convencidos de que el trabajo forzoso del campo curaría a los homosexuales y aumentaría en todo caso la capacidad productiva de la Revolución. Fue por esa época, incidentalmente, que el gobierno organizó un congreso de siquiatras de países comunistas para discutir las formas de curar la homosexualidad».[193]

Este profesor universitario altamente calificado en materia laboral describe en uno de sus libros[194] las formas veladas del trabajo forzoso

---

[193] Efrén Córdova, «El Trabajo Forzoso en Cuba», Ediciones Universal, La Habana 2001.

[194] Efrén Córdova, «El Trabajo Forzoso en Cuba», *Obra citada*.

en los regímenes totalitarios. En Cuba se aplicaron sin acudir a ningún subterfugio.

El trabajo forzoso en un régimen totalitario se deriva *«de una ideología que basada en ciertos presupuestos teóricos, atribuye facultades omnímadas a los que en nombre de ellos asumen el poder político...No es una esclavitud personal en el sentido tradicional; no hay título de propiedad de una persona con respecto a otra. Mas al lado de la muy concreta obligación de trabajar hay un cercenamiento en favor del Estado de varios atributos de la persona humana y una disminución... de los derechos civiles y políticos»*.

Y refiriéndose específicamente a Cuba, este distinguido especialista en Derecho Laboral expresa que aunque Castro no reconoce que en Cuba existe el trabajo forzoso, en la práctica ha ido creando una red de obligaciones de trabajo: el trabajo gratuito, el trabajo voluntario, la guardia obrera, las unidades paramilitares y otros. Y menciona y fustiga como una forma abierta de trabajo forzoso a la UMAP a la que califica como *«el caso más ostensible y reprobable de trabajo forzoso bajo el régimen de Castro... verdaderos campos de concentración»*.

3. IGNORAN A LA UMAP. GLORIFICAN A CASTRO

Los infelices confinados de la UMAP serán explotados y mantenidos aislados, sin contacto alguno con el exterior. El MININT se ocupará de que no sea conocida la existencia de estos miserables confinamientos de trabajo esclavo.

Ya, desde el año anterior ha comenzado Castro a dar a conocer sus grandes planes para la zafra de 1966. Al hacer el resumen del acto «Homenaje a los Macheteros Premiados por su valioso aporte a la V Zafra del Pueblo»[195] Fidel Castro anuncia:

«Sembraremos veinte mil caballerías en 1966.
»Produciremos 150 mil arrobas por caballería.
»Nunca reduciremos la producción de azúcar».

Por supuesto, ninguna de estas consignas y afirmaciones fue cumplida.

---

[195] Periódico *Revolución*, julio 26, 1965.

Mientras, meses después, el Granma despliega en primera plana las consignas del régimen:

«Llamamiento de la CTC a todos los trabajadores para garantizar cumplimiento de los planes agrícolas».

«Exhortación especial a obreros agrícolas habituales para que laboren no menos de nueve horas diarias».[196]

La prensa oficial muestra:

«víctoriosa en la batalla para el tercer millón» (Granma, lunes 4 de abril de 1966*). «Todo es movimiento en el Central Agramonte».*

Pero hay que empezar a encontrar pretextos para el no cumplimiento de las normas. Primero culparán a la sequía; luego, sin sonrojo alguno, serán las lluvias las responsables del desastre.

Ya en mayo, las lluvias comienzan a afectar la zafra y la delegación provincial del INRA toma medidas para darle el mayor impulso a las siembras que se ven afectadas[197]. El 18 de mayo, *Juventud Rebelde* destaca que faltaban por cortar en Camagüey 58 millones de arrobas de caña.

Tan grave era aquella situación en la región agramontina que el Comité Provincial del PCC y la regional del INRA envían una carta a Fidel Castro comprometiéndose a *«cumplir con honor Revolucionario las metas de 10 mil caballerías de caña de primavera a pesar de las lluvias que están cayendo en todo Camagüey».*[198]

A los pocos días los jóvenes no integrados a la Revolución comienzan a recibir citaciones para presentarse el 19 de junio en las oficinas del Servicio Militar Obligatorio. Da comienzo el segundo llamado de la UMAP.

Pronto, ante el inminente fracaso de *«la gran zafra»*, comienzan a buscar excusas:

---

[196] Periódico *Granma*, miércoles 15 de junio de 1966.
[197] Periódico *Juventud Rebelde*, La Habana, jueves 12 de mayo, 1966.
[198] Periódico *Juventud Rebelde*, La Habana, 20 de mayo, 1966.

«Las continuas lluvias en Camagüey, que muestran uno de los más elevados índices de precipitación, están ocasionando serias dificultades». (*Granma*, viernes 10 de junio de 1966).

Pero Fidel tiene otros planes más frívolos:
En 1966 quedaba inaugurada la heladería Coppelia, en 23 y L en El Vedado. Destacaba el periódico que su *«creación»* era una iniciativa de Fidel[199]. Se anunciaba el inicio de la Primera Feria Nacional del Libro en La Habana y en otras ciudades de la isla.

Cuando en Manga Larga y otros sitios de explotación y castigo los confinados de la UMAP, ocultos, ignorados, devorados por el hambre y los mosquitos, se agotan en sus largas jornadas, a los cañaverales de Vertientes llega el *«Primer Secretario del Partido y Primer Ministro del Gobierno Revolucionario».* Viene *«encabezando la brigada integrada por Raúl, Dorticós y los demás miembros del Buró Político, el Secretariado y el Comité Central del Partido Comunista de Cuba y el Consejo de Ministros».*[200]

Robusto, fuerte, bien alimentado, Fidel, ante las cámaras de televisión y frente a hermosos cañaverales previamente escogidos, y abonados por los esclavos de la UMAP, alardea de la «labor» que realiza:

«Estoy perfeccionando mi técnica; ahora hago menos esfuerzo: corto con ritmo y constancia».

Y era que tenían surcos *«a los que nos mandaban sólo a ponerle abono no a cortar porque eran guardarrayas que ellos mantenían limpias para tomarle fotos a los jerarcas del régimen para lucirse frente a los periodistas. Por el abono que nosotros le echábamos eran cañas buenas. A cortar caña donde había mucho marabú nos mandaban a nosotros».* (Testimonio del matancero Juan Villar).

---

[199] Periódico *Juventud Rebelde*, La Habana, jueves 20 de mayo, 1966.
[200] Periódico *Granma*, miércoles 6 de abril de 1966.

EDUARDO RUIZ, CABO DE LA UMAP
El joven mecánico de Marianao fue designado como cabo. *«Me llevé bien con todos los confinados y los aconsejaba. Les decía: No me vean como cabo. Yo soy igual que ustedes. Siempre me gané el respeto de todos mis compañeros».*

4. FUNCIÓN DE LOS CABOS DE LA UMAP

Antes de darles el pase final a algunos de los que cayeron en el primer llamado de noviembre de 1965 los prepararon para cabos. *«Entre ellos había un muchacho de la parroquia, un joven adulto, negro, amable, lleno de espiritualidad; le decíamos Tanganika, se llamaba Mario. Era unos cuantos años mayor que yo. Él fue uno de esos cabos. Entre nosotros se hacía muy revolucionario pero se identificaba con los que allí estábamos».*

«Teníamos otro que era de Sagua La Grande y que se fue identificando con nosotros y nos ayudaba advirtiéndonos cosas. Era, como nosotros, un confinado pero con galones de cabo», nos relata el padre Joaquín Rodríguez.

Igual sucedió en el campamento Purificación, en Baraguá, donde se encontraba como cabo Roberto del Sol[201], de Santa Clara, que había sido un confinado del primer llamado, pero ayudaba en todo lo que le era posible a los que recién ingresaban, relata al autor Enrique Estorino:

«Cuando te enviaban a regar abono nos acercábamos a un río que estaba cerca. Nos quitábamos los uniformes, los lavábamos, los tendíamos al sol y nos bañábamos en el río. Todo esto con consentimiento del cabo que, identificándose con nosotros nos dijo que él también estaba allí castigado. Ese cabo era una verdadera excepción.

»Como yo era uno de los mayores –enviaban muchachos de 17 a 20 años, y yo tenía como 38–, nos dice el Reverendo Colás, un día me dijeron: «Hace falta un chofer de camión" y como yo tenía mi licencia de manejar, pero no sabía manejar camiones, me ofrecí. Fue una gran ventaja porque, siempre custodiados pude ir a otros campamentos».

»Esmeralda era como una comandancia. Casillas era el comandante de la provincia, jefe de todos los mandos. Había un oficial, el capitán Cabalet, que era el que dirigía las cuatro

---

[201] No confundirlo con el sargento del Sol, iliterato, abusivo, que estuvo destacado en el campamento Bernal 4.

compañías que formaban un batallón. Cada compañía contaba con un número variado de sargentos y cabos. Seleccionaban a algunos de los presos para hacernos cabos.[202]

Y relata el Rev. Colás:

«Teníamos carnet pero tuve que entregarlo cuando me fui. De esos grupos los que más se separaban en su labor eran los Testigos de Jehová. Los demás, de distintas denominaciones religiosas, tenían buenas relaciones unos con otros».[203]

Eduardo Ruiz, era masón y tenía 23 años cuando fue enviado a los campos de la UMAP. Inexplicablemente lo confinaron a un campamento cerca del Central Senado donde habían ubicado a gran número de homosexuales. *«Es algo que yo no perdono a Castro. Forzarme a vivir durante ocho meses con 160 afeminados!»*[204] dice aún con indignación el entonces trabajador de un taller de mecánica de la Ford de Marianao.

Uno de los confinados nos habla de la función que realizó cuando fue nombrado cabo:

«A mí me hicieron cabo y me mandaron a otra unidad, en Laguna Grande, como maestro de los allí confinados. También lo fui en Jaguey Chico. Más bien les predicaba cuando los guardias no estaban cerca» nos cuenta Ernesto Alfonso, el joven bautista.

«Otros cabos eran muy 'gallitos'. Pero todos eran confinados y usaban el mismo uniforme azul que nosotros. Cada escuadra, compuesta de diez hombres, era mandada por uno de esos cabos. Los había déspotas y crueles; algunos tolerantes y comprensivos». (Joaquín Rodríguez a Enrique Ros).

---

[202] Testimonio de Joaquín Rodríguez, hoy sacerdote de Miami Spring.
[203] Testimonio del Reverendo Orlando Colás.
[204] Testimonio de Eduardo Ruiz, agosto 10, 2003.

Uno de los que fue designado como cabo fue Eduardo Ruiz, el joven mecánico de Marianao que había formado parte del primer llamado.

Como los demás, había comenzado realizando las mismas agotadoras tareas de todos los reclutas. Limpia de caña, corte de caña, recogida de frutos menores y, todas ellas bajo las agobiantes y abrumadoras condiciones.

«Poco antes de que llegaran los del segundo llamado nos nombraron cabos a cerca de mil reclutas que habíamos ingresado en noviembre de 1965. Como cabo funcioné en los distintos campamentos menos en el de Laguna Grande. Ya yo no tenía que ir a cortar caña. De eso me liberaron cuando me hicieron cabo. Mi función era el llevarlos a trabajar. Indicarles los surcos, pero si alguien se escapaba ese no era mi problema», expresa Eduardo Ruiz al autor.

«Yo me llevaba bien con todos, y los aconsejaba. Les decía «No me vean como un cabo. Yo soy igual que ustedes». Siempre me gané el respeto de todos mis compañeros».

Muchos confinados sienten aún una gran repulsión hacia la mayoría de los cabos. *«Les compraron el alma convirtiéndolos en cabos. Eran tan déspotas como los guardias. Todos eran del primer llamado»*, comenta José Antonio Zarraluqui en extensa entrevista con el autor.

Coincide en esta opinión E.D. Ferreiro, el joven del Cerro que estudiaba comercio y trabajaba en un laboratorio cuando fue enviado a la UMAP: *«Los cabos del Primer Llamado, los más, eran tremenda basura. Se identificaban con los guardias, no con nosotros. Entre los peores, recuerdo al Cabo Edel, de Casa Blanca; y a otro llamado Jaime».*

Igual criterio expresa Juan Zas, el joven de La Habana, que fue ubicado en «La Señorita»:

«Muchos del primer llamado que fueron hechos cabos, eran malísimos; más que perros, eran unos cobardes. Había uno que se llamaba Mongo Castro. De Caimanera. Un día me dijo:

–Oye, nosotros a los bueyes cebú los dominamos. Le respondí:
–Es que yo no soy un buey cebú».

Así se expresa el güinero Eduardo Pereira de uno de los cabos del primer llamado.

«Angélico Cardoso, de San José de las Lajas, era un hombre de malos sentimientos. Un déspota. Trataba de imponerse aún sobre las órdenes de sus inmediatos superiores. Hubo casos, como el mío, en que por yo sentirme enfermo fui autorizado por el sargento a salir y conseguir la medicina que me habían recetado. El cabo intentó no dejarme salir pero como yo me acercaba a él con el machete en la mano, no me impidió el paso. Ese tipo tuvo problemas con muchos confinados».

5. PLANIFICADOR

Cuando a Emilio Izquierdo *«se le pudren las manos cortando piña»* y se les agravan luego al cortar la caña, lo sitúan en otra posición.

Le dejan sustituir a De la Hoz, también confinado, que había sido el contador del aeropuerto y estaba allí castigado. Un hombre mayor con gran experiencia, era uno de los expulsados de la Cubana de Aviación por el secuestro del avión del Ingeniero de Vuelo Betancourt y no integrados al sistema imperante.

«Por su experiencia como contador tenía en aquella alambrada un cargo que se denominaba «planificador», que era la persona encargada de llevar las cifras de las tareas realizadas por cada confinado. Antes de irse, porque había aceptado salir del país como un deportado, me recomendó para que lo sustituyera. En eso consistió mi nueva labor: recopilar las labores que eran producidas por cada uno de los miembros de aquel campamento» recuerda Emilio.

Después de su trabajo como *«planificador»*, Izquierdo es enviado a otros campamentos a realizar la misma labor. Pasó a Mijial, entre Morón y Ciego de Ávila. De Mijial, en una noche muy tempestuosa lo enviaron, en un tren industrial que va recogiendo caña hasta la zona desértica de Manga Larga que es, recuerda, *«como la Siberia cubana».*

«Manga Larga es un lugar despoblado que antes había contado con mucha mano de obra agrícola mayormente proveniente de Haití. Es una zona muy cercana a las costas. Dentro del Circuito Norte y la costa estaba la 31 de Manga Larga, que era, dentro de la UMAP, como estar supercastigado».

Las condiciones de trabajo son más duras aún. La primera noche la pasa Izquierdo en un molino de arroz desactivado que estaba junto a la alambrada. *«Tantos problemas allí existían que tenían un calabozo, una perrera donde maltrataban mucho».*

A cargo de otro campo, en las proximidades del Central Francisco a donde había llegado Francisco González, se encontraba el teniente Sotomayor; junto a él *«el sargento Pérez Lora, negro, un tipo muy arrastrado».*

«Pero afortunadamente, pronto fui designado jefe de Planificación en la propia Agrupación de Ciego. Cada división tenía un planificador. Yo estaba al frente de los planificadores de aquella Agrupación y cada uno de ellos tenía más capacidad que los semianalfabetos militares responsables de aquellos campamentos».

«Un día conozco que va a venir uno de esos oficiales para ver las metas que se han cumplido y los gráficos en los que mostrábamos la producción. Me preocupé porque el planificador de una de las compañías estaba atrasado en su trabajo y no había terminado ni los números ni los gráficos. Otros navegaron con más suerte».

«Pero no se inmutó. Me dijo: Verás que fácil lo vamos a resolver y se fue. ¿Cómo lo hizo?. Sencillamente cambiándole el nombre del mes a los números y gráficos de uno anterior. El oficial no se percató».[205]

Otro confinado nos habló también de la labor del planificador o normador.

---

[205] Testimonio de Francisco González; noviembre 16, 2003, a quien le dan de baja en junio de 1967.

«Tuvimos un confinado, bastante mayor que nosotros, de unos 35 años que lo seleccionaron como «normador" o planificador. A los pocos días de estar allí pudo ir a Matanzas a buscar una máquina de escribir que él tenía. Le dieron permiso y la trajo para hacer los trabajos. Él anotaba datos de la faena que nosotros hacíamos; las normas que se cumplían o no se cumplían. Lo hacía para darle un viso de legalidad y formalidad a aquéllo, y los superiores utilizaban esos datos para hacernos trabajar más a nosotros». (Joaquín Rodríguez).

También al Reverendo Colás hizo algún trabajo de oficina trabajando como suministro y supervisando el comedor.

Existía también la posición de *normador* que era la posición por debajo de *planificador*. Un confinado, Alfredo Padrón, de San Luis, Pinar del Río, nos cuenta este episodio:

*«En una ocasión yo estaba en un campamento cerca del entronque de Pina, entre Morón y Ciego de Ávila donde, luego de haberme tenido un tiempo en la cocina lavando calderos y platos, como yo era bachiller me hicieron **normador**»* nos narra Alfredo Padrón.

«Yo estaba allí y llega un muchacho y me dice: «Oye, normador, ponle un surco más al esclavo 34"; el muchacho no se percató que estaban allí unos militares, y entre ellos el sargento Parmén quien le responde: «Mire, compañero, no diga eso porque entonces yo lo soy también». Allí se puso de manifiesto, nos dice Padrón, la esclavitud, en un régimen comunista del hombre por el hombre bajo la belleza del campo cubano».

6. SUMINISTRO

Alguien era designado para atender la poca comida que recibían:
«En una época yo fui 'suministro' que era el que se encargaba de distribuir la comida; tenía que tener contacto con la jefatura central, y con el campesino que manejaba el tractor que llevaba cosas al batey y recogía cosas. Como responsable de 'suministro', teníamos que ir al Puesto de Mando a recoger la

ración que correspondía a nuestro campamento», recuerda Silvio Mancha[206] en amplias entrevistas con el autor.

«La comida era escasa. Una lata de sardinas, muy pequeñas, que tenían tres o cuatro sardinitas de unas cuatro pulgadas de largo había que compartirla, entre cuatro personas. A veces tocaba a menos de una pequeña sardina por persona. Pero no recibíamos suficientes latas de sardinas para todos. «Suministro" tenía que coger las latas aquellas y echarlas al arroz y servirlas con la ración de arroz. Lo que recibía cada hombre era, realmente, polvo de sardina».

Pero siempre recibían menos raciones que las que debían corresponder:

«Cuando íbamos a buscar el suministro al Puesto de Mando tú dabas la nómina de las personas que tenías en el campamento. Ellos miraban y si, por ejemplo, tenías 140 hombres, te decían: te corresponde X número de latas de leche evaporada. Una lata de leche por cada cuatro personas. Pero no te daban una por cada cuatro personas. De los treinta días del mes te quedabas corto, un día completo. A veces, dos días.

»Si te quejabas y le decías: –Mira, me faltan tantas latas, la respuesta era siempre: –eso es lo que hay. Y te lo decía un tipo que era capitán del ejército. 'Eso es lo que hay'. No aceptaba discusión.

»El secreto para resolver aquello era recortar, cada día, una lata de leche. Por eso, tú como 'suministro' tenías que recortar cada mañana una lata de lo que fuera (sardinas, leche, café, lo que te hubieran dado). Si te daban diez sobres, utilizabas ocho cada día para tener algunos para el último o los dos últimos días del mes.

»Y lo tenías que hacer a espaldas del mismo campamento. Allí nadie sabía que yo hacía eso. Yo prefería que se quedaran hoy

---

[206] Silvio Mancha estaba en la Unidad 2291 en la Compañía Número Uno, cerca del Batey Purificación, a 6 o 7 kilómetros del Central Baraguá, hoy Ecuador, al sur de la provincia de Camagüey y a unos 14 kilómetros de la carretera entre Ciego de Ávila y Florida.

con un poco de hambre a que se encontrasen luego al finalizar el mes sin nada que comer».

»En otros campamentos el hombre de suministro no tenía esa previsión y en el último y a veces los dos últimos días de mes se formaba un gran desorden porque los hombres no tenían qué comer».

Nos sigue informando Silvio Mancha, aquel joven de San Miguel de los Baños señalado como «contrarrevolucionario» por su militancia católica, su desvinculación sindical y su solicitud de un pasaporte:

«Cuando yo empecé como 'suministro' hice un inventario y supe que tenía tantas latas y que distribuidas entre el número de personas de mi campamento no iban a alcanzar. Cuando yo fui a recibir las primeras 'compras', que es como ellos lo llamaban, me dí cuenta de lo que sucedía: que en el Puesto de Mando, donde están todos los oficiales del ejército, ellos estaban robando la ración reducida de los confinados. Se quedaban con café, con latas de leche o sardinas; con lo que hubiese, y te daban menos de lo que ellos mismos decían que te correspondía, que ya era poco. Si debían ser once gramos por persona, tú recibías sólo unos seis gramos. Con lo que se quedaban, los oficiales lo mandaban para sus casas o lo tomaban para conquistar guajiritas que compraban por alimentos. Eran, todos, unos delincuentes.

»En los otros campamentos, en los que los que tenían el cargo de suministro no tomaban esta precaución, al final del mes tenían que decirle a su gente: –mañana, no hay comida, y se formaban serios problemas porque algunos tipos protestaban, encolerizados, sacando sus machetes. Las broncas se repetían.

«En mi campamento yo logré evitar esto con una fórmula que ellos no conocían».

7. CAMPAMENTO «EL INFIERNO»

Al campamento conocido como «El Infierno», donde estaban todos los enfermos, enviaban a la gente con problemas. Aquello era un sanatorio.

«En otros campamentos había control, había orden porque la gente te respetaba, pero no en 'El Infierno'. Allí los problemas con todo, y en especial con la comida, eran más serios. El comandante del campo dispuso mi traslado a aquel campamento. Allí la delincuencia era rampante. Oficiales, ayudantes y confinados que habían llegado a arreglos con ellos, rompían las ventanas y violentaban las puertas», recuerda Silvio.

En *El Infierno*, los problemas, comunes en todos los campamentos, se agudizaban.

«El robo de los alimentos comenzaba antes de que éstos llegasen a las despensas de cada barraca. Ya, por el camino, se habían robado parte de ellos. Y, dentro del campamento, continuaban los robos.

»El sargento que robaba cosas del almacén era de apellido Zamora). Los principales ladrones estaban en los Puestos de Mando, donde se encontraban los comandantes del ejército.

»Para 1968 los abusos de la UMAP se habían convertido en un caso nacional e internacional y se pusieron al descubierto los abusos y los robos. Sobre los abusos de las autoridades poco o nada se dijo. El gobierno revolucionario responsable de haber dado instrucciones de infligirlos, guardó el más absoluto silencio. Pero, muchos de los responsables de los robos perpetrados a espaldas de la alta jerarquía, perdieron sus posiciones».

Había religiosos de varias denominaciones; bautistas, adventistas, Testigos de Jehová. Se encontraban presos sacados del Castillo del Príncipe, llevados directamente a la UMAP. *«Había una gama de gente tan disímil que hacía que la convivencia en el campamento fuera muy difícil».*

«En las cárceles políticas todos tenían un común denominador: eran políticos. Podría haber gente buena o mala pero tenían algo en común. En el caso de la UMAP no existía ese común denominador. Tú te encontrabas que el que en la litera dormía, arriba o abajo, no era anticastrista ni nada sino,

sencillamente, un delincuente. Junto a los que allí estábamos confinados por nuestras ideas y por la no aceptación de las reglas impuestas por el régimen, había otros que eran delincuentes natos sacados de la cárcel a propósito porque la idea del gobierno era –como técnica sicológica–, empequeñecer nuestra auto estima.

»Había allí algunos jóvenes que habían sido expurgados de la universidad en las depuraciones que hicieron; otros fueron sacados de sus casas porque eran hijos de campesinos en cuyas fincas se habían alzado algunos hombres, y, aunque no tenían pruebas de que sus padres tuvieran contacto con los alzados, les llevaban sus hijos a la UMAP para presionar a los padres que, para proteger a sus hijos que estaban allí, no colaborasen con los alzados».

Aquellos campos de trabajo forzado –creados por Castro para *reeducar* y *rehabilitar* a hombres con *deficiencias políticas*– se convierten en centros de tortura y abuso.

«La composición de la UMAP es un castigo absoluto porque cuando tú llegas donde hay gente prisionera acostumbrada a la cárcel el comportamiento del preso habitual es distinto porque tiene una mentalidad de preso y trata enseguida de imponer su posición.

»Cuando nosotros, que éramos cuatro o cinco, llegamos al Infierno nos metimos en la barraca a dormir, todos con nuestros machetes, y nos levantábamos y salíamos armados con los machetes. Allí lo que había era la retama.

»Había algunos que tenían relaciones sexuales con soldados; que iban al campo y no trabajaban; se quedaban en las carretas junto con los soldados; el que nos recibió, el jefe del campamento, andaba en camisa, con el pantalón medio abierto, recostado a otro porque estaba completamente borracho. Y era

el jefe del campamento! Luego supimos que estaba allí castigado».[207]

PASE PARA VISITAR FAMILIARES
Con extensas demoras que con frecuencia se extendían a más de seis meses de confinamiento, los reclutas de la UMAP recibían pases para visitar, por breves días, a sus familiares. Por supuesto, el extravío del pase exigía «responsabilidad penal».

---

[207] Testimonio de Silvio Mancha.

8. COMIENDO HUESOS DE CARROÑA

Esta es la historia de como «recobramos» huesos de carroña. Huesos con peste a cadáveres. Huesos de vaca, podridos, con gusanos, y nos dicen a «suministros» que esto es lo que hay y que no hay más nada. Alguien dijo: «Suministro, vamos a echarle sal, a ver».

En el campamento, detrás de las doce varas del dormitorio, había otra nave cruzada que eran el comedor y la cocina y, detrás de esa nave, un pedazo de tierra.

«Allí tendimos unos sacos de yute y las tres o cuatro cajas de costillales de esos huesos de vaca que se nos ordenó «recobrar». Empezamos a echarle sal por varios días, sin salir de allí, una y otra vez. Y cuando fue perdiendo la peste a carroña, a cadáver, cuando ya parecía limpia y nada apestosa, la cocinamos. La gente se la comió».

CAPÍTULO VIII

PROFUNDAS CREENCIAS RELIGIOSAS

1. SEMINARISTAS, PASTORES EVANGÉLICOS Y CATÓLICOS

Eran muchos, los más, los que profesaban creencias religiosas. *«Entre los pastores protestantes estaba Joel Ajo, que llegaría a presidir la Iglesia Metodista de Cuba, y el Pastor Bautista, Orlando Travieso que había tenido una parte muy importante en mi dirección espiritual en 1959».*[208]

«Los reclusos evangélicos y católicos nos reuníamos a escondidas, por la noche, al fondo de la barraca, detrás del excusado, lejos del puesto de observación de los soldados para orar y leer pasajes de un Nuevo Testamento que conservábamos. Mientras algunos leían, cantaban en voz baja y oraban, otros vigilaban cualquier silueta sospechosa que se moviera en la sombra con el temor de que nos descubrieran, nos revisaran y nos despojaran del Nuevo Testamento.

»Sin embargo, en medio del temor, nos regocijábamos en el sufrimiento. Así en las sombras de la noche pero con el corazón lleno de luz y de esperanza, celebramos los cristianos del campo de concentración de Gato Prieto aquella Navidad de 1965».

Otra compañía exclusiva del batallón fue la número tres, la mayoría de cuyos componentes eran Adventistas y jóvenes de otros grupos religiosos. *«Era un privilegio ser miembro de esa unidad».*[209]

---

[208] Luis Bernal Lumpuy. *Obra citada.*

[209] *Ídem.*

PASTORES DE DISTINTAS DENOMINACIONES EVANGÉLICAS

Castro no hizo distingos en su agresión a hombres de fe. A la UMAP fueron enviados sacerdotes católicos y pastores de iglesias evangélicas. En esta foto histórica, tomada el 21 de septiembre de 1966 en los campos de la UMAP, aparecen de izquierda a derecha, los siguientes pastores:

Orlando A. Colás	Bautista
Joel Ajo	Metodista
Serafín	Pentecostal
Orlando	Metodista
Rigoberto Cervantes	Bautista
Orlando González	Bautista

Sólo en los escasos días de visita los confinados –religiosos o no– vestían estos uniformes de aspecto militar. Terminadas las horas de visita estos pastores evangélicos volverían –de inmediato– a vestir el sucio uniforme azul de trabajo con el que realizaban la misma dura y esclava labor de todos los confinados.

Cortesía de: Sergio Nieves

«En la misma compañía estuvimos con siete amigos de Cárdenas y otros de Pedro Betancourt; todos muy católicos. Se estrechó aún más nuestra amistad y formamos como una comunidad, nos repartíamos la comunión. Yo porque era el seminarista, nos dice el hoy sacerdote Joaquín Rodríguez, me convertí en el capellán y era el que guardaba la comunión y la repartía. Dos de ellos están aquí: Pascual González y Eugenio Mederos que vive en la Pequeña Habana».

En 1966 nombraron a Bernal Lumpuy *planificador* de la Compañía Uno y su misión consistía en computarizar la información diaria de los cortes de caña y llevarla al puesto de mando del Central Stewart. Esa información debía darse por los antiguos teléfonos de manigueta que tenía cada compañía. Pero preferían hacer un recorrido de más de siete kilómetros por entre el terraplén para alejarse, por algunas horas, de las deprimentes condiciones de las barracas.

2. CONFINADOS RECHAZAN VISITAS

«En la UMAP pasamos dos meses sin contacto con el exterior. Dos meses en que no recibíamos cartas si es que éstas llegaban. Las que escribíamos las teníamos que entregar allí, abiertas, y no sabíamos si las mandaban» recuerda el matancero Silvio Mancha.

A los dos meses nos mandaron un aviso, un telegrama diciéndonos que tendríamos visitas.

»Como habían hecho creer a todos que los que estábamos allí éramos homosexuales, depravados exhibicionistas, aunque no discriminábamos a nadie, muchos nos negamos a aceptar las visitas. Nos oponíamos a esas visitas porque no queríamos que nuestras esposas, nuestros padres, nuestros familiares, nos viesen en aquel medio. Recordemos que sólo conocíamos a poco más del centenar de hombres que formaban nuestra división; no a los otros miles que se encontraban en otros campamentos.

»Algo pasó que una semana antes de la visita anunciada nos llamaron a formar a los ciento y tantos hombres de nuestro campamento. Nos rodeaban soldados y cabos.

»No era extraño que nos llamaran a formación, porque eso lo hacían para todo. Formábamos para salir al campo; formábamos para comer; formábamos para dormir. Para el pase de lista; formábamos para hacer la limpieza y, a veces, nos llamaban a formar sin razón alguna.

»Un oficial, con una lista en la mano, ordenó, aquel día, que las personas que iban a ser nombradas dieran dos pasos al frente. Leyó el primer nombre. Éste dio los dos pasos y era uno con claro aspecto de homosexual. Llamaron a otro, igual y el tercero, igual. Llamaron así a cuatro o cinco más con las mismas características, «la misma pinta», pero llamaban a otros que no tenían ese aspecto, y todos nos preguntábamos «¿Y a éste, por qué lo llaman?». Algunos pensaban: «Si a mí me llaman, yo no voy».

»Cuando llamaron a un jovencito, de un pueblo de Matanzas, éste se negó a dar los dos pasos diciendo: –No. A mí no me llevan junto con ellos. Se negó, llorando, pero se negó. –No, a mí no me llevan junto con ellos. Repetía, una y otra vez: –A mí no me llevan». Tanto insistió que hubo que dejarlo. El muchacho no era homosexual. Era muy joven. De aspecto sencillo.

»Aquellos que dieron los dos pasos fueron a un campamento que quedaba en Ceballos al norte de Ciego de Ávila, cerca de Morón, donde situaron a muchos de los que abiertamente eran homosexuales y que se comportaban como tales. Hay de éstos muchas anécdotas». (Testimonio de Silvio Mancha al autor).

3. LA MUERTE DE ELEGUÁ

Era un muchacho, negro, muy joven; jovial pero rebelde, como pocos, al adoctrinamiento.

Practicaba, por tradición familiar, la religión Abacua. Defendía, frente a los abusivos jefes del campo, a todo compañero que era maltratado.²¹⁰ Se ganó, por su coraje y carácter amable, la voluntad y simpatía de los confinados.

«Recuerdo que cuando, a veces, en la prisión los demás reclusos se ponían a echarme guaperías, él me defendía. Era un buen muchacho», recuerda con afecto su compañero Santiago Moisés.

Se encuentra Eleguá, cuyo nombre era Alberto de la Rosa, en los campamentos donde están confinados los soldados de las Fuerzas Armadas castigados por distintos delitos. Formó parte Eleguá de la Columna 1, Batallón 33, cuyo Jefe de Compañía era Ismael Pérez. No se sentían como presos o confinados. Se consideraban a sí mismos reclutas.

Un día tiene un problema con el teniente Mora Rizo, Jefe del Campamento, que se complacía en ofender a todos los presos en aquel campamento gritándoles: *«Los únicos que tienen cojones aquí son los que fueron a la Sierra Maestra»* y repetía una y otra vez *«ni ustedes, ni los padres de ustedes tienen cojones»*. Eleguá le había respondido al teniente Mora Rizo que su religión no permitía las ofensas morales dirigidas a familiares.

El teniente Mora había ganado su grado peleando en la Sierra Maestra con Fidel, a quien se había unido en 1957. Debido a su falta de educación –apenas sabía leer– durante los últimos dos años había sido transferido, sin éxito alguno, de una unidad regular a otra. Mora representaba al campesino peleador de la Sierra que había sido marginado por falta de preparación; fue «castigado», como tantos otros, y enviado como oficial a la UMAP, uno de los vertederos de las Fuerzas Armadas Revolucionarias.²¹¹

«Mora era un tipo acomplejado. Blanco, de muy baja estatura y, para ocultar su calvicie, nunca se quitaba la gorra. Era un resentido que trataba a la gente con odio» así lo recuerda

---

²¹⁰ Testimonio de Santiago R. Moisés en comunicación a Emilio Izquierdo de Agosto 14 de 1996.

²¹¹ José Luis Llovio-Menéndez. *Obra citada.*

Manuel Montero, el confinado de Dimas el pueblo de la región más occidental de la isla.

Otro día, Mora Rizo le mentó la madre a Eleguá, profiriéndole otras ofensas. El muchacho cogió el machete que portaba y se le abalanzó. El teniente sacó la pistola que portaba pero, acobardado, le disparó sin herirlo, en el momento en que Eleguá le entraba a machetazos dejándolo muy malherido.

Se le sometió a un juicio en el que actuó de fiscal uno (Pelayo?) que luego Castro lo nombró Fiscal de la República. Al juicio concurrió el teniente Mora Rizo a testimoniar, y el Fiscal le preguntó a Eleguá si se arrepentía y comprendía la gravedad del delito que había cometido.

Fue firme y valiente la respuesta del joven negro: *«No me arrepiento de lo que he hecho. Yo soy firme creyente de mi religión, y el teniente me ha ofendido».* Y siguió afirmando: *«Él está allí, inválido, pero si se vuelve a levantar como un hombre normal y me vuelve a ofender lo hago de nuevo».*

Fue condenado a muerte y, delante de sus propios compañeros y de su padre, fue fusilado. «Eleguá fue el primer mártir de la UMAP».[212]

Una versión distinta sobre la personalidad de Eleguá la ofrece el escritor José Abreu Felippe en su obra «Siempre la Lluvia», que pone en boca de uno de los personajes de su libro las siguientes frases:

«El negro Eleguá era un revirao, un tipo de La Habana. Llegó aquí y se las quería dar de duro...». Un día *«le llevó la cabeza a un sargento de un machetazo... al otro día vino la Fiscalía de la Comandancia, formaron la Unidad, le hicieron el juicio y esa misma tarde lo fusilamos. Todavía están los agujeros de la pared del baño. Después de todo era guapo. Yo mismo le metí el tiro de gracia».*

Con fecha octubre 26 de 1998 se dio a conocer, desde La Habana, el supuesto testimonio ofrecido por Alejandro Rodríguez a un «periodista independiente» sobre el encuentro entre Eleguá y el teniente Mora Rizo. Ese testimonio muestra a un Eleguá «negro, feo» a quien

---

[212] Carta De Santiago R. Moisés a Emilio Izquierdo de agosto 14, 1996.

«la naturaleza había maltratado a la hora de su nacimiento, no por negro sino por feo» que «viniendo de otra provincia» cortando caña «siempre se quedaba rezagado». El testimonio de La Habana está tan sectarizado que debe ser recogido con cierta suspicacia.

Otro criterio negativo sobre Eleguá lo expresa el médico Saud que fue enviado a la UMAP y quien considera que Eleguá era todo lo contrario de lo que sobre él se había escrito:

«Era un hombre malo que tenía antecedentes penales» (Conversación del Dr. Saud con el autor, julio 14, 2003).

4. SERVICIO MÉDICO RURAL

A fines de aquel año 65, el régimen había implantado el Servicio Médico Rural bajo la supervisión del Ministro de Salubridad José Machado Ventura[213] quien comenzó a aplicar el máximo de presión sobre los médicos que sabía no estaban integrados al proceso revolucionario para forzarlos a trasladarse al campo. En esa labor *«persuasiva»* lo asistió Ángel Luis Torres, hermano del Fiscal Armando Torres[214], que estaba a cargo del nuevo departamento.

A pesar de la resistencia que como profesionales le hacían a Machado Ventura, 19 médicos fueron forzados a trasladarse a Camagüey bajo falsas promesas. Entre aquellos facultativos se encontraban Oscar Leal[215], Antonio Saud, José Mantilla, Manolo Rodríguez, Ricardo Zayas Bazán (que murió recientemente en Miami), José Carrillo, Souto, Carlos Torres y Oscar Ordóñez, entre otros.

---

[213] Meses atrás Machado Ventura se había unido por muy breve tiempo a las fuerzas cubanas que, comandadas por Ernesto Guevara pelearon, y fueron derrotadas, en el Congo.

[214] Armando Torres, abogado, fue primero miembro activo del Partido Auténtico en Guantánamo. Luego militó en el Partido Comunista convirtiéndose en un implacable Fiscal de los Tribunales Revolucionarios. Posteriormente Castro lo nombró Ministro de Justicia.

[215] El Dr. Oscar Leal había tenido serias diferencias con Machado Ventura de quien antes de la Revolución era amigo.

Todo comenzó en una reunión que sostuvieron esta veintena de médicos con Machado Ventura[216] en la que el ministro de Salubridad les conminó a que se incorporaran al Plan de Servicio Médico Rural. La reunión degeneró en una violenta discusión expresando los médicos que todos estaban casados, muchos con hijos y no estaban dispuestos a permanecer lejos de sus familias por un largo período.

El ministro convino en volver a reunirse con ellos días después en el Hospital Mercedes, pero, esta vez, no llegó solo.

«Vino Ventura con Fidel, Almeida, Ramiro Valdés y Raúl Chibás que entonces estaban a cargo de los ferrocarriles, y comenzó el debate en la asamblea».[217]

«Yo era el líder del grupo y llevé el peso de la discusión», nos dice Antonio Saud.

«Recuerdo haber dicho: Mira, los que estamos aquí, casi todos hemos sido altos oficiales del Ejército Rebelde, pero no participamos por nadie sino porque sentíamos la Revolución como necesaria para hacer algo mejor, no peor».

La discusión continuó por largo rato. Los médicos no cedieron. *«Fue la única asamblea que perdió Fidel en Cuba»*, dice Saud.

La respuesta les llega días después: Una citación para presentarse al Servicio Militar. De allí fueron enviados a Camagüey. Llegan primero al Reparto Garrido donde estaba la Jefatura de la UMAP. Allí los distribuirán en diferentes campamentos.

A Leal lo envían a Monte Quemado, cerca de Lugareño; Zayas Bazán fue al Central Senado; Saud a Júcaro, cerca de Ciego de Ávila.

«Muchos teníamos un cuartito pequeño con algunos productos médicos. Esa era nuestra oficina».

---

[216] Según el médico Antonio Saud, Machado Ventura no era más que un asalariado de Orencio Rodríguez que fue gobernador de Las Villas. Tuvo problemas y se fue para la Sierra uniéndose a las fuerzas de Raúl Castro. Cuando regresó a La Habana se sintió prepotente y comenzó a chocar con nosotros.

[217] *«Yo había tenido problemas con Fidel antes del 59. Yo pertenecía al grupo de Rafael García Bárcenas (MNR) y había participado como vicepresidente de la Escuela de Medicina en las luchas universitarias».* Testimonio de Antonio Saud.

A Oscar Leal le habían ofrecido destinarlo a un hospital en la ciudad de Camagüey. Al negarse lo enviaron, como vemos, a la UMAP, no sin pasar antes por el campamento de Managua donde se encontraba el médico Guillermo Rodríguez del Pozo (Gallo Ronco), famoso por sus desplantes y groserías.

Semanas después se encontraba en un campamento cerca de Navarro, casi como un confinado más en el mismo medio y con la misma escasez de agua para las más íntimas necesidades.

El médico José Ramón Balaguer, que ocupaba una alta posición en el Partido Comunista Cubano y era amigo del médico Leal, quiso llevarlo al Hospital de Morón viendo las duras condiciones en que éste estaba trabajando. *«Pero yo decidí permanecer en el campamento donde prestaba mis servicios».*

A Esmeralda enviaron a Zayas Bazán; a Botet, un cubano que había estudiado en República Dominicana, que se exilió cuando Trujillo, lo asignaron a la Jefatura donde se hizo amigo de Casillas quien lo envió a La Habana como médico de su esposa. Manolito Rodríguez estuvo durante varios meses en el Estado Mayor.[218]

Jorge Mantilla fue de los 19 médicos enviados pero no se quedó en la UMAP en Camagüey sino que fue designado al Hospital Lenín de Holguín.

A Jorge Tablada, lo enviaron a la UMAP en Camagüey pero su traslado fue posterior al del grupo de 19 y por razones distintas lo acusaron de *«vivir demasiado bien, siendo un hombre que no había hecho nada por la Revolución».*

Allá en Camagüey conocieron al comandante Ernesto Casillas quien trató de ofrecerles ciertas facilidades a los galenos. *«Casillas trató muy bien a los médicos y tuvo siempre un trato correcto con ellos».* (Declaraciones de Oscar Leal, agosto 9, 2003).

Igual testimonio ofrece Antonio Saud (septiembre 26, 2003).

Algunos confinados afirman que los médicos no llegaban hasta las barracas en las que ellos permanecían. Así lo expresa Pedro Fernández, de San José de las Lajas:

---

[218] Testimonio de Oscar Leal al autor.

«Nunca vimos médicos en las barracas. Ellos estaban en los centrales o en los hospitales de los pueblos cercanos.
»El jefe de médicos de la UMAP en Camagüey era Trigo. Tuvo problemas con prácticamente todos los médicos porque se oponía a que le concediéramos a los confinados más tiempo en el hospital o que le diéramos una baja permanente».[219]

Cada médico debía inspeccionar cuatro compañías (campamentos). Uno de ellos el de Monte Quemado. *«Allí estaba José Luis Barceló Acosta, del Segundo Frente del Escambray, un sinverguenza hasta la pared de enfrente, abusando de las mujeres de los campesinos de la zona y de los propios vecinos a quienes les quitaba pollos y guanajos».*[220]

En su prepotencia Barceló Acosta cometió un grave error:
«Su desfachatez llegó al extremo de que, habiéndose buscado una querida, ésta le amenazó con matarse si él la abandonaba. La respuesta de Barceló Acosta fue entregarle su pistola a la mujer que se la llevó a la cabeza y, efectivamente, se suicidó. Barceló que era odiado por todos[221]*, fue arrestado inmediatamente por 'auxilio al suicidio' y condenado a 12 años de prisión»,* narra al autor el Dr. Leal.

El Dr. Oscar Ordóñez era médico del Hospital Militar en La Habana. En junio de 1966 recibe una citación para presentarse en el Estado Mayor, en la Plaza Cívica. Allá concurre con otros 18 colegas médicos y es informado que los 19 serán enviados a una Unidad Militar en Camagüey (no le mencionan la UMAP).

Al llegar allí lo asignaron al Hospital Militar de la Ciudad de Camagüey, pero a los 15 días Ordóñez fue enviado a una unidad que

---

[219] Testimonio de Antonio Saud al autor.

[220] Testimonio del Dr. Oscar Leal al autor. Junio 17, 2003.

[221] Semanas antes, al producirse fuego en un cañaveral responsabilizó del mismo, aún sin prueba alguna, a un confinado y ordenó su fusilamiento.

estaba en el sur cerca del Central Francisco. ¿Por qué?. Nos lo explica el propio médico:

«Porque yo no estaba integrado. Un día me pidieron que me uniera al Partido Comunista, recientemente constituido[222], pero les dije que yo no reunía los parámetros que ellos consideraban necesarios para ser un militante del Partido.

»Después me trasladaron a una unidad cerca del Central Vertientes donde me encontré como jefe a una persona decente, el capitán Zapata que trataba a todos con respeto».

Los médicos iban un día o dos a las unidades de la UMAP. Se encontraban, con frecuencia, casos que requerían una atención hospitalaria que los jefes de los campamentos se esforzaban en negar. Veamos un ejemplo:

«Allí ví a un muchacho que tenía los pies quemados por el abono, que es cáustico, que se le metía por las botas. Tuve en ese caso, y en tantos otros, serias discusiones con el jefe de esas unidades que se oponían a que yo dejara a esos pacientes fuera de servicio por dos o tres días», comenta el Dr. Ordóñez con el autor.

«Cuando me mandaron a Monte Quemado, me situaron en una barraca, al lado de la de Suministros, cerca de la barraca donde estaban los confinados. Allí hice un pequeño hospitalito para ingresar a los que se enfermaban o herían» expone el médico Tablada a Ros en extensa conversación.

Los confinados tuvieron muchas oportunidades de formarse sus opiniones personales sobre los galenos que allí se encontraban. Así se refiere el entonces joven camagüeyano Julio Arturo Acosta en amplia entrevista:[223]

«Había allí, en Antón, un médico de apellido Vázquez Huerta y otro apellidado Tablada.

---

[222] Octubre, 1965.

[223] Agosto 23, 2003.

»Tablada era un ginecólogo de La Habana, de mediana estatura, muy amable; afable con todos. Se comportó muy bien; al menos con el grupo nuestro. Vázquez Huerta era otra cosa.

»Vázquez Huerta era un médico militar que estaba allí castigado y que, como los demás, se mantenía separado de los que estábamos confinados. En una ocasión yo me hice como si me hubiera desmayado y Vázquez Huerta me apretó con sus dedos unos músculos de la garganta y le dijo a uno de los de Seguridad del Estado que estaba allí: «Éste se está haciendo el desmayado porque si lo estuviera las pestañas no vibran, no se mueven, y a éste les vibran.

»Al poco rato el de Seguridad del Estado me entrevistó y me envió, sin zapatos y sin camisa, para el barracón y, de allí a volver a trabajar al campo». (Testimonio de Julio Acosta).

Antonio Saud tiene una opinión distinta que la vertida por prácticamente los demás confinados entrevistados, sobre Marcelino Falcón y José Ramón Silva. Del primero afirma que era excesivamente tolerante en aquel campamento en que se encontraban los homosexuales. De José Ramón Silva nos explica «era una bella persona. Nos trató a los médicos con mucho respeto; al igual que Cruz Moya, jefe de un batallón de Ciego de Ávila, que era jefe de cuatro campamentos».[224]

La alimentación diaria más que pobre, era pésima.

«Nunca nos daban carne, pero como ellos se esforzaban en quebrar toda creencia religiosa, y una de ellas era el respeto a la Semana Santa, un Viernes Santo traen una cantidad enorme de carne. Todos nos negamos a comerla. Todos, menos uno. Padrón, un muchacho de Jatibonico toma su plato y dice —Todo el que no quiere el bistec que me lo eche aquí en mi plato», y empezó a comerse aquella carne.

»No habían pasado dos horas y lo llaman de la jefatura para informarle que su casa de Jatibonico había sido destruida por

---

[224] Testimonio de Antonio Saud al autor, septiembre 26, 2003.

un incendio. Muchos creyeron, con razón o sin ella, que era un castigo de Dios».[225]

5. GRUPOS RELIGIOSOS AYUDAN A LOS CONFINADOS

Venciendo inmensas dificultades distintos grupos religiosos se esforzaron en ayudar a los confinados de la UMAP.

La Juventud de Acción Católica envió a un grupo de jóvenes a que, en la forma más discreta y eficiente que encontrasen, le hiciesen llegar a aquellos hombres sometidos a las más inhumanas condiciones de vida alguna asistencia. Uno de estos episodios nos lo es narrado por Hiram Cartas:

«Un buen día, un domingo en la tarde, yo estoy en mi barraca escribiéndole a mi padre y llega el 'político' y me dice en la forma cínica con que siempre nos hablaba: –¿Usted no sabe que aquí no se puede recibir visitas? Yo le respondí: –Yo lo sé; –¿y por qué su familia está aquí? –Yo no sé; usted sabe que mi padre estuvo aquí y no lo dejaron verme. –Bueno, allá afuera está su novia y su hermana. Yo tenía hermana pero no tenía novia. Me dí cuenta que esa visita no era para mí pero nada dije. El 'político' me respondió: –Te voy a dar media hora para que vayas y hables con tu familia, pero vienes rápido para acá.

»Voy y, al llegar, me encuentro dos muchachas que me abrazan; la primera que me abraza me dice en voz muy baja: –Yo soy tu novia. Mi nombre es Lailita Fernández. La otra se llamaba Nieves García. Las dos están aquí en los Estados Unidos. He tenido la suerte de localizarlas y hablar con ellas».

»Recuerdo que me llevaron azúcar, coquitos y un flan, y me llevaron la comunión. De vez en cuando volvieron por el campamento trayéndonos algo y, siempre, la comunión. Debo decir que esas muchachas iban, a pie, por un camino, lleno de fango que sólo lo podía pasar un tractor.

---

[225] Testimonio de Ezequiel Madrigal al autor, octubre 28, 2003.

Visita de muchachos de la Juventud Católica de Camagüey
(Cortesía de Hiram Cartas)

»*Había sido un esfuerzo combinado de la iglesia de Jaguey Grande, mi pueblo, con la organización católica de la ciudad de Camagüey*».

Nos lo explica el propio Hiram:

«*Un sacerdote de mi provincia, el padre Campos, que en esa época era el párroco de la ciudad de Cárdenas había ido a Camagüey con las fotos nuestras para que Acción Católica nos ayudara. Yo siento un profundo agradecimiento para todas esas personas que con tanto amor nos ofrecieron su asistencia allí en el campamento de Peonía. Recuerdo con gratitud a las señoras Nenita Rubio, Carmen Rubio, Nena Millar, Silvia Leyva, Mercedes de la Paz, Irma Álvarez y otras más a las que pido disculpas por no recordar sus nombres. Otros también nos ayudaron; Nelson Carrera y su esposa».*[226]

6. LOS PRIMEROS EN RECIBIR SU BAJA

Setenta y un días exactos, sólo 71, permanecerán los holguineros Pellitero y Nieves en los campos de la UMAP. Veamos la explicación que ambos nos ofrecen basada en su profunda convicción religiosa:

«Yo le decía siempre a Sergio: no te preocupes; nosotros vamos a confiar en la Virgen de la Caridad. Para el que no tiene fe, muchas veces hay pruebas de que sí existe un Dios en el cielo y sí existen los milagros.

»Yo le pedía siempre a la Virgen: «Virgencita, ayúdame porque yo no me contengo delante de las personas y donde quiera que me paro digo 'esto es una basura; esto no sirve; esto es comunismo; todo es opresión. Ayúdame'.

»Me dije a mí mismo: —Mañana es el Día de la Caridad y yo no voy a ir a trabajar. Por la mañana les dije: me siento mal, y no voy a ir a trabajar porque me siento mal. Increíblemente, cosas que ellos no aceptaban, me dijeron: «Bueno quédese en la barraca, y no salga de allí».

A las 11 de la mañana llegó un sargento preguntando por Ronald Pellitero, Leonardo Leiva, Sergio Nieves y le pide a Ronald que es el único que está en la barraca que los busque porque tienen que estar a la 1 en la capitanía con todas sus pertenencias porque les ha llegado la baja.

Ronald Pellitero ofrece esta explicación:

«Los dos, Sergio y yo, somos devotos de la Virgen de la Caridad. Y salimos el 8 de septiembre. Parece que la Virgen quiso hacer un milagro con nosotros».

---

[226] Testimonio de Hiram Cartas, agosto 11, 2003.

CAPÍTULO IX

CASTIGOS, FUGAS Y AUTOMUTILACIONES

1. ALGUNOS CASTIGOS

Éran jóvenes. Los más no habían cometido delitos. No había justificación alguna para que se les castigara así, sin piedad, sin compasión. Con saña e innecesaria crueldad. Era un crimen lo que, en nombre de una Revolución en la que aquellos jóvenes no creían se cometía contra ellos, y la cometían cubanos como ellos.

Se prodigaban los castigos. Un joven fue acusado, sin prueba alguna, de haberse robado una gallina. Veamos el testimonio de un confinado que presenció el bárbaro castigo.

«En mi campamento amarraron a un muchacho de unos 20 años, desnudo, a la entrada del campamento... y, «para que sirviera de ejemplo, lo tuvieron amarrado a sol y sereno más de dos días, y no nos permitían ni darle agua». (Testimonio de Santiago R. Moisés).

Jorge Hernández nos narra su experiencia personal cuando asumió la responsabilidad de haber gritado en una reunión que un compañero *«no había muerto sino que lo mataron por exceso de trabajo».*

«Yo fui llevado a un cepo de campaña como le llamaban. Consistía en un cajón de madera con el piso de cemento poco más o menos de 2 pies y medio de alto y ancho y en cuclillas me tuvieron toda la noche. Cuando el sueño me vencía me tiraban agua. Temprano en la mañana le dijeron a unos compañeros que vinieran a buscarme; abrieron el candado y, ayudado por ellos, pude salir pues no podía caminar. Así me montaron en los camiones con todos los demás para ir a trabajar a guataquear plátano».

El testimonio de Hernández lo concluye con este mensaje esperanzador:

«Ojalá este relato sirva para que el mundo escuche y se quite la venda de los ojos y nuestro pueblo deje de sufrir.

«Además, que a otros jóvenes, al igual que a nosotros no les sean aplastados sus derechos humanos».

En el grupo de Jorge se encontraban Elpidio Díaz y Héctor Hernández. *«Después conocí a Jorge Morales Fuentes, de Camagüey, que ya murió; y quien fue mi mejor amigo». También un grupo de deportistas entre los que recuerdo a Miguel Abraham, Jorge Lombana, Manuel Carbona, Orlando Monzón y Aldo Pérez».*[227]

Nadie escapaba de recibir abusos:

«Maltrataban a todo el mundo. En la barraca al que iban a castigar lo amarraban desnudo a la cerca de alambre y, a veces, lo enrollaban con alambre. Cada vez que lo hacían el hombre no podía dormir porque las púas, si se dormía, se le incrustaban. En esa zona de Camagüey hay unos mosquitos que llamaban matacaballo que de verdad mataban porque eran los más grandes que he visto yo en mi vida y los gritos de esas personas todavía los tengo yo en mi mente.

»Otro de los castigos más usuales consistía en que te hacían, era mandarte abrir un hoyo y cuando el hoyo estaba de tu tamaño, que ya te tapaba, ellos te decían: –Bueno, tapa este hoyo y abre otro allí, y así te iban teniendo hasta que ya, cuando lo que para ellos era el último hoyo te dejaban allí tres o cuatro días llenando el hueco con agua. Así murieron varios con neumonía. Yo siempre he dicho que todo lo que una mente humana puede imaginarse de maldad o terror, en la UMAP lo hicieron», relata al autor Francisco García Martínez quien ya, a los 14 años, había sufrido prisión política en San Severino, Matanzas.

Una noche tres muchachos, Gustavo Cuervo Sabá, Renato Gómez y Ricardo Prieto, que hoy es Pastor Metodista en New Jersey, se pusieron de acuerdo y consiguieron un poco de comida para llevarle a aquéllos que estaban atados en el alambre de púa de la cerca. Fueron

---

[227] Testimonio de Jorge Hernández al autor. Agosto 15, 2003.

sorprendidos en esa humanitaria tarea que, para los guardianes de la UMAP, era un crimen:

«Nos sorprendieron y nos metieron en una perra (una perra es un hueco donde caben dos o tres personas; en este caso, tres) sentados uno al lado del otro, desnudos..... Nos pusieron unos palos arriba y sobre ellos colocaron un saco y le echaron tierra. [228]

»Allí nos tuvieron «para que nosotros aprendiéramos». «Gustavo, profundamente religioso, me decía: «No protestes más», porque yo estaba diciendo barbaridades». «Aquí, decía Gustavo, estamos cuatro sufriendo». Le digo: «Nada más estamos tres, no fastidies más». Me responde: «No te excedas, que aquí estamos cuatro». Le digo: –¿Dónde está el cuarto?. Su respuesta: –Jesús está con nosotros.

»Aquella fé de Gustavo me dio la fortaleza para salir de allí convertido en otro hombre. Gustavo me llevó al alma el vigor que me hizo resistir porque si no, yo no sé, porque si uno no tiene una reciedumbre como aquélla en un momento de ésos, uno no sabría como resistir»; recuerda, aún con profunda emoción, Renato Gómez en su entrevista con el autor.

Los castigos no sólo se imponían por violación de las reglas impuestas sino, también, por el incumplimiento de las faenas o normas señaladas:

«Si no cumplías con la norma por la mañana no podías almorzar. En el maíz era la cantidad de surcos que te fijaban. Lo mismo en el guataqueo». (Testimonio de Emilio Danilo Ferreiro).

En Lugareño, en el campamento de Laguna Grande, Eduardo Ruiz convivió *«con los hombres más malos que yo he conocido en mis 63 años de vida».*

«Al sargento Julio V. González, un h de p; al capitán Miguel Ángel Espinoza. A un negro sargento llamado Ulasse que fue

---

[228] *«Así eran las perras que mantuvieron, como castigo, mientras duraron aquellos campamentos. Yo no paraba de protestar».* Testimonio de Renato Gómez.

jefe de la disciplinaria, a Romelio Arteaga y, peor que todos, al teniente Maderal.

»En Cuba respetábamos la Semana Santa. Especialmente el viernes Santo (ya esa tradición, como todas, se ha perdido) y ese día en la Cuba en que nos habíamos educado, no se trabajaba respetando la fecha sagrada ese viernes santo nadie quería salir a trabajar. Nos ordenaron a cortar caña y nadie levantó su machete. El teniente Maderal salió con su machete a demostrarnos que no teníamos que respetar ese día, y cuando ese hombre tiró su primer machetazo se cortó la choquezuela de la rodilla.[229] *Hubo que sacarlo del campo con la choquezuela guindando»* recuerda Eduardo Ruiz en entrevista con el autor.

Iván Llanes Llanes era un joven alto, fuerte de San Nicolás de Barí. Llegó a los campamentos padeciendo de leucemia pero la tenía controlada, pero con la falta de asistencia médica su condición física se fue debilitando. Se desmayaba con frecuencia en el campo. Un compañero nos narra este despiadado episodio:

«*Un día llamaron a la madre y le dijeron: –Mire, ya su hijo está libre. Venga a buscarlo. Para allá partió la madre, llena de ilusiones. Se lo entregaron en una caja. Muerto*».[230]

2. ABUSOS A LOS TESTIGOS DE JEHOVÁ

Los abusos con los Testigos de Jehová se repiten:

«*El primer gran incidente se produce el día del cobro –porque el Servicio Militar establecía un pago de $7 pesos mensuales– al primer mes que estábamos allí, ya era de noche y estábamos durmiendo, se oye el grito: ¡De pié!. Salimos y en el comedor estaban los sobres con el pago. Los Testigos, que eran unos 15 o 20, no aceptaron el pago y les dieron una paliza enorme!. Se los llevaron al patio, los pusieron contra la cerca, trajeron*

---

[229] Rótula de la rodilla.
[230] Testimonio de Jorge Hernández al autor. Agosto 15, 2003.

soldados con rifles y amenazaron con fusilarlos, pero tiraron al aire. Los Testigos se quedaron impertérritos, como si nada pasara. Hubo una inmensa protesta. Incluso un hombre que se llamaba Pedro Palau, uno de los presos comunes y otros se unieron a la protesta. Aquello fue muy abusivo», nos cuenta Pedro Gómez.

Un seminarista relata estos episodios:

«Hubo, desde el primer día, abuso verbal; nos trataron como si fuéramos basura. Era humillante. Nos paraban al sol de aquellos calientes meses de junio, julio y agosto. Llegó el jefe de la compañía el primer día, y luego, cuantas veces se le ocurría, estando ya acostados, nos llamaban a formar y empezaban a pasearse, con las manos en la espalda imitando a Fidel Castro y pronunciando discursistos. Hablaba de los 'manates' (magnates!) y nos advertía que allí no había religión, que no podíamos manifestar ninguna idea religiosa; pero todo esto en una forma muy tosca».[231]

»No había torturas que no se ensayaran y se pusieran en práctica. Una de ellas se lo aplicaron a Julio Martínez Casañora, de Colón, que era Testigo de Jehová, un hombre serio, trabajador, era una bella persona. Porque se negó a ponerse el uniforme militar lo tiraron encima de un hormiguero. A algunos le aplicaban otros castigos: había una piedra a la que le ordenaban a los castigados a darle mandarriazos durante una hora, pero si los custodios consideraban que se demoraban en dar un mandarriazo imponían una hora más de castigo. Eran sádicos».

El entonces seminarista bautista Ernesto Alfonso nos relata este episodio:

«A un Testigo de Jehová lo tuvieron horas de pie bajo el sol y sin alimento alguno hasta que se desmayó. Lo recogimos nosotros y le dimos algo de comer y un poco de leche aguada

---

[231] Testimonio de Joaquín Rodríguez.

que calentamos. Así pudo recuperarse. Ví castigar a otros Testigo de Jehová enterrándolos hasta el cuello».

Hasta por las faltas más nimias se imponían, de noche, castigos. Esto le sucedió a un joven de Jaguey Grande:

«Fuimos, siempre, objeto de maltrato. En mi caso personal fue producto de un conflicto que tuve en el comedor porque cuando iba caminando se me viró el plato de comida y, por eso, fui castigado a permanecer una noche entera, casi desnudo, amarrado a uno de los postes que allí había, allí con las manos amarradas. Los mosquitos eran increíblemente grandes y, en bandadas venían y te picaban sin cesar. Los compañeros con el pretexto de ir al baño venían con una toalla sobre la cabeza nos pasaban por la cara y el cuerpo la toalla para espantar los mosquitos. Allí permanecí hasta las cinco de la mañana en que me llevaron para mi barraca. Me puse la ropa y, afortunadamente, como era de sábado a domingo y era el domingo cuando hacíamos la «guardia vieja"; es decir, limpiar de basuras el campo».[232] (Testimonio de Hiram Pablo Cartas).

Todos los confinados fueron víctimas o testigos de castigos. Los más inhumanos infringidos a los Testigos de Jehová:

«Recuerdo a uno que se llamaba Juan, mulato, la persona más buena y más noble que yo he conocido. Por sus creencias religiosas él no aceptaba cuadrarse militarmente. Vino el sargento Palmeiro –el mismo que antes le había impuesto durísimo castigo a Marcos Imperián– y le dijo: –Tienes que ponerte en posición militar. Une tus talones y cuádrate. Juan no lo hizo. Palmeiro se le puso por detrás y le decía: –Párate en firme, y con sus fuertes tacones le empezó a dar, una y otra vez, en la parte de atrás del pie hasta que le arrancó dos pedazos del talón. Eso lo ví yo, Alfredo Padrón. Eran abusos imperdonables».[233]

---

[232] Nos dice Hiram Cartas: «Yo fui tantas veces castigado amarrado a ese poste que el sargento Saborit me dijo «que me había regalado ese poste para mí».

[233] Testimonio de Alfredo Padrón. Julio 25, 2003.

Luis Chiong, quien cuando habiendo terminado sus estudios en el Seminario Evangélico empezaba a atender su iglesia en Santiago de las Vegas, fue remitido a la UMAP. Allí presenció este atropello cuando se encontraba en el campamento de Peonía:

«Un guardia agarró a un muchachito, pequeño, de pecho hundido, a quien le faltaba la vista de un ojo. Querían forzarlo a marchar. El joven, por sus creencias religiosas, se negaba. Lo metieron en el cañaveral y entre tres o cuatro guardias le dieron una paliza. Luego le metieron la cabeza en los surcos de agua y se la sacaban para volverle a preguntar: ¿Vas a marchar?. El muchacho se mantenía callado. Volvían a meterle y mantenerle la cabeza en el agua, y aquello lo repetían una y otra vez».

Los confinados que estaban cerca, en el campo, nada podían hacer. Los guardias los mantenían a raya con sus armas. La situación empeoró:

«Llegó un teniente y le dijo a aquel pobre muchacho: –Mira, tú vas a marchar. Lo colocó en medio del camino, sacó su pistola y la apuntó hacia aquel joven; en ese momento venía un guajiro a caballo, y el teniente guardó su arma. Cuando pasó aquel campesino, volvió a sacar su pistola: –O marchas o te mato, pero vio que venían otros campesinos y, entonces, se lo llevaron para la barraca y le dieron una nueva golpiza».[234]

Los casos de abuso se veían a diario. Veamos este ejemplo que nos narra el pinareño Manuel Montero:

«Había un muchacho de apellido Izueta que lo amarraron de frente a un poste, desnudo y comenzaron a flagelarlo por la espalda con unos cables de electricidad torcidos. La sangre se le hizo como un caparazón. Lo estaban castigando porque se negaba a ponerse el uniforme. Era Testigo de Jehová».

Recuerda el propio Montero otro caso de crueldad inhumana:

---

[234] Testimonio de Luis Chiong a Enrique Ros, agosto 25, 2003.

«Un grupo de unos ocho jóvenes –no recuerdo si eran religiosos o no– se negó a trabajar. A cada uno de ellos lo agarraron entre varios guardas, le colocaron el brazo entre dos tablas y se lo golpearon con fuerza hasta partirle el brazo».
No era esto para Castro –de acuerdo a sus palabras– un castigo sino *«parte de un proceso de rehabilitación ideológica».*

«De mi pueblo estaban con nosotros dos Testigos de Jehová: Rigo Orlando de la Rosa y Osvaldo Marrero, éste murió hace poco. Como se negaban a usar insignias militares, continuamente los amarraban a un árbol las horas que nosotros estábamos cortando caña. Cuando regresábamos a comer, de la poca comida que nos daban, cada uno de nosotros dejábamos un poquito y, a escondidas se los llevábamos», testimonio de Pedro Fernández al autor.

«Una de las cosas que más me impresionó –y que lo ví personalmente– fue el de un muchacho de Guanajay que era maestro. Cuando separaron a los abiertamente homosexuales para llevárselos a otra barraca– quisieron incluirlo a él, que no lo era. Habló con el teniente que estaba al frente de aquella unidad y se lo explicó pero la respuesta que recibió fue: –Esas son las instrucciones que recibimos. Así que te tenemos que enviar a esa unidad. Cuando esa madrugada, a las cuatro, fuimos al baño, lo vimos ahorcado. Lo ví yo, se había colgado de un horcón. Sucedió en el campo de Cayo Largo. Muchos de Guanajay lo conocían. Era una buena persona».
Ésa era otra muestra de la *«reeducación ideológica»* que Castro quería impartir a los jóvenes enviados a la UMAP.

«Un día Emilio Izquierdo y yo, que estábamos en la misma escuadra, al lado uno del otro, estábamos hablando cuando íbamos para el campo. Un cabo, de apellido Gutiérrez, en forma bien grosera (para no repetir aquí sus palabras) nos ordenó callarnos. Le respondimos y nos mandó para «el hueco». El hueco era como una cisterna, una fosa grande. Teníamos que dar pico y pala hasta el otro día. Como a las tres de la mañana un sargento llamado Osorio llegó y, al vernos, nos

dice: –Y ustedes, ¿qué hacen allí?. Le explicamos lo que había pasado y considerando que era injusto el castigo nos ordenó que regresáramos a la barraca. Pero, una hora después, siendo las cuatro de la madrugada ya tuvimos que estar en pie para irnos a cortar caña.
»Osorio era oriental, del Movimiento 26 de Julio. La mujer lo estaba engañando. Él la sorprendió en su casa con el hombre y la mató a ella y al hombre. Va a la cárcel y cuando triunfa la Revolución lo saca, le conmuta la pena y lo ponen de carcelero en la prisión de Camagüey. Ése era el tipo de guardia que buscaba el régimen», relata Ismael Hernández el joven estudiante de Bahía Honda.

«Bueyes» llamaba el sargento Félix Rodríguez a los confinados del campamento J. Moreno a los que, sin razón alguna agujereaba con su bayoneta. Peores eran el teniente Abilio Díaz, jefe de aquella compañía; el teniente Isalgué, jefe del Batallón 9. Como jefe de personal fungía el teniente Pablo, recuerda Rigoberto Cabrera.

No sólo castigos físicos y humillaciones verbales se imponían en aquel campamento. También, sicológicas.

«Cuando no cumplíamos la tarea fijada venía un guardia con una caja llena de cartas. Preguntaba quien era fulano de tal. El confinado se identificaba, y el guardia le decía: «Esta es una carta de tu madre». Y la tiraba al suelo. Sacaba otra carta y preguntaba quien era el confinado a quien venía dirigida. Le informaba: –Esta carta es de tu novia. Y la tiraba al suelo; y así continuaba hasta mencionar todas las cartas. Le regaba petróleo a todas y las quemaba diciendo: –Esto es lo que siempre pasará cuando no cumplan la norma fijada».[235]

---

[235] Testimonio de Rigoberto Cabrera, octubre 14, 2003.

ISMAEL HERNÁNDEZ Y EMILIO IZQUIERDO
Los días de visita se exigía a los confinados desechar el sucio y raído uniforme azul de trabajo y vestir el más atractivo uniforme de aspecto militar. Terminada la visita volverían a usar sus estropeados uniformes azules. En la foto, los dos confinados días antes del incidente con el Cabo Gutiérrez.

Abundan los testimonios sobre el comportamiento anormal y brutal de muchos custodios. Veamos estos:

Mario Villeras, era de la Columna del Ché. Le decían el Coco Peligro; estaba loco. *«Ese tipo venía a dar el 'de pié!' a las cuatro de la madrugada. Si la gente no se levantaba enseguida entraba a caballo en la barraca disparando con su pistola. Estaba siempre castigando a todos: –Tú, al hueco!. –Oye tú número tal, párate afuera toda la noche en atención!. Con el Coco Peligro no había posibilidades de diálogo. Esto era en la Unidad Uno de Chambas».*

«A un amigo nuestro de Bahía Honda, que era Testigo de Jehová le dieron muchos golpes. Una vez me encontré con él cuando estábamos chapeando los canales de las turbinas que había que hacerlo con agua o sin agua. Lo ví muy pálido, con marcas de golpes en la cara y le pregunté que le había pasado. Me dijo que se negó a cumplir determinadas órdenes, contrarias a sus creencias religiosas y lo habían golpeado. Terminó siendo condenado a cinco años de cárcel», recuerda Ismael Hernández.

El conteo, para impedir fugas, era constante. Cuando alguno se escapaba lo perseguían los LCB[236] que se saltaban aquellas altas cercas casi sin tocarlas y dentro del monte eran como perros jíbaros. En pocas horas apresaban al fugitivo.

«A un muchacho de La Habana de apellido Media Luna se le había muerto un familiar cercano y no le dieron pase para asistir a los funerales. Se trató de escapar pero lo capturaron y lo trajeron hasta cerca de la barraca donde había una turbina de agua muy fría; era invierno, y metieron en ella al muchacho. Lo sacaban al poco rato y enseguida lo volvían a meter. Así lo tuvieron toda la noche. Fue criminal el castigo».
(Testimonio de Sireno Prendes).

En todos los campos las fugas, o los intentos de escapar, eran cosa diaria:

---

[236] LCB (Lucha Contra Bandidos) fue creado en Julio de 1962 como un nuevo organismo de represión utilizado en sus inicios contra los alzados en el Escambray. Dependía directamente del Ministerio de las Fuerzas Armadas pero colaborando estrechamente con el Ministerio del Interior. El escritor Norberto Fuentes, hoy en el exilio, se jactaba de convertirse en fiscal *«para entrevistar a los bandidos, y también podía ser miembro de un pelotón de fusilamiento»*. (Ver «Cazabandido» de Norberto Fuentes).

«En un campamento, cerca del nuestro, la gente se rebeló y le prendió fuego a la barraca. De allí se fugaron y se dirigieron en dirección al Central Cunagua pero parece que ya habían avisado de la fuga y cuando se acercaban al central ya estaban las tropas de milicianos esperando por ellos. Los capturaron y los hicieron regresar, corriendo, al campamento que estaba como a diez kilómetros de distancia. Les disparaban a los pies para hacerlos correr».[237]

Hubo intentos de fuga que, dentro de la tragedia que cada uno de ellos representaba, tenían un resultado inesperado. Veamos estos dos casos:

«Recuerdo el de un muchacho que se llamaba Ricardo que se escapó tantas veces y fue capturado que la última vez se subió a un autobús y el chofer lo reconoció y llevó el autobús a la estación de policía y lo entregó. A otro confinado, al tratar de escapar se le perdieron los espejuelos y lo agarraron cuando daba vueltas buscándolos».

Muchos se fugaron y nunca más fueron vistos por sus compañeros. Su fuga había tenido éxito. Otros fueron fácilmente capturados:

«Una vez, el sobrino del comandante Vallejo[238], que tenía el mismo apellido, trató de escaparse pero lo agarraron y lo dejaron con nosotros en la barraca. Tal vez por su parentesco no le infligieron otro castigo», nos relata Ernesto Alfonso, su compañero en aquel campo.

Ningún castigo amainaba la determinación de escapar de aquellos campos de tortura:

«Tavito, un muchacho sordo, hijo de un médico de Güines, Joe y un joven al que le decíamos Caballo Loco (que tenía un tatuaje de la Virgen de la Caridad en la espalda), organizaron

---

[237] Testimonio de Manuel Montero al autor.

[238] El comandante René Vallejo era el médico y hombre de confianza de Fidel Castro. En 1963 había sido factor importante en las conversaciones que el entonces presidente John F. Kennedy estaba sosteniendo con Castro para buscar un entendimiento entre ambos gobiernos. En enero de 1964 el comandante Vallejo acompañará a Castro a Moscú junto con los comandantes Pedro Miret y Aldo Santamaría.

una fuga. La dirigía Tavito que tenía mucha habilidad para fugarse y que ya había ayudado a varios compañeros a escapar de aquellos campos, como fue el caso de Miguel Díaz, que era de Cabañas en Pinar del Río y que llegó en su fuga hasta Miami. Tavito había llegado a la UMAP procedente de la Fortaleza de La Cabaña donde cumplía sanción por actos contrarrevolucionarios.[239]

Los tres jóvenes –Tavito, Travieso y Caballo Loco– fueron capturados a los varios días y los trajeron al campo; allí, después de golpearlos los pusieron a cavar un hueco profundo a la altura del tamaño de aquellos hombres. «*Un capitán, oriental, mulato, con el pelo peinado a lo Angela Davis, nombrado Iván Magaña, constantemente los increpaba, escupía hacia donde ellos estaban, y les echaba al hueco la tierra que ellos sacaban empujándola con sus botas. Era una situación insoportable para aquellos jóvenes que salieron rápidamente del hueco que abrían, que estaba justo al lado del barracón donde dormían y donde pretendían enterrarlos hasta el cuello. Confrontaron al oficial intercambiando golpes con él y con un escolta*». (Testimonio de Renato Gómez, agosto 8, 2003).

«*Una tarde aparecieron dos Testigos de Jehová y los pusieron de plantón, es decir, castigados toda la noche pegados a una cerca*». *Uno de los que más jerarquía tenían entre los Adventistas se apellidaba Martínez. A ese hombre le dieron tandas de golpes, y lo sometieron a las mayores torturas. Un día, porque lo querían forzar a trabajar el sábado, lo sientan en una silla, amarrado, le ponen un cubo de agua arriba para que le cayera sobre la cabeza una gota y otra gota. Al rato los gritos de ese hombre llegaban a la Laguna de la Leche*»[240], relata Renato Gómez al autor.

---

[239] «*La última información que conocí sobre Tavito, fue por medio de mi amigo, Ernesto Botifoll que lo conoció en la prisión y lo describió como un hombre bravo. Me dijo que a Tavito lo habían fusilado*». (Renato Gómez).

[240] Laguna de agua salada, al norte de Morón, que debe su nombre al carbonato de cal que cubre su fondo.

La situación con los Testigos de Jehová se había puesto sumamente crítica ya que, reiteradamente, a pesar de los castigos infligidos se negaban a usar los uniformes o insignias militares. Encontraron una solución. Nos la menciona Luis Albertini:

«En aquel momento se llevaron para Isla de Pinos a muchos de los Testigos de Jehová. Ya antes, en los primeros meses, del primer llamado –diciembre, enero de tanto frío– los bañaban con fango, los dejaban desnudos, amarrados a la cerca toda la noche. Les pegaban con bagazo de caña que no dejaba huella en la piel».[241]

Lo confirma otro confinado:

«Un día llegaron unos camiones y traían una lista con nombre y apellidos de los Testigos de Jehová. Hicieron una fila con los solteros y otra con los casados. A los solteros los juzgaron por evasión al trabajo e incitar a los demás confinados a no trabajar, y los condenaron a diez años de prisión y los mandaron a Isla de Pinos».[242]

A un muchacho llamado Amador, Testigo de Jehová, lo amarraron infinidad de veces a un palo o contra la cerca de púas, sin agua ni alimento, por no pararse en atención o por leer la Biblia.[243]

Llegaron 32 guajiritos Testigos de Jehová que se negaron a marchar y a ponerse insignias militares. El castigo fue inmediato. Nos lo cuenta un testigo, Eduardo Ruiz:

«Metieron a esos 32 en una cisterna que era por donde llegaba el agua. Allí los mantuvieron de pie sin que pudieran beber agua ni comer alimento alguno. Nosotros nos acercábamos y le tirábamos lo poco que teníamos. A los pocos días los sacaron de allí porque se les iban a morir y los amenazaron con fusilarlos. La respuesta de ellos aún la recuerdo: «Fusílennos. Fusílennos. El ejército nuestro no es el ejército de ustedes. El

---

[241] Testimonio de Luis Albertini, julio 26 del 2003 al autor.
[242] Testimonio de Luis Valle, julio 21, 2003.
[243] Testimonio de Jorge Hernández al autor, agosto 15, 2003.

nuestro es el de Dios». Pertenecían aquellos Testigos de Jehová al Cuarto Pelotón». (Testimonio de Eduardo Ruiz, agosto 2003).

Muchos campesinos, influenciados por la malintencionada propaganda que los militares habían hecho sobre los «criminales de La Habana» que iban a llegar, no cooperaban con los confinados. *«De la 30 de Manga Larga –recuerda Trigo– se fugó un muchacho que le decíamos Pototo. Ya lejos del campamento encontró un campesino a caballo y le pidió ayuda para poder llegar a algún pueblo cercano. El campesino lo montó a la zanca en su caballo. Al poco rato lo entregaba al jefe de la Unidad Militar. El 'campesino' era un 'jefe de lote'».*

Los jefes de lote eran empleados de la granja (grandes extensiones de terreno nacionalizadas por el gobierno) donde se podían encontrar 3 o más campamentos cada uno de los cuales contaba con 3 barracas. El jefe de lote era el que ajustaba con los jefes de los campamentos el personal que necesitaba para cortar caña, recoger viandas u otras tareas.

El campamento 30 de Manga Larga estaba ubicado en la granja Bartolomé Masó.

Los guardias, los más, eran abusivos. En uno de los campamentos en que estuvo confinado el reglano Juan Gómez se distinguieron por su crueldad el Primer teniente Marcial Sotomayor, Egardulio Quintana, el sargento Pernas, el teniente Tosca (de la milicia); el peor de todos, Sosías que luego lo prendieron por sodomía.[244]

«Ví maltratar a muchos –nos narra Juan Gómez, de Regla–, entre ellos a dos Testigos de Jehová; uno que se llamaba Juan Turbay y el otro, Daniel del Rey que estaba en la tercera barraca. Por no aceptar una orden los desnudaron, los amarraron a un árbol y los dejaron así, más de un día y una noche, sin comida ni agua. El Primer Pelotón de aquella Unidad lo comandaba Oviedo, teniente de milicia; uno de nombre Jorge estaba al frente del Segundo Pelotón, y el Tercero era mandado por el teniente Segura, que era el Jefe de la Unidad.

---

[244] Declaraciones de Juan Gómez al autor.

»Los que más se ensañaban con nosotros eran el sargento Saborit y el sargento Sosías, del Segundo Pelotón, que era el peor de todos. Se encontraba allí, también el sargento Perna que se encargaba del Suministro».

A uno de los campamentos de Jatibonico, al sur de Morón y colindante con Ciego de Ávila, son trasladados varios de los que trabajaban como esclavos en Baraguá. Tuvieron como jefe, un mulato grande que cometió infinidad de abusos. Tanto era odiado que al ser trasladado a otra unidad los confinados, sin excepción, comenzaron a abuchearlo.

No se inmutó. Sencillamente al montarse en el jeep les dijo: «Prepárense que el que viene es peor que yo».

«Quien llega –relata Estorino– es un sargento muy vociferón, Basilio Alfaro Pérez, que usaba una pistola 45; era muy «echado pa'lante». Israel, segundo del sargento Basilio, refunfuñaba mucho. Amenazaba a todos, pero no actuaba. Quería dar la impresión de ser intolerante pero nunca llevó a cabo sus amenazas».

Del Mijial, donde estuvo Francisco García Martínez, el oficial más despiadado fue Alfredo Almaguer, *«un oriental, que era comisario político. Era un asesino. Estaba también Vázquez –no recuerdo su primer nombre».*

No era tan sólo el reglano Juan Gómez quien presenciaba, impotente, los abusos de estos militares. Cecilio Lorenzo, de Cabaiguán, menciona a los mismos verdugos:

«En ese campamento teníamos un sargento que le decían «Admiro» quien, junto con el sargento Almaguer estaban dispuestos siempre a golpear. Admiro era blanquito, gordito, Almaguer era oriental, mulato, bastante oscuro. Yo los ví meter en una fosa a dos que se fugaron y estuvieron tirándoles agua en las fosas que casi terminaron ahogados y los ví colocar a dos hermanos que eran de Cienfuegos, a quienes por apodo familiar les decían «Picúa», pararlos contra la pared de un cuarto que se estaba construyendo allí y cada vez que se caían los subían a bayonetazos para colocarlos, a bayonetazo limpio, de

nuevo frente a la pared. Se caían de cansancio, dormidos, de pie, con frío, sin ropa. Así eran Almaguer y Admiro.[245]
»Cuando alguno sí escapaba y lo agarraban, lo pelaban al rape y le afeitaban las cejas, los desnudaban y con el frío de diciembre y enero, los mantenían así en el patio, amarrados todo el día y la noche. Un día yo estaba muy cansado y no podía seguir trabajando. Uno de los jefes, Penichet, me llamó: –21 (yo era el 21), ¿por qué no está trabajando?. Le expliqué la razón y a la hora de salir para el campo me dijo: –21, póngase allí, de pie, al lado del asta de la bandera, y se fueron todos. Al regresar, de noche, fue que me permitió entrar en la barraca, después de estar allí, de pie, más de 14 horas». (Testimonio de Pedro González).

Una de las cosas más impactantes que yo ví en la UMAP, relata Cecilio Lorenzo, fue el de un muchacho al que le decíamos *Pinito* porque era del reparto Los Pinos, de La Habana. Tenía quince años, no había cumplido dieciséis, que era la edad para llevárselo al Servicio Militar Obligatorio. Pero la mamá de él era tan revolucionaria, tan comunista y tan sinvergüenza que fue al Comité Militar y les dijo:

«Este muchacho no se quiere integrar. Es muy atravesado».

Al decirle eso al del Comité Militar éste lo mandó para la UMAP para *reeducarlo*. La *reeducación* que recibió aquel infeliz fue que lo violaron unos presidiarios y tuvieron que llevarlo para el hospital. Lo violaron como entre cuatro. Eso fue en el campamento mío. No sé su nombre y su apellido. Sí sé que era de Los Pinos y que estaba allí por causa de la madre quien le dijo al del Comité Militar: *«Llévátelo»*

3. EL CASTIGO DEL PADRE ARMANDO MARTÍNEZ

«Una noche estábamos en la barraca cuando oímos llegar una carreta; lo que era extraño porque de noche y de madrugada no era frecuente percibir algún movimiento. Traían a un hombre y lo metieron en esa barraca. Todos nos apresuramos a preguntarle: –¿Quién eres tú? y le preguntamos el nombre.

---

[245] Testimonio de Cecilio Lorenzo a Enrique Ros, Mayo 27, 2003.

Era Armando Martínez, sacerdote de Matanzas. Nos preguntó: –Y ustedes, ¿rezan aquí, en la noche?. Le contestamos: –No, aquí no se puede hacer bulla. –No, no, no, aquí hay que rezar el rosario, aunque sea murmurando, pero hay que rezarlo porque eso nos da fé. Es más, hay que rezarlo ahora. Vamos a rezarlo. Y, muy bajito, aunque en murmullo, todo se oía y, efectivamente, en seguida vino la guarnición ordenando: –Cállense la boca. Pero, no pasó nada en ese momento.
»*A las cuatro de las madrugada se asomó el comisario político y nos dice: –¿Qué pasaba allá en la barraca anoche?. A ver, uno que diga ¿qué fue lo que pasaba?». Ellos sabían que estábamos rezando el rosario. Pero, al nadie responder el Padre dio un paso al frente y dijo: –No, fui yo que empezaba a leer el rosario. –Usted no sale de aquí; lo sacaron de la fila y nos mandaron a nosotros para el campo. Cuando regresamos ya por la noche el Padre no estaba allí.*
»*Como a las diez de la noche trajeron al Padre. Venía echando sangre hasta por donde usted pueda imaginarse*». *Le habían puesto un par de zapatos romperocas del mismo pie. Venía lleno de llagas, las manos ensangrentadas. Le habían dado seis sacos y una cova y lo habían llevado a un campo de boniato:* «*Tienes que llenar los seis sacos y hasta que no los llenes no vas a regresar*». *Aquel hombre daba lástima.*

Como broma, días después, los confinados le decían: «*Padrecito, vamos a leer el rosario*». Y él decía: «*Por tu madre, ni Padrecito me digas; yo soy Armando Martínez, mi nombre es Armando Martínez*». (Testimonio de Francisco García Martínez).

4. AUTOMUTILACIONES Y FUGAS

Hubo muchas automutilaciones. Se las producían cuando estaban en el campo. Lo hacían así: primero, cortaban el guante; agarraban una caña y a la altura del corte que habían hecho se ponían el machete y lo golpeaban sobre el lomo. Con frecuencia, le pedían al compañero de faena que fuera quien golpeara el machete y le cortara el tendón. Había que llevarlo, casi siempre a pie, hasta la barraca para que lo viera el sanitario quien, para enviarlo al hospital, necesitaba la autorización del jefe de la unidad. De la barraca tenía que ir a pie, o en una carreta o en un caballo al hospital». (Testimonio de Pedro Fernández).

Los confinados, como yo mismo, –nos dice Francisco García– nos cortábamos adrede para poder salir por unas horas, tal vez por un día.

«En el primer campamento que estuve me tocó de jefe un loco de apellido Vázquez. Había sido Primer Capitán y lo habían rebajado a Primer Teniente porque era un alcohólico al punto que andaba siempre con una botella de vino seco con hierbabuena y azúcar. Andaba en calzoncillos, con dos pistolas y unas chancletas. Ese hombre era un salvaje.

»Tuvo un problema con un confinado llamado Arcón, un mulato, joven y gordo, que medía como seis pies. Su padre había sido laboratorista y siempre nos hablaba de él. Castigado por una infracción Vázquez lo amarró a un tractor y lo arrastró por toda la guardarraya. Yo lo vi.

»Días después, para salir de aquel infierno, recuerdo que Arcón vino a hablarle a la pareja que con él cortaba caña y le pidió que le cortara la mano, que se la cercenara. Su compañero se negaba. No quería y le decía: «Arcón, no, no. No me metas a mí en este lío». Él le respondió: –Fíjate, yo te traigo el machete ya preparado. O me la cortas o yo te mato a ti. El muchacho le dijo: –No me pongas en ese problema. Yo no quiero hacerte eso. Yo no quiero hacerte eso.

»Arcón buscó una piedra y puso la mano sobre la piedra y le dijo: –Tira. Le tiró y me acuerdo que yo miré, esperando ver la sangre brotar. No brotó sangre. Lo que brotó fue una cosa blanca y entonces la agarró y salió dando gritos: –Me corté, me corté. Era un problema para los guardias. Allí lo agarraron y se lo llevaron. Más nunca los vimos. Más nunca supimos de él».[246]

---

[246] Testimonio de Francisco García Martínez.

Las automutilaciones para escapar brevemente de aquel infierno impuesto por Castro para *reeducar* a los jóvenes no integrados al proceso revolucionario eran frecuentes.

Uno de los que estaba con nosotros, en Antón, y que se ha quedado en Cuba, *Juan Carlos Darío Rey*, y tiene ahora un alto cargo en el INCAI en La Habana, estaba totalmente agotado del excesivo y duro trabajo. Estábamos limpiando un surco, detrás venía un amigo de él de apellido Corriga. Juan Carlos se detuvo y le dijo: *«–Dame un machetazo en el tobillo porque ya no aguanto más esto. Corriga se vió obligado a hacerlo pero le dio un machetazo tan fuerte en la bota que le cortó el talón. Más nunca pudo volver a trabajar. Quedó cojo para toda la vida»*, recuerda el camagueyano Julio Acosta en conversación con Enrique Ros.

José Antonio Nadal, más conocido por sus amigos como Jesús, se automutiló en varias partes de su cuerpo con su machete. Tuvieron que llevarlo a un pequeño hospital cerca del ingenio, nos narra Félix Ignacio Rodríguez, confinado primero en Gato Prieto y trasladado después a Jagüeyal.

Nadal, querido y respetado por todos sus compañeros de Cubana de Aviación, fue uno de los empleados de esa empresa arbitrariamente enviado a la UMAP luego del secuestro del avión que produjo la muerte del piloto Fernando Álvarez y del escolta Fedor Reyes.

Se repetían estas mutilaciones infringidas a sí mismo por el infeliz confinado o, con más frecuencia, pidiéndole a su compañero de faena que lo cortara con su machete para poder salir, aunque fuera por un día o unas pocas horas, de aquel infierno. La mutilación se produce en el campo. El herido tenía que regresar caminando o en una carreta, sangrando, a la barraca, para que el sanitario verificara la herida y determinara el tiempo que debía concederle y donde debían atender sus lesiones. En el campamento Purificación donde se encontraban Silvio Mancha, Estorino y otros matanceros el sanitario era Iván Nodarse, un joven de Jovellanos.

«Yo me corté también en un dedo intencionalmente. Sí porque, era una manera para poder ir al hospital, tener un contacto con la familia, pero de ser posible nos regresaban el mismo

día; porque nosotros lo hacíamos con la esperanza de que nos dieran unos días allá. Y muchas veces la gente cogía infecciones, metía los pies en el agua sucia de los baños para coger hongo, a ver si les mandaban antibióticos. Habían unas pastillas blancas, que parecían un botón, no sé lo que era. Si te dolía la cabeza, si te dolía la garganta, la pastilla; catarro, la pastilla, dolor en los riñones, la misma pastilla. Entonces ya nos dimos cuenta que esa pastilla no nos curaba, servía sólo para entretener a los enfermos.[247]

«Yo le piqué la mano a uno para no trabajar» –nos dice Mario Víñez– *«El compañero mío de trabajo, Nelson*[248]*, me dijo: –Mayito, yo no trabajo más. –¿Qué vas a hacer? –Me voy a picar la mano. Estaba decidido y me pide que le abra un espacio en la caña para afilar el machete. Quedó como una navaja.*
»Luego Nelson y yo fuimos guagueros en el paradero de La Víbora. Me dice: –Me voy a cortar el dedo gordo que es el que menos se usa. Entonces picamos el guante. Le iba a hacer un tajo para cortarle un tendón pero, por ignorancia, cuando le dimos el machetazo le corté los dos tendones y hubo que hacerle cuatro operaciones».

Un sanitario, con amplia experiencia en el tema, nos aporta su vivencia:

«Yo tuve que atender muchos casos de automutilaciones. Yo mismo me herí intencionalmente más de 5 veces antes de ser sanitario. Después, llegué a inyectarme hepatitis».[249]

Cuando estuvo en *Los Mameyes* y ahora en Sola, Heriberto Peñaranda, a petición de sus agobiados compañeros, mutiló a varios de ellos. *«Me pedían que con el machete que habían afilado les cortara uno o dos tendones de la mano. Tuve que hacerlo varias veces».* Es

---

[247] Testimonio de Cecilio Lorenzo al autor.
[248] «Luego Nelson y yo fuimos guagueros en el paradero de *La Víbora*».
[249] Testimonio de Emilio Danilo Ferreiro al autor.

que tanto el teniente Pereira de Los Mameyes como 'Caballo Loco' que estaba al frente de Sola se excedían en los abusos. Le dice Heriberto al autor.

«*Si los enviaban al hospital muchos se abrían las herida y le echaban algo para infectarla y así prolongar su estadía lejos del campamento*».

«*Uno de los confinados, de apellido Migoya, se cortó él mismo la mano en Los Mameyes*».

Entre los del primer llamado, agobiados por las agotadoras horas de trabajo y los continuos abusos, comenzaron las automutilaciones. «*Se cortaban, sobre todo, los tendones de las manos lo que forzaba a enyesarlos. No daban anestesia. Había médicos que colaboraban con nosotros y nos concedían uno, dos, o tres días en el hospital; otros, no*», recuerda Luis Albertini.

5. LOS SANITARIOS

Habían sanitarios en los distintos campamentos.

Carlos Bueno Gutiérrez era un sanitario de Vertientes, buenísima persona. Su hermano estaba recién salido del seminario cuando se llevaron de Cuba a los sacerdores. Su hermano se fue también a República Dominicana. Más tarde se ordenó como sacerdote.

Carlos me contaba que había organizado allí en Vertientes una pequeña oficina para atender a los heridos y darles los puntos necesarios y recordaba que había venido a verlo un muchacho, muy delgado, que tenía en el pulgar una pequeña cortada pero muy profunda y le dice:

«*–Carlos, me corté un tendón. Carlos, que era quiropedista, lo vió y le dijo: –No, el tendón lo tienes bien. Mira, y se lo estiró. El muchacho le dijo: –Córtalo. –No, yo no te lo voy a cortar, pero si tú quieres cortarlo, toma esto (le dio un pequeño bisturí) –y te lo cortas tú mismo, pero no aquí. Vé, para allá, o a la barraca y regresas. El muchacho lo hizo y se cortó el tendón él mismo a sangre fría. Y cuando regresó, Carlos le dijo:*

—Ahora sí te puedo mandar a Camagüey para que te autoricen varios días en el hospital.[250]

»El envío de un herido o lesionado a un hospital lo aprobaba el sanitario pero, siempre, con la autorización del comisario político que casi siempre era, como muchos guardias, un analfabeto» (testimonio de Luis Albertini).

Eran diarios los casos de las automutilaciones:

«Tal era el grado de desesperación que teníamos que a un grupo nuestro lo llamábamos «los cirujanos»; eran gente de sangre fría, a quienes algunos les pedían que con los machetes les hicieran una herida que les permitiera ser enviados a un hospital por unos días. Esa gente te cortaba en la pierna, en el brazo, en la mano; donde tú prefirieras». (Testimonio de Julio Acosta al autor, agosto 20, 2003).

El ex-confinado, antiguo maestro de Rodas, Mario Ruiz, afirma que en Vertientes llegaron a ser tantos los casos de mutilaciones que *«te enviaban a ti, al guante, la camisa, el pantalón, todo lo que fuera necesario para ser investigado. Si determinaban que había sido intencional, te condenaban. Con esta medida atemorizaban a los confinados».*

Otros *«cirujanos»* reciben amistosamente, un nombre más apropiado: *mutiladores*. Uno de ellos era Perdomo, confinado en Cayo Mosquito. Veamos dos casos:

«Un mulatico de apellido Veloz le pidió que le diera un corte en la pierna. Así lo hizo pero el machete sólo abrió una herida en los dos extremos del tajo que se pretendía hacer y no en el centro. Iba a ser evidente que era una herida infringida intencionalmente. Veloz le pidió a Perdomo que le diera un nuevo corte. Se lo dio pero con tal fuerza que le cortó el músculo. Al

---

[250] Testimonio de Mario Ruiz al autor.

infeliz Veloz hubo que llevarlo al hospital de Morón y quedó permanentemente cojo».[251]

No fue éste un caso aislado. Rigo Méndez, de Jovellanos acude a Perdomo en busca de asistencia. Nos lo relata Landrián, testigo del hecho:

«Rigo quería que Perdomo le cercenara el dedo índice. «Así podré salir de este infierno y nunca más me llamarán a ningún servicio militar» le explicó a Perdomo. Rigo puso su mano, con el índice extendido, sobre una caña. Perdomo le dio un machetazo desprendiéndole el dedo. Fue enviado al hospital, pero a los 30 días lo regresaron a la barraca y allí permaneció hasta que desmantelaron el campamento en Julio de 1968».[252]

Hubo casos de autodestrucción, *«como el del cabo Xiqués, de la Cubana de Aviación, que llegó a la UMAP fuerte, colorado, lleno de vida. No dormía por la noche. Lloraba como un niño. Varios meses después parecía un anciano. Murió en Cuba»*, recuerda Félix Ignacio Rodríguez, su compañero.

«Todo lo que una mente humana puede imaginarse de maldad o de terror, allí lo hicieron. Yo ví allí –nos relata Francisco García Martínez– hacer de todo al punto de que las personas, como yo mismo, nos cortábamos intencionalmente para poder salir, aunque fuese a un hospitalito que tenía el central. Cuando la herida era muy grande que ya se pasaba de 12 ó 15 puntos te dejaban dos días cuando más. Tres días lo máximo, pero siempre te enviaban de nuevo a la barraca. Las condiciones eran muy malas».

Las condiciones de trabajo en todos los campamentos eran inhumanas. Veamos las que imperaban, en un momento, en la unidad que se encontraba al lado del central Patria que está cerca de Morón:

---

[251] Testimonio de Reinaldo Landrián al autor, octubre 25, 2003.
[252] Testimonio de Reinaldo Landrián.

«Allí llegábamos a las 6, ya a oscuras, de cortar caña. Nos daban un poco de mala comida, y volvían a montarnos en la carreta a cortar la yerba a la orilla de la caña para quemarla. Al otro día, sin guantes, nos llevaban a tumbar esa caña que habíamos quemado la noche anterior. Esa caña quemada soltaba un almíbar que no había como aguantar la caña para cortarla y como teníamos que hacerlo a mano limpia, se te reventaban las manos».[253]

Tan abusivas eran las condiciones en otro campamento, el Mijial, que un joven, débil de carácter y de complexión, optó por el suicidio. Así lo narra quien ocupaba la hamaca próxima a la de él:

«Él era el número 66, yo era el 67. Era un muchacho, único hijo, que había estado muy apegado a su madre de quien siempre hablaba... Una noche él se levantó y yo lo sentí levantarse porque si uno quería ir al baño, que estaban atrás, pegados a la cerca, uno tenía que gritar su número y decir que quería ir al baño. Cuando recibías la autorización el guardia te permitía salir sin zapatos para evitar una fuga.

»Como yo estaba muy cansado me quedé dormido, y en la mañana no lo ví y cuando nos contaron faltaba él. Preguntaron. Les dije que lo había oído pedir permiso para ir al baño y, después, no supe más hasta ahora que me levanté y ví que no está.

»Fueron los guardias a la letrina y allí vieron su cuerpo sin vida. Se había suicidado tirándose al excremento».[254]

Veamos otro caso:

«A uno que era universitario y estudiaba Medicina o Veterinaria y decían que el padre era del Partido pero que el hijo era muy contestón e indisciplinado lo mandaron a la UMAP. Allí, a ése y a otro más, los hicieron abrir un hueco con la profundidad de un cuarto. Ya no se veía a los dos hombres ni a las

---

[253] Testimonio de Enrique Estorino.
[254] Francisco García Martínez. Testimonio.

palas; sólo se veía la tierra que tiraban desde el fondo hacia arriba. Cuando, horas y horas después terminaron, los mandaron a tapar el hoyo» (Testimonio de Joaquín Rodríguez).
Mientras más se recrudecen los castigos, más se multiplican los intentos de fuga. Uno de los muchos en intentarlo será Eduardo Valdés:
«Hice un plan con otros dos jóvenes para escaparnos. Yo había sido explorador (boy scout) y sabía orientarme por las estrellas y puntos geográficos. Ya antes, a través de otros presos, habíamos conseguido ropa de civil. El conteo lo hacían a las nueve de la noche, así que organizamos la fuga para las seis de la tarde lo que nos dab una ventaja de tres horas. Pero nos agarraron al otro día en el camino del Central Senado que va a un pueblito que se llama Solo.
»Allí nos detuvo, un teniente cuyo nombre no recuerdo pero que era uno de los más grandes esbirros de Ofelia Uno. Nos amarraron él y dos soldados y tuvo la intención de arrastrarnos con un Jeep pero, afortunadamente, había allí muchas casitas de campesinos que salieron a ver lo que estaba pasando. Decidieron llevarnos a la barraca. Allí nos golpearon y, luego, nos metieron en la fosa del campamento que, por haber sido construida recientemente no estaba llena de excremento. Nos echaban agua sucia cada media hora. Así nos tuvieron todo el día». Recuerda aún con indignación Eduardo Valdés.

En el molino «El Agro» muy cerca de la ciudad de Camagüey se fabricaba pienso.
«En la parte de atrás había unos terrenos llenos de marabú, en la que tenían una escuela que ellos llamaban «disciplinaria». Yo había tenido un problema con un comisario político, el sargento Anibaldo Sánchez, un bandido. Me envió a esa 'escuela' que tenía triple cercas de 8 pies con 'cazamatas' en las garitas con guardias. Eran unos barracones que no tenían ventanas; solamente una puerta con dos escoltas. A las seis de la tarde teníamos que estar en calzoncillos. La única ventilación era entre el techo y el pequeño espacio entre la parte de

arriba de la pared. Y la llamaban 'Escuela de Reeducación', cuenta con indignación el camagueyano Acosta.

Se multiplican las iniquidades. Las injusticias. Las arbitrariedades.

«*Hubo un juicio a un joven cocinero a quien le decíamos «el Mocho», y que había recibido un telegrama informándole que una tía abuela estaba muy grave. El muchacho pidió un pase pero se lo negaron. Trató, entonces, de fugarse.*

»*Lo trajeron enlazado como un caballo, a rastras. Llegaron con el muchacho tinto en sangre y, entonces, lo metieron a unos baños pero un comisario político que había allí me dijo: –Oye, ven para acá porque a éste lo va ahorcar. Y efectivamente dijeron que lo iban a bañar y lo estaban guindando del tubo del baño. Lo habían amarrado y lo iban a ahorcar. Era una forma de hacerle juicio al joven castigado. Juicio por fuga.*

»*Entonces un fiscal que se llama José Eduardo Ferol Hernández que había sido del servicio militar obligatorio me dice: Háganme un hueco allí para que me sirva de local para el juicio del muchacho. El Mocho le decían al muchacho. Y cuando me dice él: –tú vas a actuar de secretario, le respondo: –Yo puedo ser el defensor, yo puedo decir lo que le han hecho a ese muchacho. Yo no voy a ir para condenar a un compañero mío. El caso fue que cuando regresamos del juicio me dio a leer la sentencia. Estaba escrita a máquina. O sea que la condena de ese muchacho a cuatro años estaba hecha ya. Todo era una farsa*».[255]

6. INSTRUMENTOS DE TORTURA

Se multiplicaban los castigos e insólitos instrumentos de tortura: «*Traté de escapar con un amigo de Cárdenas, Raziel González Vega, que era el sanitario del campamento. Pero fracasamos y nos llevaron de regreso a la barraca. A mí me metieron en un hueco pequeño cuya parte de atrás era un muro de concreto,*

---

[255] Cecilio Lorenzo.

cerrado completamente con una rendija; allí tú no te podías parar. Tenías que estar o acostado o arrodillado, pero no podías pararte y así me tuvieron como una semana dándome una comida al día como castigo. Y, después, a abrir los huecos. Me tuvieron abriendo huecos casi un día completo hasta que me les enfrenté y eso me costó un bayonetazo. Cuando se acabó la UMAP yo estaba en Camagüey atendiéndome el bayonetazo en el hospital de aquella ciudad». (Francisco García Martínez).

No era, por supuesto, un caso excepcional. Los abusos, cometidos con harta frecuencia y total impunidad, se repetían en todas las barracas.

«Yo ví golpear varias veces. Pero la que nunca se me ha olvidado fue el de Luis Fortún. Luis Fortún era un muchacho, no sé como es exactamente la jerarquía de los Testigos de Jehová, era como un ministro de la iglesia y lo tenían aguantado entre dos y había uno golpeándolo. Cuando cayó al piso, un teniente que se llama Cándido Fuentes Ortiz le dio una patada en la cara y le sacó un pedazo del pómulo y de eso le cogió una infección que después se le quedó una cicatriz en ese lado.

»Ese muchacho los enfrentaba a ellos porque él tenía un gran dominio de la palabra. Con una educación magistral. La dialéctica que él utilizaba le resultaba a ellos difícil de rebatir. Los ponía entre la espada y la pared. Al extremo que un capitán que se llama Zapata, que era del Estado Mayor, vino a celebrarle juicio, allí, debajo de una mata. Delante de los compañeros. Y entonces, cuando ese juicio, el capitán Zapata empezó a enfrentar a Luis Fortún, que es de Santa Clara. Y le dijo: Mira muchacho, el dios de nosotros ya bajó y está en La Habana, y se llama Fidel. Y Luis le dijo: Ahí está la diferencia entre ustedes y yo. Usted se va a ir con el dios que esté mejor y yo me voy a ir con el Dios que yo creo. Y allí se acabó el juicio. Estaba condenado. Lo sentenciaron a tres años de reclusión y lo llevaron para una cárcel militar». (Testimonio de Cecilio Lorenzo a Enrique Ros).

Una mañana sorprende un sargento a un Testigo de Jehová que estaba leyendo una carta de su familia. El sargento empezó a increparlo y le ordenó a él y a otros: *«Salgan todos afuera. El Testigo de Jehová, sorprendido, sin que terminaran de pedirlo entregó la carta y salió con otros dos de sus compañeros. Comenzaron los improperios y las amenazas del sargento: –Allí, sigan en fila y pónganse contra la pared del excusado. Amenazó con fusilarlos. –¿Vas a decir cómo entró la carta?. ¿Vino por correo?. ¿Qué propio te la trajo?. ¡Fusiles, soldados de guarnición, fusiles, a ver si Dios los protege y no les entran las balas!. Los Testigos de Jehová arrimaron la espalda a la pared y miraron al suelo».*

«Y las manos temblorosas de los soldados enrumbaron los cañones hacia la pared sombreada donde se hallaban los Testigos de Jehová tan ausentes como si ya estuvieran en las tumbas. Un teniente que estuvo observando en silencio todo el episodio, dijo en voz alta «¡Dejen ya a esos cabrones!». Cuando esto dijo el teniente, se oyó un suspiro en la conglomeración humana. Los Testigos de Jehová quedaron en la misma posición».[256]

7. TENIENTE MARIO VIGUERAS: UN SÁDICO

Los confinados se respetaban y ayudaban los unos a los otros, pero detestaban, rechazaban, a los guardianes que de ellos abusaban.

Charles Vento era un pastor de la Iglesia Adventista del Séptimo Día. En aquellos meses se desarrollaba la guerra del Vietnam y el viernes, a la puesta del sol, recuerda Vento, *«venían y me levantaban en peso para forzarme a escuchar la lectura del periódico Granma describiendo: 'los horrores cometidos por las fuerzas norteamericanas'. 'Disparan los salvajes yanquis una bomba a un hospital', 'Disparan sobre un orfanato'»,* y luego de leer notas similares me gritaban: 107, que usted piensa de esto?. Yo no respondía. Pero a veces me

---

[256] Resumen de la descripción de Félix Luis Viera en «Un ciervo herido», Editorial Plaza Mayor, San Juan, Puerto Rico.

molestaban tanto que les respondía: *«Esa es la guerra»*, respuesta que los ponía furibundos.

«Los sábados, en la mañana, nos íbamos al campo con los otros adventistas. Íbamos en la carreta pero no trabajábamos. Mi experiencia con el teniente Mario Vigueras, delgado, alto, figura un poco grotesca, que cojeaba por un balazo que recibió en la Sierra Maestra, arrastraba un poco la pierna, usaba un pistolón con un peine tan exageradamente largo que se le atravesaba frente a la pierna. De cara serpentina, de mirada vidriosa, exageradamente grosero con los presos, era un individuo de modales soeces, muy prepotente».

Por tiempos nos los estaban anunciando: *«Cuando venga Mario Vigueras, ése sí los va a poner en cintura».*

«Y una madrugada, por allá venía el tigre vociferando desde el guardafango de un tractor que venía desenfrenado por aquellos pantanos. Sus improperios, sus insultos, se les oía desde un kilómetro. Las blasfemias que nunca yo había escuchado la escuché allí.

»Después de «recordarnos 'toda la parentela', toda la familia y usar los ultrajes más grandes del mundo e intentar, a su manera, de persuadirnos y, al mismo tiempo de coaccionarnos y atemorizarnos, era sábado, a los adventistas finalmente nos amarró un machete en la mano, con una soga muy fuerte pero muy delgada como las que se usaban para los narigones de los bueyes, resistente, dura».

»Me apretaron con tanta brutalidad que casi me juntan todos los pequeños huesos de la mano. Cuando pasaron dos o tres horas se me inflamó tremendamente; era algo brutal; y así pasé tres o cuatro horas más. Con mi mano cortaron caña alzándome el brazo y dejándolo caer. Querían, así, 'librarme de mis supersticiones'. Yo les decía:

»Yo no hago nada por superstición. Es un principio para mí obedecer la Ley de los Diez Mandamientos. Quien no tenga esta concepto no tiene obligación de cumplir, pero esta es mi oportunidad de poder demostrar a ustedes que no conocen a

Dios, que existe un Creador que hizo el mundo en seis días. Y que el séptimo lo escogió como un momento recordatorio de la historia de la creación.

»Después vino la experiencia más fea de mi vida.

»Cuando él vio que no pudo lograr nada me tomó de la mano, todavía con el machete amarrado, me empezó a sacudir delante de toda esa gente y a decir las barbaridades mayores que se pudieran decir a un ser humano y, más, en esas circunstancias. Me habló de mi esposa, joven; de mi madre, de mi iglesia. Todos éramos agentes de la CIA, que nos manipulaban. Al terminar su diatriba me tiró a un zanjillo de la caña, ésos que están siempre muy húmedos. Que están hechos con unos cucharones que llevan los tractores detrás, haciendo zanjas profundas por donde corre el agua para regar los surcos de la caña, pero siempre fangosos. Y esos era lo que este hombre sin conciencia quería: enfangarme bastante allí porque era sábado. Allí mismo, en el suelo, me pateaban, se me encaramaron encima. Al salir de la UMAP pude comprobar que aquella pateadura me había producido una hernia».[257]

Los más sádicos castigos les eran impuestos a estos hombres –los más– que no se doblegaban. Que ponían su fé y su confianza en Dios y no en las huecas consignas de la revolución castrista.

«*Nosotros no éramos más trabajadores que nadie, pero llegó un momento que descubrimos, cuando estábamos guateaqueando la caña, por ejemplo, que eran unos zurcos de 18 cordeles de largo, con caña muy abandonada donde crecía una hierba a la que decían* **Yanguamas** *que no la cortaba ningún filo y muy fibrosa; nunca tuvimos una lima, nunca tuvimos nada; así que ni con machete ni con guataca la podíamos cortar; había que dejar la vida para avanzar un pedazo.*

»El sábado se agravaba mucho la situación para los Adventista y, en ese momento éramos tres. El jefe de campo nos dijo:

---

[257] Testimonio del Reverendo Charles Vento.

«A ustedes los ponemos delante como si fueran los más trabajadores, y nos ponían 20 ó 30 pasos delante de los demás pero no avanzábamos.
»Ocurrió allí un día que el sol fue tan fuerte, el calor fue tan grande que comenzó un proceso de deshidratación, la gente caía con cierta fatiga nerviosa y cuando yo miré hacia atrás más de la mitad se había caído al suelo. Yo noté, primera vez en mi vida, un hormigueo de sangre y la sensación de que se me empezaba a escapar la vida. Todo unido, la sed, la debilidad, el agotamiento, la baja estima personal. Uno vivía saludando a la muerte. Yo los alentaba pero ya sin vida. Un joven Pentecostal, pálido y deshidratado también, empezó a balbucear un cántico que no se me ha olvidado jamás –con los ojos en blanco–, recostado a la guataca me decía:
–¿No te he dicho que si creyeras verás la gloria de Dios?. Y empiezo yo a repetir: «¿No te he dicho que si creyeras verás la gloria de Dios?». «Verás la gloria de Dios, verás la gloria de Dios».
»Y empezaron a contagiarse los de más atrás: –¿No te he dicho que si creyeras verás la gloria de Dios?, verás la gloria de Dios. Llegó un momento en que aquella cuadrilla se ha levantado del sepulcro y aquel grupo de ciento y tantos hombres cantando así, como los esclavos en su barracón: –¿No te he dicho que si creyeras verás la gloria de Dios?, verás la gloria de Dios, y de pronto irrumpieron los tenientes y en medio de sus gritos y regaños al pasarme por el lado le digo a uno: –Mire teniente, puede dar gracias por esto porque si no, nos hubiera encontrado en una situación más lamentable.
»Y como si Dios nos estuviera oyendo, con aquel sol que partía las piedras cayó un rayo estrepitoso e irrumpe una lluvia tan copiosa que ellos, que habían preparado una carreta nueva con el fondo de una planchuela de acero huyen despavoridos debajo de la carreta».[258]

---

[258] Testimonio del Pastor Charles Vento.

REPUBLICA DE CUBA
PODER EJECUTIVO
OFICINAS DEL PRIMER MINISTRO

La Habana, 20 de Octubre de 1967
"AÑO DEL VIET NAM HEROICO"

Cra. Isabel Rodríguez González
General Peraza # 62
Consolación del Sur,
Pinar del Río

Compañera:

Acusamos recibo de su carta de fecha 15 de Septiembre ppdo., solicitando investigación por la muerte de su hijo, Cayetano Berto Rafael Ramírez Rodríguez.

Comunícole que se ha dispuesto dar cuenta de su petición al Ministerio de las Fuerzas Armadas Revolucionarias.

Revolucionariamente,

rs.

UNA DE LAS TANTAS MUERTES MISTERIOSAS DE LA UMAP

Berto Rafael (Cuqui) Ramírez había sido ubicado en el campamento del entronque de Cunagua. De débil complexión fue castigado reiteradamente por el sargento Biscet. Bajo fuerte afección nerviosa fue trasladado al Central Pina y de allí al hospital psiquiátrico de Camagüey donde murió. Fueron infructuosas las gestiones de la familia para conocer las causas de su muerte. Nunca el Ministerio de las Fuerzas Armadas Revolucionarias respondió a la petición de la madre de Berto Rafael.

Llegan a la UMAP castigados dos jóvenes, Omar Castañeda y Aníbal Aguirre que estaban en el Servicio Militar Obligatorio en una unidad de tanques. Los quieren enviar a Vietnam. Se negaron. Como castigo los enviaron a la UMAP como guardias pero de hecho serían simples confinados.

CAPÍTULO X

JAIME ORTEGA ALAMINO Y MONSEÑOR SACCHI

1. CONFINADOS MAYORES DE 27 AÑOS

La Ley 1129 de 1963 que establecía el Servicio Militar Obligatorio comprendía a los hombres de 15 a 27 años de edad. Los demás estaban excluidos.

Esa limitación era arbitrariamente ignorada en los llamados a la UMAP. Desde la primera recogida de noviembre de 1965, donde enviaron a centenares de criminales mayores de edad que estaban cumpliendo condena, hasta el último gran llamado de Junio de 1966 en el que también fueron incluidos hombres que excedían la edad requerida, hubo una reiterada violación de aquella legislación que se hizo aún más manifiesta con el *confinamiento* de los empleados de la Cubana de Aviación.

Hubo, además, muchos más casos.

«Llegaron en esos días seis oficiales algunos eran de la Marina Nacional, muy educados y muy pulcros; dos de ellos leían los diarios. Hablaban bajito; un día yo los oí; conocí que eran de la «Microfracción»,[259] de Aníbal Escalante (pariente mío), que los mandaron allí castigados». (Declaraciones del Reverendo Orlando Colás al autor).

Todos los de la Cubana de Aviación eran mayores de la edad límite como lo fue gran número de los presos del Castillo del Príncipe

---

[259] El 28 de enero de 1968 se dio a conocer el juicio por traición a que eran sometidos Aníbal Escalante y otros 43 dirigentes del Partido Comunista Cubano. Fueron acusados de haber constituido una «Microfacción" dedicada a combatir «las principales medidas de la Revolución", distribución de propaganda clandestina «contra la línea del Partido" y ofrecer iinformación falsa a funcionarios de países extranjeros. Escalante fue condenado a 15 años de reclusión, los otros encausados sufrieron condenas de 3 a 10 años. «Hubo más de 250 personas que no fueron llevadas a los Tribunales Revolucionarios; muchos de ellos, sin sentencia jurídica, fueron enviados a la UMAP». (Fuente: Ricardo Bofill, entrevista con Enrique Ros, septiembre 12, 2003).

enviados a los campamentos para manchar la imagen de los confinados y amedrentar a éstos.

2. JAIME ORTEGA: DE CÁRDENAS A LA UMAP

Aunque el SMO incluía sólo a jóvenes de 15 a 27 años, muchos mayores o menores, como hemos dicho, también fueron llamados. Este era el caso de Jaime Ortega, sacerdote de la iglesia de la Inmaculada Concepción, de Cárdenas, que ya había cumplido 28 años, afirma Juan Villar que ofrece los siguientes datos:

«Junto a Jaime Ortega, de Cárdenas, se llevaron al sacerdote Armando Martínez, de Matanzas, que vive ahora en Canadá y que ya dejó el sacerdocio y, una semana después, de La Habana, al Padre Alfredo Petit y a otros más.

»Cuando el gobierno comenzó a hacer cumplir las regulaciones de edad de 27 años para el Servicio Militar Obligatorio, los tres sacerdotes y algunos más, comenzaron a salir porque les llegó el pasaje a través del arzobispado. Armando Martínez al salir de la UMAP estuvo algún tiempo de nuevo en su parroquia de Pueblo Nuevo, Matanzas, antes de partir de Cuba definitivamente y luego dejó el sacerdocio. Ortega y Petit fueron convencidos por la jerarquía para que se quedaran en Cuba porque su salida sería un mal ejemplo para los jóvenes católicos».[260]

Lo confirma un seminarista, hoy sacerdote de Miami Springs.

«Jaime Ortega, en 1966 era sacerdote en Cárdenas desde hacía dos años. Se había ordenado el 2 de agosto de 1964. Él y el Padre Pedro García, quien está en Miami, habían llegado a Cárdenas a iniciarse en el sacerdocio. Fueron recibidos allí –recuerda Joaquín Rodríguez que iba a ser seminarista, y, luego sacerdote– *como una onza de oro. Al llegar a Cárdenas, el párroco de la iglesia era el Padre Naranjo. Jaime lo había sido primero de Jaguey Grande y de la Catedral de San Car-*

---

[260] Testimonio de Juan (Johny) Villar al autor, febrero 17, 2003.

los, Matanzas. Yo estaba en Cárdenas; allí nos conocimos y de inmediatos nos hicimos amigos.

»Poco después yo partía hacia el seminario en La Habana. Al año siguiente el Obispo envió al Padre Pedro a Jovellanos, pero Jaime se quedó en Cárdenas. Un día a Jaime lo fueron a buscar en un jeep a la parroquia y se lo llevaron para la UMAP. A Petit se lo llevaron desde el inicio de aquel llamado de 1965. Otro sacerdote, Armando Martínez, estaba en la parroquia de Pueblo Nuevo».

3. MONSEÑOR SACCHI EN BUSCA DE LA DISTENSIÓN CON EL RÉGIMEN

Monseñor Cessare Sacchi, afirma Manuel Fernández[261], había llegado a Cuba en 1962, como un joven diplomático vaticano precedido de la experiencia en países socialistas de la Europa del Este particularmente en Yugoeslavia. El propósito del cambio era facilitar una distensión con el gobierno que evitara la salida al exterior de sacerdotes. Al ser nombrado monseñor Luigi Centoz, entonces Nuncio Apostólico de Cuba, a una alta posición en Roma[262], Sacchi que era Primer Secretario quedó como Encargado de Negocios de la Santa Sede. Sacchi fue nombrado Nuncio en 1975 ó 1976, un año antes de irse de Cuba.

Aún siendo arzobispo desde el 12 de diciembre de 1967 Sacchi siguió siendo Encargado de Negocios. (Cuba nunca rebajó el nivel de su representación ante la Santa Sede. Pero la Santa Sede sí mantuvo el nivel bajo (de Encargado de Negocios) hasta 1975 cuando nombró Nuncio a Cessare Sacchi, quien fue sustituido por monseñor Mario

---

[261] Fuente: Manuel Fernández. «Religión y Revolución en Cuba». Saeta Ediciones, Miami-Caracas, 1984.

[262] Monseñor Luigi Centoz salió de Cuba en malas relaciones con Castro y su gobierno (Fuente: Sacerdote Joaquín Rodríguez.).

Tagliaferri pero como Pro-Nuncio que es el nivel, desde entonces, de la Nunciatura en La Habana.[263]

Monseñor Sacchi se excedía en sus esfuerzos por ganarse «la simpatía de Castro». No perdía una oportunidad de pretender mostrar –lo que era una total falsedad– la buena disposición del régimen hacia la iglesia.

Cuando están condenando a cinco sacerdotes a expurgar culpas en los campos de castigo de la UMAP el Encargado de Negocios del Vaticano declara a la revista *Sucesos*, de México, que *«las relaciones existentes entre el gobierno y la Iglesia son muy cordiales. No se ha desatado persecución de ninguna índole».*[264]

4. CASTRO ELOGIA A SACCHI

En septiembre (1966) Castro expresaba a la revista la misma falsa opinión: *«no existe ningún problema o ambiente de tensión entre la iglesia y el gobierno revolucionario. Es más, el Vaticano ha destinado a un hombre joven, inteligente, como su delegado en Cuba: monseñor Sacchi, que ha comprendido perfectamente el cambio que se desarrolla en este país»,* publica la revista *Sucesos*, en septiembre.

Afirmó monseñor Sacchi: *«El gobierno de Castro ha sido muy consecuente ».*[265] Estas declaraciones las recoge Manuel Fernández, dirigente católico, que fue director del periódico *Juventud*, órgano de la rama juvenil masculina de la Acción Católica Cubana y co-fundador, con el Padre Ignacio Biaín, de la revista *La Quincena*. Al crearse el Instituto Cubano de Arte e Industria Cinematográfica (ICAIC), que presidirá Alfredo Guevara, formará Fernández parte del mismo.

Poco después, partirá al exilio, radicándose en Madrid. (Fuente: «Religión y Revolución en Cuba», *obra citada*).

---

[263] Fuente: Joaquín Rodríguez, sacerdote de «Blessed Trinity Catholic Church» de Miami Springs.

[264] Cita mencionada por Pablo Alfonso en su obra « Cuba, Castro y los Católicos».

[265] Manuel Fernández, *Religión y Revolución en Cuba*, obra citada.

5. SACERDOTES ENVIADOS A LOS CAMPOS DE TRABAJO FORZOSO

El Jefe del Departamento de Asuntos Religiosos del Comité Central del Partido, Luis Felipe Carneado[266], citó a monseñor Sacchi, «Encargado de Negocios del Vaticano en Cuba», a sus oficinas y le hizo entrega de una lista que contenía los nombres de los sacerdotes que, en número de cinco, serían enviados cada año a las UMAP de acuerdo a los planes oficiales.[267]

Estos cinco fueron el padre Pedro Navarra, que por ser de origen canario, no era ciudadano cubano y quien, al no poder estar inscrito para el Servicio Militar Obligatorio, quedó exceptuado; el padre Ernesto García Rubio, párroco de la «Divina Pastora», de la ciudad de Santa Clara, quien, informado por monseñor Alfredo Muller, Obispo de la Diócesis de Cienfuegos, partió de inmediato al exilio. Los otros tres ingresaron en la UMAP: el Padre Alfredo Petit, párroco de la Catedral de La Habana; el Padre Armando Martínez, párroco de San Juan Bautista de Matanzas y el Padre Jaime Ortega Alamino, sacerdote en aquel momento en la ciudad de Cárdenas.[268]

«Varios muchachos de Las Villas afirmaban que allá en el campamento de la UMAP, había estado Ortega, al principio, como sanitario. Parece que él quería mostrarles que no era hombre de rencores y cuando casi ningún campamento tenía luz eléctrica él, (Ortega), movilizó a casi toda la parroquia de Cárdenas para que le consiguieran cordones eléctricos, bombillos y extensiones y pudo instalar electricidad en el campamento donde él estuviera. Pero él duró poco como sanitario y lo mandaron para el campo. Al mandarlo a las granjas, como

---

[266] J. L. Felipe Carneado Rodríguez, villareño, estaba vinculado al Partido Socialista Popular (partido comunista) antes de 1959. Formó parte de la ORI (Organizaciones Revolucionarias Integradas) y de sus sucesores el PURS y el Partido Comunista Cubano desde su creación en octubre de 1965, del que fue miembro de su Comité Central.

[267] Pablo M. Alfonso. «Cuba, Castro y los Católicos. *Obra citada.*

[268] Pablo M. Alfonso. *Obra citada.*

él no estaba acostumbrado, ellos tenían que ayudarlo a cumplir la faena que le habían asignado.

»Ortega no debió haber pedido al grupo parroquial que le enviaran cordones eléctricos ni bombillos para llevar electricidad al campamento en que él se encontraba. Muchas unidades se alumbraban con lámparas de kerosene, que eran sólo botellas con mechones empapados en petróleo». (Juan Villar).

Así lo afirma otro confinado:

«En las barracas no había lámparas. Estábamos a oscuras. A los pocos meses aprendimos, a escondidas, a preparar unas lámparas con un tubito de pasta al que le poníamos un poquito de petróleo conseguido desde la planta, de un tractor, de donde pudiéramos.

»Con eso podíamos iluminarse algo. Cuando nos sorprendían venía la requisa y te lo quitaban porque estaba prohibido. No permitían nada», recuerda Renato Gómez en su testimonio.

«En la primera visita que tuvimos en la UMAP, a los tres meses, los padres de Jaime Ortega lo fueron a ver. Al regresar ellos a su casa al padre le dio su primer ataque al corazón. Fue el primero, porque cuando salimos de la UMAP en junio del 68, a los pocos días su padre falleció por un ataque masivo. Ya, en la primera visita, su padre había sufrido mucho». (Recuerda Juan Villar, amigo de la infancia de Jaime Ortega).

A otro campamento, el de Ti-Mangó, en un batey haitiano, cerca del central Pina, fue trasladado Alfredo Petit, entonces capellán de la catedral de La Habana y hoy Obispo.

Guillermo Corvo, también de la capital, recuerda cuando a las pocas semanas de haber arribado su grupo al batallón 9 en Ti-Mangó llegó Petit. Aquella unidad era comandada por dos oficiales negros muy déspotas y abusadores.

Quien estaba al frente de la unidad militar era el teniente Sobredo, arbitrario y exigente. Siempre limpio en su atuendo personal que forzaba a alguno de los confinados a lustrar sus botas, aunque no se preocupaba de la suciedad en que los confinados tenían que vivir.

Cuando regresaban, llenos de tierra de sus faenas del campo, se encontraban con escasa agua en aquellas barracas.

«El segundo al mando era de apellido Despaigne. Con nosotros estaba otro confinado, Juan Martínez, también negro, que cansado de los atropellos y humillaciones de Despaigne, cogió su machete y se dirigió al cuarto cerrado en que se encontraba el oficial y le gritó a voz en cuello: «Abre la puerta, negro de mierda, que te voy a cortar la cabeza con mi machete». Despaigne se acobardó y no salió».

Este incidente se produjo en las semanas en que Alfredo Petit se encontraba en aquel campamento. Al poco tiempo el hoy obispo salía de la UMAP.

6. OTRAS PRISIONES

De algunas prisiones, mucho se hablaba. La atención se fijaba, con justificada razón, en las deplorables condiciones de las Tapiadas en Boniato y sus calabozos de «La Escalera». Se hablará luego, y se denunciará con sobrados motivos, del Combinado del Este construido en junio de 1967.[269] De la Cabaña «con sus tenebrosos calabozos de castigos», de las prisiones de Pinar del Río[270] y, también en la región occidental, de los campos de concentración Sandino #1, Sandino #2, Sandino #3 y Tacotaco. Manacas, Isla de Pinos, la Prisión Cinco y Medio; Melena, América Libre, Nuevo Amanecer, Manto Negro.

Meses antes, en el 65, ha firmado Castro su Plan de Reeducación en el reclusorio de Isla de Pinos, que es *«otro de los grandes logros*

---

[269] El 6 de agosto de 1964, recién comenzado el Plan de Trabajo Forzado, el sargento Porfirio González, al frente de un pelotón entró en el edificio seis y en la escalera del tercer piso ordenó a Ernesto Díaz Madruga que las bajara corriendo. Éste se negó. Por respuesta, el sargento González le clavó con furia la bayoneta en el estómago. Tres días después moría aquel preso. Como premio a este cobarde asesinato el sargento Porfirio González fue promovido a Teniente. (Fuente: Enrique Ruano, Causa 253-63..XXX Aniversario de la Clausura del Presidio de Isla de Pinos).

[270] El Presidio Modelo, de Isla de Pinos, cerraría sus puertas el 23 de marzo de 1967, en cuyo edificio 6 murió, víctima de un bayonetazo en el estómago, Ernesto Díaz Madruga.

humanos de la Revolución».[271] Afirmaba, para consumo de la prensa, que los reclusos tienen *«una buena actitud frente al trabajo y que la dieta diaria es carne con pescado o huevos».*

Para Castro *«una de las labores de mayor importancia dentro del Plan es la que desempeñan los reeducadores que se desenvuelven con gran éxito... Todos son militantes del Partido... En el Plan se superan los hombres. Jamás se les imponen criterios... A través del Plan aprenden a medir la grandeza y la generosidad de la Revolución, severa y justa. Nunca vengativa».*

El sargento Porfirio González que bayoneteó, causándole la muerte a Ernesto Díaz Madruga, dio a conocer *«la grandeza»* de la Revolución.

Pero más que una prisión, un aberrante campo de trabajos forzados, permaneció por años, olvidada, la UMAP (Unidades Militares de Ayuda a la Producción). Así clamaba en su artículo «Las Prisiones Olvidadas»,[272] desde su lejana residencia en Syracuse, Nueva York, el antiguo confinado Jorge Luis Romeu.

No se hablaba de la UMAP en el exilio, apuntaba Romeu, *«quizás para alejar malos recuerdos. Más, tal vez, también porque la UMAP no era 'distinguida'».*

Aunque ya, antes, una voz se había levantado. Pablo M. Alfonso, miembro, en plena adolescencia, de la Juventud Obrera Católica y, luego, Presidente del Apostolado Seglar Juvenil de la Diócesis de Camagüey, denunciaba, uno de los primeros, en su libro «*Cuba, Castro y los Católicos*» publicado en enero de 1985, la operación sin precedentes de la sistemática redada realizada por el Departamento de Lacras Sociales del Ministerio del Interior (MININT), que fue el paso inicial para la creación de la UMAP. Ya, cuatro años antes, Juan Vivés, en su obra «Los Dueños de Cuba», publicada en 1981, le había dedicado varias páginas a aquellas prisiones por años olvidadas.

---

[271] Periódico *Revolución*, La Habana, jueve, marzo 11, 1965.

[272] Periódico *El Nuevo Herald*, Miami, septiembre 6, 1990.

En diciembre de 1964 el Dr. Miguel Ángel Olba Benito, Secretario de la Comisión Cubana Humanitaria en el Exilio, y uno de los primeros en denunciar las violaciones de los derechos humanos cometidos en Cuba, publicó en *Diario Las Américas* una serie de cuatro artículos que tituló *«Dónde están los presos políticos en Cuba»*.

En aquel documentado trabajo Olba Benito detalló la localización geográfica de las distintas prisiones. Éstas fueron relacionadas por provincias, municipios e identificadas con el nombre de las mismas.

No era el primer trabajo de aquel acucioso y modesto abogado que se esforzaba en dar a conocer las numerosas prisiones existentes en la isla y a las oprobiosas condiciones en las que en ellas eran sometidos aquéllos que se enfrentaban al régimen.

En 1965 publicaba Olba Benito en otros de los periódicos del exilio un mapa y la relación de campos de concentración, prisiones, cárceles y granjas así como el número pormenorizado de presos en esos centros de detención y denunciaba, en fecha tan temprana, como el Ministerio del Interior y su Sección de Prisiones y Granjas de Rehabilitación establecían «la cifra necesaria para nutrir el trabajo forzado. Concluía el Dr. Olba Benito su documentado trabajo afirmando que *«el preso político en Cuba está sometido a trabajos forzados no remunerados. En mano de obra esclava que no tiene costo con absoluta violación de los tratados internacionales que regulan la tasa del salario o mano de obra»*.

ACTO CONMEMORATIVO DE LA UMAP

Cerca de un centenar de ex-confinados de la UMAP se reunieron el 30 de Noviembre de 2003 conmemorando el 38 aniversario de la creación de la UMAP. En el acto hablaron, entre otros, el Rev. Orlando Colás, Francisco García Martínez, Emilio Izquierdo, Cecilio Lorenzo, Reinaldo Aquit, Renato Gómez y Enrique Ros.

CAPÍTULO XI

NOVIEMBRE DE 1965 Y JUNIO DE 1966: MESES DE TRASCENDENTES DECISIONES PARA CASTRO

1. DERROTA DE GUEVARA EN EL CONGO. PRIMER LLAMADO A LA UMAP. CONVOCATORIA A LA TRICONTINENTAL

La primera recogida de la UMAP, en noviembre de 1965, coincidió con la aplastante derrota de Guevara en el Congo y la convocatoria al Congreso Tricontinental que se celebrará en La Habana en enero de 1966. Pocos frutos le producirá esa conferencia a la que asisten 743 delegados, observadores, invitados y periodistas extranjeros que convierten aquella reunión en alegre maratón de consignas del que Fidel Castro tratará de sacar, con poco éxito, el mayor provecho.

Se crean comisiones de trabajo: la política, la social y la de organización. Ninguna de las presidencias de estas comisiones recaerá sobre Cuba a la que sólo le asignan la de actuar como Secretario de esta última comisión. Su frustración la vuelca, con encono, sobre los hombres que serán enviados a los campos de trabajos forzados en la provincia de Camagüey.

Semanas antes[273] de iniciarse la primera recogida de los que serían confinados en la UMAP, el Partido Comunista Venezolano (PCV) había declarado que debido a continuos descalabros militares el movimiento «*no estaba en esos momentos en condiciones de continuar una lucha abierta, frontal con sus enemigos... por lo que, como resultado, el partido debe retirarse del frente militar y recomendar la suspensión de la acción militar para poder reagrupar sus fuerzas*». Iniciaba el PCV su tesis de la «doctrina de paz democrática», eufemismo utilizado para oponerse a la lucha insurreccional.

---

[273] Noviembre 7 de 1965.

Anticipándose a esa decisión, cinco dirigentes que abogaban por la lucha armada habían creado un comando único: Douglas Bravo, Gregorio Lunar Márquez, Elías Manuitt Camero, Francisco Prada y Fabricio Ojeda. Éste último, detenido en Caracas el 17 de junio, moriría en la cárcel cuatro días después.

Castro le ofrecerá ayuda a este grupo subversivo que se enfrenta al gobierno democrático de Raúl Leoni pero, antes, quiere limpiar el frente interno. Muchos en la isla, en edad militar, no se han integrado a la revolución y, por tanto, *«se han convertido en elementos antisociales»;* deberán ser *reeducados*. Para ellos le servirá la UMAP.

Son, éstos, momentos de gran preocupación para Castro. Su aventura en el Congo, dirigida por Ernesto Ché Guevara, comienza a desplomarse. El 9 de noviembre de 1965 Guevara envía esta comunicación a La Habana:

«La presión enemiga aumenta, su tentativa de bloquear el lago se mantiene. Urge cantidades sustanciales de dinero congoleño previniendo alzamiento. Ofensiva se mantiene y avanza. Hay que moverse rápido. Nos preparamos para defender la base».

Nada recibió. El desplome era total. Lo admitirá luego, en un informe el propio Guevara:

«La situación me parecía denigrante. Nuestra retirada era una simple huída y, peor, éramos cómplices de engaño con el que se dejaba la gente en tierra».[274]

Se organizó la evacuación y empezó un espectáculo doloroso, plañidero y sin gloria. Se lo describe así a Castro el propio Guevara:

«Debíamos rechazar a hombres que pedían, con acento suplicante, que los llevásemos; no hubo un solo rasgo de grandeza en esa retirada. No hubo un gesto de rebeldía».

Terminaba para Castro la vergonzosa aventura del Congo y comenzaba la más vergonzosa de la UMAP.

---

[274] Ernesto Guevara. «Pasajes de la Guerra Revolucionaria». Editorial Mondadori, Prólogo de Aleida Guevara March.

2. JUNIO 1966: ARNALDO OCHOA DIRIGE EXPEDICIÓN A VENEZUELA. SEGUNDO LLAMADO A LA UMAP

Junio de 1966, cuando ordena la segunda recogida de la UMAP, es un mes en que Castro vuelve a tomar trascendentes decisiones. A nombre del *«Comando General Unificado Político Militar del FLN-FALN»,* Américo Martín y Douglas Bravo se dirigieron al dictador cubano criticando abiertamente al Partido Comunista Venezolano (PCV) pidiéndole su respaldo militar, humano y financiero para una acción guerrillera en Venezuela. Lo conseguirían.

Hacia las costas de Falcón un grupo expedicionario partiría[275] de Santiago de Cuba capitaneado por dos comandantes cubanos: Arnaldo Ochoa y Orestes Guerra. Será el propio Castro quien los despide, muy precavido, en alta mar, lejos de la costa venezolana.

Había fracasado en Perú el frente guerrillero del MIR dirigido por Luis de la Puente Uceda y el organizado por Guillermo Lobatón y Máximo Velande quienes, al igual que el primero, pierden la vida en aquella absurda lucha. Muere Luis de la Puente Uceda, en enero de 1966, cuando los confinados de la UMAP comenzaban sus abusivas tareas en los campamentos de Camagüey.

En Venezuela, sin apenas haber combatido, la guerrilla marchaba, sin enfrentamiento militar alguno, a zonas más distantes. Meses después el movimiento guerrillero en aquel país había perdido su ya poca fortaleza. Sus antiguos *«comandantes»* transitaban por prometedores caminos políticos.

En Guatemala se han dividido las dos fuerzas guerrilleras: las Fuerzas Armadas Rebeldes, antes dirigidas por Luis Turcios Lima y, ahora, por César Montes; y el Frente 13 de Noviembre (MR-13) comandando por Yon Sosa.

La muerte de Ernesto Guevara, en octubre de 1968, representa el ocaso, de hecho, el fin, del concepto del *«foco guerrillero»,* idea vendida a Castro y a Guevara, que éstos aceptan con avidez, por el francés Regis Debray.

---

[275] 18 de junio de 1966.

Castro ha ido perdiendo su aureola de líder guerrillero continental. Sólo se mantienen guerrillas urbanas en Argentina y Uruguay, pero la guerrilla rural, cuya imagen Castro había alentado, ha sido liquidada. Sólo combaten las guerrillas de Colombia que, asociadas con el narcotráfico, ya no dependen de la ayuda financiera del gobierno de Cuba. Castro se siente incómodo.

Al perder su lustre, comienzan las críticas a Castro, muchas de ellas expresadas por dirigentes de la izquierda. Defensores de los derechos humanos empiezan a «*descubrir*» la existencia de espantosos campos de concentración en la isla. La izquierda se une a los que en Europa y América comienzan a denunciar la existencia de los campos de la UMAP.

3. RECORRE CASTRO LA PROVINCIA DE CAMAGÜEY

Castro realizó un viaje por Camagüey en la tercera semana de septiembre de 1966, explorando, dice la prensa, los terrenos posibles para el incremento del área de los bosques, inspeccionando las *«siembras de plátano, los árboles maderables, las matas de café de Vilató, y las 11,662 caballerías de marabú y manigua en aquella provincia»*.[276]

El recorrido de Castro por aquella provincia fue ilustrado con fotografías tomadas por Korda quien será luego conocido por la foto de Ernesto Guevara, su boina y su estrella.

Para que lo escuchen los periodistas que lo acompañan comienza a formular sus grandes planes:

«Fertilizaremos los bosques fomentados para acelerar su crecimiento; si sembramos 60 caballerías y las fertilizamos, obtendríamos en doce años infinitamente más madera que con este bosque de 600 caballerías en 100 años esperando el desarrollo natural y espontáneo de los árboles».

---

[276] Periódico *Granma*, La Habana, jueves 22 de septiembre, 1966.

Prisión: SANCTI-SPIRITUS L.V.

Visitante: ADOLFINA MORENO MORENO Telf.: _____
Dirección: JOAQUIN AGUERO # 33 (CIEGO DE AVILA.)
Donde trabaja: SU CASA
Visita al RECLUSO: EZEQUIEL MADRIGAL MORENO.
No. del Recluso o del Expediente: _____
Circular, Galera, Pabellón o Celda No. 3

Prisión: SANCTI-SPIRITUS L.V.

Visitante: NICOLAS MADRIGAL BRUNET Telf.: _____
Dirección: JOAQUIN AGUERO # 33 (CIEGO DE AVILA.)
Donde trabaja: CHOFER DE ALQUILER.
Visita al RECLUSO: EZEQUIEL MADRIGAL MORENO.
No. del Recluso o del Expediente: _____
Circular, Galera, Pabellón o Celda No. 3

PASE PARA VISITAR EN LA CÁRCEL A UN CONFINADO
Preso por intentar una fuga y una salida ilegal del país este confinado fue sancionado a pena de cárcel. Éste es un permiso de visita en la cárcel de Sancti Spiritus, Las Villas.

4. PASA «LA GRAN MARQUESA»

Narra Jorge Ronet, el joven autor de «*La Mueca de la Paloma Negra*», este episodio:

«Fidel Castro, en uno de esos típicos alardes de él, fue a inspeccionar aquellos campos. Una tarde que estábamos trabajando, creo que arrancando yerba con las manos o algo así, pasó. Eran como las cinco de la tarde. Vemos venir una caravana de jeeps y, detrás, muy curiosamente, venían dos rastras llenas de pollo. Parece que él comía mucho pollo, no sé... entonces, hubo mucha gente que empezó a gritar cosas, pero cosas en contra de él, por supuesto. Como siempre, él nunca se acerca a la gente, si no lo están retratando. Tan sólo siguió como una gran marquesa, mirando altivo a los esclavos».

A «*La Marquesa*», como lo llamó Ronet, que ha recorrido esa semana toda la provincia de Camagüey lo acompañaban, entre otros, Armando Hart, Secretario de Organización del Partido, los capitanes Julián Rizo[277], Santiago Castro, Choni y el teniente Vargas.

Mientras los esclavos de la UMAP trabajan encorvados y hambrientos, Castro *«durante su ruta, juega de nuevo pelota en el Central Patria, con la novena de la Administración Regional de Morón. En el juego participan Hart, Rizo, Santiago Castro, Choni y el teniente Vargas. Juega pelota en dos ocasiones, y una partida de dominó en el Círculo Social del Pueblo «Manuel Sanguily».*[278]

Lo acompaña en uno de sus recorridos el capitán Jorge Álvarez, Director de la Agrupación de Nuevitas, que le ofrece «todos los pormenores en relación con el cultivo de los plátanos viandas plantados

---

[277] Julián Rizo Álvarez, de Matanzas, provenía de las filas del 26 de Julio y formó parte del Ejército Rebelde. Miembro de la ORI, del PURS y del PCC, es parte del exclusivo grupo que integran, simultáneamente, el Secretariado y el Buró Político. En 1965, cuando el primer llamado de la UMAP, había sido designado Viceministro de Trabajo y Primer Secretario del Partido en Pinar del Río. Luego lo fue de Matanzas.

[278] Periódico *Granma*, La Habana, domingo 25 de septiembre, 1966. Periódico *Granma*, La Habana, domingo 25 de septiembre, 1966.

en «La Paz». Con Félix Torres[279] pasa por la granja Tucutú, y por la regional de Morón y luego descansa *«acostado en su hamaca en medio de dos horcones, cerca del mar...»;* le entrega a Paquito Herrera y Elpidio Lezcano, como directores de las agrupaciones de Camagüey y Vertiente, semillas para que hagan el experimento de la siembra de la leguminosa (el kudzú), con la pangola.[280]

Se encuentra con el Secretario de Organización del Comité Central del Partido, Armando Castro, y el Secretario General del Partido en Camagüey, capitán Julián Fleites. Se les une en Turiguanó, Rafael Francia Mestre, Delegado Provincial del INRA en aquella provincia.

Sigue hablando de sus grandes planes:

Es necesario aumentar las siembras de piña de 150 a 250 caballerías en *«el programa perspectivo»*, vaga expresión porque no se define la extensión del «*programa*». Comienza a dar rienda suelta a su fantasía.

Para la caña, traza un plan de alcanzar 29 mil caballerías en 1970, aparte del *«incremento de la productividad de las plantaciones, mediante el uso de fertilizantes y las normas técnicas que garanticen el aporte de 2 mil millones de arrobas de caña a la zafra en esa fecha»*. Continúa hablando de sus quiméricos planes sobre la ganadería, las siembras de pastos; del cultivo del arroz en una *«superficie de 2 mil caballerías. Con dos cosechas por año en los próximos cuatro años»*.

Para la ganadería fija el aumento del número de vacas *«hasta alcanzar la posibilidad potencial de 3 millones en 1975"*. Continúan los sueños: «al emporio de riquezas inmediatas en perspectiva, se había de llevar la extensión de las áreas de cultivo de frijoles en 1,000 caballerías, comenzando con 700 el próximo año; el cultivo de 500 caballerías de Kenap para 1970»... no se detienen las quimeras: *«En*

---

[279] Félix Torres, militante del Partido Socialista Popular, durante el gobierno de F. Batista (1952-58) era concejal de Yaguajay. Cuando Ernesto Guevara llega a Las Villas en octubre de 1958, quien recibe al gerrillero argentino es Torres, con grado de teniente, y se incorpora a su columna. Con él, ya con el grado de comandante, llega a La Cabaña y participa en los juicios y fusilamientos que allí se ejecutan.

[280] Periódico *Granma*, La Habana, domingo 25 de septiembre, 1966.

el maíz, para consumo fresco, alcanzaremos la cifra de 1,500 caballerías por año, en rotación de cultivo como frijol, papas y otros».

Habla con todos, menos con los confinados de la UMAP ni sus guardias, también castigados.

De Turiguanó parte a los montes de Cunagua. *«Se le escuchará hablar con emoción de su encuentro con los hombres que trabajaban y vivían en el bosque, de las vivencias de aquel encuentro con las esposas de los madereros y sus hijos. A todas las familias, Fidel los invita a comer en el firme de la loma de Cunagua»,* escribe, con vergonzosa falsedad y adulonería Martha Rojas que acompaña al Primer Secretario del Partido en este teatral viaje que realiza con dos rastras llenas de pollos, como apuntaba Ronet, mientras Alberto Korda —el del famoso retrato de Guevara co la boina y la estrella— tomaba infinidad de fotos del líder de la Revolución.

A pocas millas de distancia, ignorados por esta camarilla de dirigentes bien nutridos, trabajaban, encorvados, sudorosos y hambrientos, los confinados de la UMAP.

Camagüey era esencial para que se pudiera cumplir la tarea de aquella zafra. Al retirarse, sin haber compartido una palabra con los esclavizados en la UMAP, Castro afirmaba: *«En Camagüey se gana o se pierde la batalla de la agricultura».*

La batalla la perdió ese año y la perderá en años sucesivos. Bajo su gobierno quebró lo que había sido, por años, la primera industria de la nación.

5. UN VIAJE DE IDA Y VUELTA A LA BARRACA PASANDO POR EL «HOSPITALITO» Y LA JEFATURA MILITAR

En los 30 meses que pasó en aquellos campos José Antonio Zarraluqui que del Cinódromo de Marianao llegó al campamento de Mola transitó por caminos no recorridos por muchos de sus compañeros de cautiverio.

De la miserable barraca de Mola pudo llegar José Antonio a la Agrupación del Senado para regresar, muy pronto, a su vieja barraca. Así se produjeron los hechos:

«Lo que más me chocó al llegar a Mola fue el olor raro que estaba percibiendo. Después lo supe por una experiencia terrible: el olor era del guao. Yo no tenía la menor idea de lo que era el guao.
»Vine a saberlo cuando al cabo de un mes nos dieron un machete y un garabato que es un pedazo de rama, largo, en forma de horqueta que sirve para agarrar una rama y cortarla. Cuando nos pusieron a chapear potreros y cortaba una mata me daba el mismo repugnante y penetrante olor que yo había sentido al llegar a la barraca. Al poco rato me empieza un fuerte escozor, comienzo a hincharme y a llenarme de llagas que no demoran en supurarse».

La situación de Zarraluqui se agrava hasta que llega un militar que decían que era médico y ordena ingresarlo. Lo montan en un camión y lo envían a otro campamento que era, además, donde se encontraba la jefatura del batallón: *Laguna Grande*.

La UMAP estaba dividida en agrupaciones que contaban, cada una, con cuatro o cinco batallones. Uno de esos batallones era el de *Laguna Grande* donde estaba alojada la jefatura del batallón, la unidad 2506, y donde habían situado a los homosexuales que retiraron de otros campamentos.

El Batallón 2506 estaba compuesto de cerca de 500 presos divididos en cuatro compañías; una de éstas era Mola (donde estaba Zarraluqui); otra era *Laguna Grande* donde se encontraba la jefatura del batallón. Nos explica el hoy columnista de unos de los periódicos locales:

«Allí fue donde me llevaron; no era ni siquiera un «hospitalito»; eran cuatro pequeñas camas separadas de la barraca. En aquel lugar conocí un muchacho que estaba allí por religioso y era estudiante de medicina. Hoy es el Dr. Rubén Deufeu, una magnífica persona que se desempeñaba como el sanitario de 'Laguna Grande'.
»El jefe de la Unidad 2506 era un capitán de apellido Espinosa, un guajiro bruto. El segundo al mando, que tenía el título

de Jefe de Plana, era de apellido Maderal, tipo que se las daba de fortote; no parecía un cubano, sino germano; piel muy clara, pelado tipo cepillo y tenía fama de ser un h de p. Estuve allí unos pocos días hasta que, repuesto, curado del escozor y las llagas, me regresaron a Mola.

»Allá en Mola había un amigo mío, Luis Malet, buena persona que trabajaba con el jefe de Suministro en la jefatura del batallón. Estando yo allí ingresado en el «Hospitalito» mi amigo Luis me veía con frecuencia. Un día le dice al capitán Espinosa: «Oiga capitán yo conozco a este hombre, él sabe mucho y puede ayudarnos en la contabilidad en Mola». Cuando se enfermó el que estaba allí que hacía lo que llamaban «computadora», me pusieron a mí a hacer ese trabajo», nos relata Zarraluqui.

»Un tiempo después, como yo tenía una buena caligrafía y anotaba con claridad los números, me mandaron a llamar de la Agrupación. ¿Qué es una Agrupación?. Lo dijimos antes: –Cuatro o cinco batallones forman una Agrupación. Cada batallón comprende cuatro o cinco compañías.

»Yo estaba en la Agrupación que comprendía Senado y Lugareño; la unidad militar, que si mal no recuerdo era la 1989, radicaba en el Senado. Me mandaron a buscar de esa Agrupación porque habían visto los informes que yo hacía en los que aparecía que la compañía mía cortaba más caña que las demás.

»Allí estaba mi amigo Luis Malet que había pasado a laborar en la Agrupación y me puso a trabajar con él. Ya yo no cortaba caña. Trabajaba ocho horas, tenía mejor alimentación y podía ir al pueblo.

»Pero allí ocurrió una cosa en que yo mismo me maté como Chacumbele.

»La Universidad de La Habana había enviado una comisión para hacer un sondeo o investigación con todos los presos presentándoles un cuestionario que había que llenar. El cues-

tionario que me hicieron a mí dio como resultado que me sacaran de la Agrupación y me devolvieran a Mola.
»Una de las preguntas era: –¿Está usted dispuesto a dar la vida por la Revolución?. Mi respuesta fue: –¿Por esta Revolución que inventa cosas como la UMAP?. Las otras preguntas eran similares».

Era comprensible que lo regresaran a Mola a cortar caña en las largas y penosas jornadas de 12 y 14 horas.

6. REDUCE CAÑA DE MANGA LARGA LA PRODUCTIVIDAD DE LOS MACHETEROS

Como una forma de halago el régimen calificaba de *«macheteros invasores de Camagüey»* a los que venían de otras provincias. Muchos de ellos fueron destinados en Morón a la zona de Manga Larga que ya *«en zafras anteriores puso a prueba a los macheteros, tanto voluntarios como permanentes, y que, en esta VI Zafra del Pueblo, esta zona viene reduciendo la productividad de los trabajadores, que normalmente alcanzan promedios de 500 arrobas-hombre por día efectivo de trabajo, a no más de 200, porque sus cañas dan rendimiento tan bajo como de 30 mil y hasta de 15 mil arrobas».*[281]

Los 200 «invasores»" que proceden de la regional Escambray, fueron ubicados en la «Treinta», y recibirán una atención especial asignándoles *«seis federadas para atender al servicio de comida y limpieza: Modesta Batista, organizadora del Municipal Caracusey, de la FMC; Celina Díaz, Onilda Chaviano, Hilda Maygoa, Ada Gómez e Iraida Gómez, militantes de la organización».*[282]

Otros 200 macheteros, procedentes del Municipio de Fomento, en Las Villas, se encuentran en la granja «Mártires de Girón» de la propia Manga Larga. Al frente de ellos está el responsable municipal del INDER de Fomento, Félix Hernández. Con ellos cortan 19 *«macheteros descomisados»,* –un interesante eufemismo– es decir, 19 ex-miem-

---

[281] *Granma*, abril 27, 1966.
[282] *Granma*, abril 27, 1966.

bros del Ejército Rebelde que, por faltas graves, por indisciplina o por otra razón, han sido dados de baja y se han convertido en guardianes de los confinados.

Campamento de Morón, 1966

Ismael Hernández y Noel Cuervo.

Fue éste uno de los numerosos campamentos a los que fue trasladado este joven de Bahía Honda: Cunagua, Manga Larga, Cayo Cenizas, Chambas, en Falla y Lugareño.

7. GESTO DE REBELDÍA: EL INCENDIO DEL CAMPAMENTO «5 DE MANGA LARGA»

Octavio Valdés, recién llegado a Cunagua ve, con indignación, como un oficial quiere forzar a un joven Testigo de Jehová a izar la bandera. El joven, por sus creencias religiosas, se niega y el oficial toma una fusta para golpearlo. Octavio evita la golpiza tomando la bandera e izándola. Se produce una discusión y Octavio se niega a cortar caña. Por supuesto, es castigado. Pasará 10 días en un calabozo en Cunagua; luego lo enviarán por un mes a trabajar en la cocina.

En el intervalo su amigo Enrique Martín había llegado a la compañía y nombrado planificador. Cuando trasladan a Martín éste recomienda a Octavio para reemplazarlo. Se convierte así el inquieto joven de La Ceiba en un planificador con acceso a documentos, entre ellos los expedientes de muchos confinados, incluyendo el propio de él donde aparece como «divisionista, contrarrevolucionario» y se mencionan las razones por las que fue separado de la Compañía Cubana de Electricidad y su cargo de Jefe de Despacho de la Logia Caballero de la Luz. Pero pronto comenzarán para Octavio días de mayores problemas. Este es su relato:

«Un día se queman, en la 5 de Manga Larga, más de un millón de arrobas de caña. Acusan, sin pruebas, a dos jóvenes de haber producido el incendio. Los confinados se solidarizan con los dos jóvenes y declaran una huelga de hambre».[283]

Inician de inmediato una investigación para conocer no sólo los responsables del incendio, sino, también, los instigadores de la huelga.

«Llega el teniente Oscar Quintero López, jefe de la Compañía, y me dice: «Planificador, tome el nombre y el número de los que se niegan a comer». Me negué a hacerlo. Los confinados botaron los platos de comida; tumbaron los calderos de la cocina y se produce un violento enfrentamiento. Uno de los amotinados de apellido Casco, recibe un balazo en el estómago».

La situación se hace más tensa.

«Los confinados, enfurecidos, toman el campamento y destruyen la pequeña planta eléctrica».

No fue ésta una determinación repentina tomada en el último momento. Siete confinados se habían estado reuniendo por las noches, en las guardarrayas, discutiendo los planes de acción: Ernesto Acosta[284], Octavio Valdés, Casco y otros tres. Aquella noche tomaron una decisión: Incendiar el campamento la noche siguiente.

En las horas tempranas de la que será una noche memorable, el sargento Cedeño, «indio oriental de malos instintos», detiene a Octavio y lo lleva preso al Batallón de Morón, acusado de *«instigación a*

---

[283] Testimonio de Octavio Valdés, noviembre 12, 2003.

[284] *«Ernestico Acosta era hijo de un viejo militante del antiguo partido comunista. Pocos años después de salir de la UMAP, Ernestico murió en un extraño incidente ocurrido en La Ceiba».* (Testimonio de Octavio Valdés, noviembre 28, 2003).

la sedición». De allí lo enviarán a una de las oficinas de la Seguridad del Estado y, muchas horas después, al centro principal de Seguridad del Estado en la ciudad de Camagüey.

Allá conoce que todo el campamento ha sido quemado, incluyendo el cuadro de mando. Los agentes de seguridad y las fuerzas armadas están enfurecidas. Saben que los amotinados han estado dirigidos por un grupo de siete hombres cuyas siluetas han sido vistas en las noches por un campesino que no pudo ver sus caras.

Le celebran juicio a Octavio Valdés, mientras permanece en la cárcel de Morón donde lo mantienen 63 días incomunicado. Mientras, los confinados de aquel campamento «el 5 de Manga Larga» son dispersados y enviados a distintos campamentos, pero ya la UMAP está en el proceso de desmantelación. En agosto de 1968 le darán de baja a Octavio Valdés.

CAPÍTULO XII

LOS ÚLTIMOS MESES DE LA UMAP

1. LA ESCUELA AL CAMPO

Hacia las granjas de Camagüey habían partido, en mayo de 1966, más de 10 mil becarios que formarán parte del plan *«La Escuela al Campo»* que dirige el Ministerio de Educación bajo la orientación del Partido Comunista.[285] ¡El Partido *«orientando»* la educación! Permanecerán durante 35 días en distintas zonas agropecuarias de la región agramontina. La idea había surgido el año anterior considerando una estadía más breve.

Comenzaba un nuevo mecanismo encaminado a la disolución de la familia.

Este primer contingente lo formaron más de 2,500 alumnos becarios del Instituto Pre-Universitario *«Carlos Marx»*, y de la Escuela Secundaria *«Manuel Bisbé»*.

Ya en días anteriores, el 22 de abril, más de 7 mil estudiantes de secundaria y Pre-Universitarios de la provincia de Camagüey se habían incorporado al proyecto experimental. El 13 de mayo, del Instituto Pre-Universitario Especial «Raúl Cepero Bonilla», en La Víbora, partieron unos 300 becarios de primero y segundo año de ese plantel. De la Escuela Secundaria *«Arbelio Ramírez»*, 1,600 serán ubicados en la regional Florida; otros, de la Escuela Secundaria Básica «Pablo de la Torriente Brau» serán destinados a las granjas de Morón, y becarios de Tarará ingresarán a las granjas del regional Ciego de Ávila. Bien distante, bien lejos, los jóvenes de sus padres.

Otra separación forzosa de la familia que los padres no pueden impedir. Quedan ellos, en sus hogares, preocupados por la promiscuidad en que sus hijas se habrán de encontrar.

---

[285] Periódico *Granma*, La Habana, mayo 11, 1966.

La meta es de 30 mil voluntarios en la agricultura. Precisamente el número de confinados de la UMAP de la que nadie habla.

Son tantas las críticas expresadas por renombradas figuras de la izquierda que Castro se va a ver forzado a cerrar los inhumanos campos de la UMAP. Pero pronto, casi de inmediato, da a conocer una nueva modalidad a la que le da una apariencia más militarizada con alguna visibilidad –negada antes a la UMAP– pero sometiendo a la misma explotación a los jóvenes que la integrarían.

Aproximadamente, al año y medio de estar en la UMAP, Pedro González fue trasladado al antiguo Central Jaronú, ahora Brasil, a un lugar conocido como Cayo Largo. En ese lugar se encuentra con Elmer Lavastida, actualmente Pastor Bautista en Santiago de Cuba. Allí trabajaba como planificador en la oficina junto con Daniel, el hermano de Pedro González, donde por fin se reunieron al cabo de año y medio. Entre los tantos que se encontraban allí, estaban Samuel de la Torres, de San Diego del Valle y Rafael García, de Santa Clara, uno de almacenero y otro de sanitario.

En uno de los tantos traslados que ordenaban, para que no pudieran hacer amistad con el campesinado, se fueron a Vertientes a limpiar los campos de caña, llenos de hierbas malas, lo que demostraba el abandono a que estaban sometidos los campos.

Según Pedro González, el joven de Santa Clara, que había caído en el primer llamado, ya se estaban construyendo los albergues para la Escuela al Campo, los que servirían a la vez para los de la Columna Juvenil del Centenario, teniendo mejor construcción con baños y letrinas bien hechas y cerca de allí se encontraba una escuela de enfermería.

Pedro y su hermano Daniel, junto con los demás, serían trasladados a Nuevitas, cerca de la Sierra de Cubitas. Estando en ese lugar se les informó que pronto serían liberados o, como ellos decían, se les daría la baja del Servicio Militar Obligatorio.

Ya estaban llegando los muchachos de la Columna Juvenil del Centenario.

2. EL TRABAJO PRODUCTIVO

Combinan la idea de la Escuela al Campo por 35 días con la del «Trabajo Productivo». Pronto ambos planes serán desechados.

Partían los becarios hacia el Trabajo Productivo. Alguien le pregunta a Llanusa[286]: «*¿Cómo surgió esta idea del Trabajo Productivo?*». La respuesta es clásica:

«Fue una idea del compañero Fidel, de que los estudiantes fueran por seis semanas al Trabajo Productivo en forma consecutiva. El hecho de que fueran quince o treinta días, podía producir accidentes y al compañero Fidel le preocupaban estas cuestiones. En el futuro, lógicamente, todos los estudiantes irán los 45 días en forma consecutiva y los de la región occidental, donde más fuerza de trabajo hay, ya que existen más centros, ya que hay más estudiantes y menos producción agropecuaria, éstos deben trasladarse a la zona oriental, especialmente Camagüey, donde más falta hacen».[287]

Mientras más separados y distantes de sus padres mejor para su *«reeducación ideológica».*

En abril de 1967 comenzaba una nueva etapa del plan la «Escuela al Campo».

La primera etapa, como la próxima, resultará un fracaso. Tratarán de mostrarla como un plan *«concebido sobre la base de la voluntariedad»* y que *«son exiguos los casos de los que han dejado de incorporarse por otras razones que no hayan sido las de salud, insuperables dificultades domésticas u otras plenamente justificadas».*

El proyecto, explica la prensa oficial, *«aún cuando no ha sido concebido con intención económica, sino pedagógica, ayuda a resol-*

---

[286] José Llanusa al tiempo de la Revolución fue designado alcalde de La Habana. Luego estuvo al frente del Instituto de Educación Nacional de Educación Física, Deportes y Recreación (INDER). En octubre de 1965, cuando se dan los primeros pasos para abrir los campamentos de la UMAP. Llanusa es nombrado miembro del Comité Central del Partido Comunista recién constituido, y Ministro de Educación. En todas sus posiciones fracasará el inepto Llanusa.

[287] Periódico *Granma*, viernes 22 de abril, 1966.

ver un problema de producción». Y pretenden unir ambos conceptos: *«¿No es acaso una realidad que el desarrollo económico de nuestro país descanse fundamentalmente sobre la producción agropecuaria y la actividad que con ella se relaciona?. ¿O no hay que poner a nuestra escuela en contacto con esa realidad...?. A través del trabajo se educa el carácter, se fortalece la voluntad, se encausa la actividad creadora, se cimenta la disciplina verdadera».*

Eran palabras vacías. El resultado de *«la Escuela al Campo»* fue incrementar la promiscuidad entre los jóvenes.

La oposición que aquel plan había producido se ve obligado a admitirlo el editorial del Gramma del lunes 24 de abril de 1967:

«Cuando hace unos años se iniciaron los planes de trabajo productivo para los estudiantes hubo reservas, dudas e incomprensiones, en ocasiones, en muchos profesores, estudiantes y padres».

Aquellas *reservas, dudas e incomprensiones* se hicieron realidades. El nuevo plan, como el anterior, no tendrá éxito; como habrá de fracasar el de la *«Columna del Centenario»* que sustituirá al desastre que representó para el régimen los campos de trabajo forzado de la UMAP.

Meses después, ya fracasada «la Escuela al Campo», afirmará Castro en extenso discurso pronunciado en la Universidad de Oriente que todo cambiará: *«Ya no será la Escuela al Campo de hoy, a la que van cuarenticinco días; ya será la Escuela en el Campo. No la Escuela al Campo, sino la Escuela en el Campo».*

Por supuesto no sólo está pensando en la *«educación"* sino en el trabajo que estos jóvenes puedan producir y, así, disfraza el nuevo llamado a un trabajo forzado con ropaje pedagógico:

«En ese sentido el trabajo será fundamentalmente pedagógico, pero no será trabajo improductivo, porque hay muchas actividades que podrán ser realizadas por los jóvenes, que no son trabajos duros, y entonces se llegará a establecer el ideal proclamado por todos los pedagogos más eminentes y los pedagogos más avanzados de que, en la formación del hombre,

desde la más temprana edad las actividades productivas vayan unidas a las actividades educacionales».

Muchos inefectivos cortes de caña y mayor promiscuidad será el resultado de este plan que persigue alcanzar, con toda la fuerza laboral, voluntaria o no, la meta de los 10 millones de toneladas. Se abre, ahora, para muchachos y muchachas, nuevos campos. Sí, mejor construidos; sí, con uniformes militares, pero fijándoles las mismas metas. El nuevo plan tendrá una vida efímera. Fracasará como fracasó la zafra de los 10 millones.

«A principios de 1968 comenzó el rumor de que el gobierno iba a desactivar el campamento de la UMAP. Una semana antes de la desmovilización se dio la orden de recoger todas las libretas que nos identificaran como «soldados de la UMAP». Supe que iban a quemar esos documentos con el propósito de no dejar huella de aquellos campos de concentración».[288]

Al comenzar el verano de 1968 se va difundiendo el rumor de que pronto cerraría aquel campo de trabajo forzoso. Algunos confinados mayores de 35 años comienzan a recibir notificación de baja.

A otros para darle la liberación los sometían a pruebas más fuertes. Para conseguir la salida tenían que trabajar durante un número de semanas junto a los peores criminales. Un oficial le impone la siguiente condición a un confinado que pide su baja:

«No, no puedo darte la salida así. Tenemos treinta y tres malhechores, muy terribles, encerrados en la Escuela de Oficiales. Debes ir allá dos o tres semanas hasta que llegue el capitán Guerra Matos». Allá fue el joven confinado».

Así lo recuerda el adventista Vento:

«Yo no me imaginaba lo que me iba a encontrar. Allí no se podía dormir. La sala donde estaba eran un calabozo grande. Estábamos todos juntos. En medio de las broncas y las puñaladas que se daban con las cucharas que habían afilado, yo

---

[288] Luis Bernal Lumpuy. *Obra citada.*

mantenía mi serenidad en una oración perenne: «Señor, sácame de aquí. Señor, sácame de aquí».

La UMAP tenía estos calabozos especializados para aterrorizar a los muchachos. Allá, en los campos, siempre nos estaban amenazando con meternos en las «leoneras" para que nos violaran, para que abusaran de nosotros. Yo estaba, ahora, en una de esas leoneras, pero los presos me respetaron; es que ellos eran mejores seres humanos que los guardias.[289]

Se van conociendo los abusos, los atropellos, los crímenes, de la UMAP. El gobierno revolucionario hace algunos cambios. Los más, cosméticos. Como se esperaba los comandantes Casillas y Silva, que dirigían los cuarteles generales de Camagüey, son sustituidos por los capitanes Quintín Pino Machado, quien luego será nombrado embajador en Suecia[290] y el capitán Guerra Matos, ex-combatiente de la Sierra Maestra, que había dirigido el Instituto Nacional de Educación Física y Recreo (INDER).[291]

Pronto Pino Machado y Guerra Matos, asesorados por el teniente Lavandeira, pondrían en práctica un método para «*rehabilitar*» a los hombres de la UMAP.

---

[289] Testimonio de Charles Vento, pastor adventista.

[290] Quintín Pino Machado era natural de Santa Clara. Durante la lucha contra el gobierno de Batista mientras Quintín estaba en la Sierra junto a Fidel Castro, su hermano Julio murió al explotarle en sus manos una bomba que iba a colocar junto con un compañero de apellido Lubián. Quintín fue nombrado en enero de 1959, al llegar Castro al poder, Encargado de Negocios de Nicaragua; crea allí una organización clandestina al frente de la cual coloca a Carlos Fonseca Aguilar y a Tomás Borge. Aquella organización se convertirá en el Frente Sandinista de Liberación Nacional. Expulsado del país es designado miembro alterno de la Delegación Cubana en las Naciones Unidas, posición que pierde al serle comprobada por las agencias de inteligencia de los Estados Unidos su vinculación con grupos terroristas. Murió en Estocolmo en agosto de 1986. (Fuente: Alejandro Bolaños Geyer. «El Iluminado», Masaya, 2001).

[291] En la hacienda Cayo Espino, del padre de Felipe Guerra Matos, se encontraba la finca *Los Chorros* donde el periodista Herbert Mathews entrevistó a Fidel Castro. Así eran de estrechas las relaciones de Guerra Matos con Castro.

Nos lo narra, lo expusimos en páginas anteriores, Llovio Menéndez.[292] Para el teniente Lavandeira, enviado a la UMAP por Raúl Castro, Ministro de las Fuerzas Armadas, como experto en homosexualidad, *«la cura era sencilla... sólo existe una medicina y la tenemos a mano. Es la filosofía marxista, acompañada de un duro trabajo forzado»*. Comienzan a aplicarlo en el campamento de Malezal, al frente del cual estaba el teniente Francisco González. Aquella barraca pertenecía a la Unidad Militar 2096, comandada por el teniente Mora Rizo, el abusivo militar que provocó a *Eleguá* (Alberto de la Rosa) conduciendo al fusilamiento del joven creyente cuya religión no permitía ofensas personales.

3. COMIENZAN A DESACTIVAR A LA UMAP

En Vertientes, estaban haciendo los albergues para la «Escuela al Campo». Esos albergues sí estaban bien construidos, con baños, letrinas bien hechas y, junto a ellos, una escuela de enfermería. Aquellos recintos servirán también para la Columna Juvenil del Centenario. Ya muchos estaban en Nuevitas. *«Se les informó que pronto serían liberados o como ellos decían, se les daría de baja del SMO, que iban a desactivar a la UMAP»*. No era cierto. *«Yo tuve que quedarme allí hasta julio del 68 porque fue cuando me dieron el pase final»*.[293]

En la unidad del Central Jaronú, hoy llamado Brasil, donde antes se encontraba Pedro estaban, también, Lavastida, actualmente Pastor Bautista en Santiago de Cuba, que con Elmer allí trabajaban en la oficina como planificadores; se encontraban allí, Samuel de la Torre, de San Diego del Valle y Rafael García, de Santa Clara, uno de almacenador y el otro de sanitario. Pasaron luego a Vertientes. Ya serían los últimos meses en la UMAP.

---

[292] J.L. Llovio Menéndez. Obra citada.

[293] Testimonio de Pedro González al autor, mayo 28, 2003.

4. «LOS PARÁSITOS SABEN QUE YA NO TIENEN DONDE METERSE. LOS LUMPENS TAMBIÉN LO SABEN»

En extensísimo discurso ante el Comité Central del Partido Comunista Cubano celebrando un nuevo aniversario de los CDR de La Habana, Castro ataca duramente a *«los parásitos, particularmente, a los que «optaron por la «dolce vita" yanqui y sacaron sus papeles y sus pasaportes, también, a los que se niegan a «participar en el esfuerzo del pueblo».* Los acusa de estar viviendo como parásitos». Habiendo ya cerrado los campos de trabajo de la UMAP estaba ahora preparando las bases para nuevas persecuciones a las *«lacras sociales».*

«Así, por ejemplo, les dio por empezar a vestir de una manera extravagante, reunirse en determinadas calles de la ciudad, en las zonas de La Rampa, frente al hotel Capri, y allí se dedicaban a buscar la compañía de marinos de embarcaciones de países capitalistas que se hospedaban por esa zona en el pleno corazón de la capital revolucionaria de un país que ha erradicado esas repugnantes lacras sociales.

»Y hablo de extravagancias, porque la Revolución no ha sido exigente, no ha estado imponiendo cosas a nadie, respeta al máximo el fuero que heredó de las personas, no está contra el progreso en ningún sentido».[294]

Castro se esfuerza en aclarar a todos que no se tolerará desviación alguna en la política totalitaria trazada.

«¿Y qué querían? ¿Introducir aquí una versión revivida de Praga? ¿Prostitución ambulante? ¿Venta de mujeres? ¿Parasitismo? ¿Reblandecimiento ideológico de este pueblo...? ¿Qué creían? ¿Que nos iban a introducir estas porquerías en el país y lo íbamos a permitir?».

Es repetitivo, como siempre, en su largo discurso el dictador cubano:

«¿Y qué creían? ¿Que vivíamos en un régimen liberal burgués?. No. De liberales no tenemos ni un pelo. ¡Somos revoluciona-

---

[294] Revista *Bohemia*. La Habana. Octubre 4, 1968.

*rios!. ¡Somos socialistas!. ¡Somos colectivistas!. ¡**Somos comunistas!**.*[295]

Acusa a los jóvenes de tener actividades francamente delictivas, actividades no tolerables; «*en su osadía llegaba su ostentación al extremo de reunirse de una manera abierta en otros sitios con verdadero disgusto de nuestro pueblo*». «*¿Hasta cuando se estarán equivocando con la Revolución?*». Y recuerda las razones esgrimidas, de hecho, los pretextos, para las recogidas de 1965 y 1966:

«*El Compañero Ministro de Educación trató, con métodos persuasivos, de aconsejarlos. Pero, con sólo los consejos no iban a ceder. Entonces tendrán que entender otro tipo de procedimientos. Sencillamente, como la Revolución no podía permitir esto bajo ningún concepto, les echó el guante a todos. El pueblo los reeducará. Tratará los casos como debe de tratarlos, pero los reeducará sobre todo con el trabajo, que es la forma magistral de educación.*[296]

»*Tenemos que conocer cuales son las ideas revolucionarias y cuales son las ideas contrarrevolucionarias. Dondequiera que asome la cabeza de la contrarrevolución, disfrazada de lo que sea, salirle al paso y combatirla. ¡De liberalismo, nada!. ¡De reblandecimiento, nada!*».

Ante el Comité Central del Partido Comunista Cubano en el aniversario de los CDR de La Habana, Castro, que se ha visto forzado por la presión de grupos de izquierda de Europa a cerrar los campos de concentración de la UMAP, lanza severas amenazas a los que sigue considerando *lacras sociales*:

«*Los que optaron por la 'dolce vita' yanqui y sacaron sus papeles y sus pasaportes tienen que participar también en el esfuerzo del pueblo, porque no van a estar viviendo como parásitos*».

---

[295] *Idem.*

[296] Revista *Bohemia, octubre 4, 1968.*

REPUBLICA DE CUBA
ESTADO MAYOR GENERAL DE LAS FUERZAS ARMADAS REVOLUCIONARIAS

CERTIFICADO DE DESMOVILIZACION

El portador __SOLD. UMAP. HUMBERTO CHIPI PAEZ__, quien ingresó en las FAR el __15__ de __JUNIO__ de __1966__, ha estado destacado en las Unidades que a continuación se consignan:

N/O	UNIDAD MILITAR	CARGO	FECHA DE DESIGNACION	NO. DE LA ORDEN
1	2091-1864	MACHETERO	15-6-66	

y ha sido Licenciado de las FAR por motivo de:

"POR HABER CUMPLIDO SU TERMINO DE SERVICIO MILITAR OBLIGATORIO

__1-5-68__
(Fecha de licenciamiento)   (Firma) E'M. de la UM N° __1864__

Este Certificado es válido solamente para presentarse al Comité Militar de Reclutamiento. Municipio de: __ARTEMISA__ en el cual se llenarán los datos siguientes:

N/O	COMITE MILITAR	FECHA DE PRESENTACION	DESTINADO A LA UM	FIRMA DEL J' DEL COMITE MILITAR

CERTIFICADO DE DESMOVILIZACIÓN

Omiten toda mención a las Unidades Militares de Ayuda a la Producción. Los campos de concentración de trabajo forzado de la UMAP habían sido denunciados en organismos internacionales.

DATOS PERSONALES

PARA ANOTAR EN LA UNIDAD MILITAR:

PRIMER APELLIDO	SEGUNDO APELLIDO	NOMBRE
CHIPI	PAEZ	HUMBERTO

DOMICILIO DE SU RESIDENCIA FAMILIAR			
CALLE FINCA, O CIUDAD	NO.	ENTRE	Y
CALLE 23	2605	26	28

PUEBLO O CIUDAD	MUNICIPIO	PROVINCIA	FECHA NAC.	ESTADO CIVIL	ESCOLARIDAD
PUEBLO	BAHIA HONDA	PINAR DEL RIO	23-7-48	SOLTERO	3er S/B

FAMILIARES A SU CARGO	PROFESION U OFICIO PRINCIPAL	OTROS OFICIOS QUE POSEA
NINGUNO	NINGUNO	NINGUNO

SI TRABAJABA ANTES DE SU INGRESO EN LAS FAR SEÑALE DONDE:

CARGO	CENTRO DE TRABAJO	DIRECCION
MIDEN	SEC. BAS. MARTIRES DE GUAJAIBON	AVENIDA 23. BAHIA HONDA.

CONOCIMIENTOS ADQUIRIDOS EN LAS FAR	GRADO ARRIBADO	SUELDO NETO ULTIMO MES
NINGUNO	SOLD UMAP	$7.00

PARA ANOTAR EN EL COMITE MILITAR:

CENTRO DE TRABAJO DONDE SE UBIQUE	DIRECCION	CARGO	SUELDO

OBSERVACIONES:

NOTA: Esta planilla debe permanecer en el COMITE MILITAR a que corresponda el domicilio del interesado.

Desmovilizado dos meses antes del desmantelamiento oficial de La UMAP

El 25 de abril de 1968 este «soldado de la UMAP» fue desmovilizado.

A QUIEN PUEDA INTERESAR:

Hago constar, que el ciudadano Juan Valdes Montana, estando yo ocupando el cargo de Jefe del Comité Militar Regional en San Cristóbal, municipio de Pinar del Río, fue llamado al Servicio Militar Obligatorio según La Ley 1129 del 26 de Noviembre de 1963 para las Unidades Militares de Ayuda a la Producción (UMAP) en la fecha siguiente 15 de Junio de 1966 y desmovilizado el 30 de Junio de 1968.

OJO → A estas Unidades se reclutaron los ciudadanos que por sus características personales no podían ser enviados a las Unidades Regulares de las FAR.

Dado en San Cristóbal a los dieciocho días del mes de Abril de mil novecientos noventa y cinco, Año del ___ Aniversario de la Caída en Combate de José Martí.

Moisés Israel García Alvarez
Teniente Coronel Jubilado de las FAR

CERTIFICO : Que el compañero , Tte Coronel Moisés Israel García Alvares , Jubilado de las FAR , se encontraba de Jefe del Comité Militar Regional cuando el llamado para ese tipo de unidades .

Jefe C.M.M. San Cristóbal .
Tte Coronel
René Echeverría Acosta

CERTIFICADO DE DESMOVILIZACIÓN

En 1968 ha vuelto Castro a replantear la misma situación expresada en 1965 cuando ordenó, por razones iguales el primer llamado de la UMAP. «que los parásitos saben que no tienen donde meterse. Los vagos saben que ya no tienen donde meterse. Los lumpen saben que ya no tienen donde meterse. Ya no hay lugar aquí para parásitos de ninguna clase».[297]

5. LA COLUMNA JUVENIL DEL CENTENARIO

Semanas antes de aparentar en junio 30 que se han desmantelado los campos de la UMAP, ya el periódico Granma daba a conocer en un editorial que avanzaba *«la organización de la Columna Juvenil del Centenario»* que contaría con *«la disposición voluntaria de los jóvenes a marchar por tres años a la agricultura»*[298] y que, cumplida esta tarea en el presente año, se marchará a la creación de nuevos destacamentos de la Columna del Centenario en el resto de las provincias, con la perspectiva de alcanzar la cifra de 100 mil jóvenes en el próximo año» un anuncio de que continuaría, muy cerca del límite, la esclavitud de jóvenes cubanos.

Nadie se escaparía; el régimen seguiría escudriñando a cada joven para castigar, con su aparente inscripción «voluntaria», a todo joven no integrado a la Revolución. Lo expresa, con no mucha sutileza, el amplio editorial del periódico Granma:

«A través de comisiones integradas por la Unión de Jóvenes y del Ministerio del Trabajo, bajo la dirección del Partido, se está haciendo un estudio de todos los jóvenes inscritos a fin de determinar quienes son movilizados y quienes no... serán llevados a través de los Comités Militares».

Por supuesto, el listado apunta hacia la región agramontina:

«Este año, la Columna del Centenario dedicará todo el esfuerzo a Camagüey. Se concentrará en esa provincia, que es la que

---

[297] Revista *Bohemia*, La Habana, octubre 4, 1968.
[298] Fuente: Periódico *Granma*, La Habana, Junio 17, 1968.

más agudamente reclama la presencia de fuerzas de trabajo adicional.[299]

En septiembre de 1968 parte hacia Camagüey la Columna Juvenil del Centenario.[300] Un grupo lo forman jóvenes de la provincia de Matanzas. De hecho la integran más de 40 mil muchachos procedentes de todo el país que encaminan sus esfuerzos, fundamentalmente, a alcanzar los 10 millones de toneladas de azúcar, *«de las cuales Camagüey producirá un poco más de la cuarta parte».* Realizan también *«actividades recreativas»* y han confeccionado un censo de *«los columnistas que tienen aptitudes artísticas con el objeto de formar un grupo de teatro y otro concurso de aficionados».*[301]

«El trabajo contribuirá a la cristalización de la conciencia revolucionaria que señaló Fidel», dice Jorge Risquet.[302]

De nuevo, una vez más, separar a la familia. Distanciar a los hijos de sus padres y con uniformes más vistosos que los de la UMAP someterlos a la misma explotación mejorándoles ligeramente la frugal comida y la larga y explotadora jornada de trabajo. El trabajo esclavo bajo otra denominación.

La Columna Juvenil del Centenario estaba constituida por muchachos no necesariamente contrarrevolucionarios pero que eran estudiantes de malas notas, apáticos a la Revolución. Mientras que «nosotros para ellos, éramos *contrarrevolucionarios* que necesitábamos ser

---

[299] Periódico *Granma*, La Habana, junio 17, 1968.

[300] Se le dio ese nombre por cumplirse el Centenario del Grito de Yara.

[301] *Bohemia*, septiembre 6, 1968.

[302] Anteriormente miembro de la Juventud Socialista y del PSP, Jorge Risquet Valdés, durante los años ignominiosos de la UMAP ocupa una posición en el Comité Central del Partido Comunista Cubano que, como hemos expresado, fue constituido el 3 de octubre de 1965, ya se encontraba en el Congo, como Comisario Político. Cuando llega Ernesto Guevara iniciar su vergonzosa campaña en el país africano. Veinte años después interviene, en forma prominente, junto con Carlos Aldana, en las negociaciones de paz que se llevan a cabo con los Estados Unidos y África del Sur para ponerle fin a la aún más vergonzosa guerra de Angola. Pronto ambos, Risquet y Aldana, perderán el favor oficial.

reeducados», dice Pedro González, confinado que había conocido los campos de La Virginia, los de Jaronú y Vertientes.

A la Columna Juvenil del Centenario la sustituiría, más tarde, el Ejército Juvenil del Trabajo. Los nombres cambian pero continúa, con ciertas variaciones, el trabajo esclavo.

El gobierno se esfuerza en ofrecer a los padres y a los nuevos reclutas la imagen de que se trata de una organización militar, y la prensa oficial da a conocer esta información:

«La organización militar de la Columna tiene tres objetivos fundamentales: 1) Garantizar un método realmente eficaz para el desarrollo del trabajo. 2) Prepararlos y estar en disposición para defender nuestra patria. 3) Crear en la juventud hábitos de organización y disciplina que influyan determinadamente en el futuro de su vida. Por eso me atrevería a decir que no es posible concebir la Columna sin una de las clases que se imparten durante dos horas».

La información, carente de veracidad, es firmada por Félix Sautie, Jefe de la Sección Política del Estado Mayor.

«En esos días finales llegan dos señoras con la intención de reclutarme para la Columna Juvenil del Centenario y les digo: «No, yo no voy a ir; si yo estoy saliendo de este campo de trabajo». Una de las señoras me responde: «Sí, pero con su experiencia usted puede ser útil. Además, le confirmo que van a venir muchas jovencitas». O sea, trataban de captarnos con la atracción del sexo. Mi respuesta fue: «No, no me interesa. Quiero regresar a mi casa».[303]

Se está celebrando el VII Aniversario de los CDR y se intensifica la campaña para lograr la zafra de los 10 millones. Se hipertrofian los números y con ellos las metas. Se dan a conocer las cifras del *«buen trabajo productivo realizado en Camagüey».* Allí, afirmará la prensa controlada, se han sembrado 297 caballerías de caña, y, mientras, tienen ya listas para la gran zafra 285 caballerías. El total de 238

---

[303] Testimonio de Pedro González al autor, mayo 28, 2003.

caballerías de caña sembradas en Camagüey es *«una cifra sin precedentes que va sobrepasando la meta de 200 caballerías proyectadas por la dirección del Partido en la movilización iniciada el día 9».* (septiembre, 1968).

Al comenzar octubre del 68 siguen los planes fantasiosos *«si sumamos lo sembrado desde septiembre del año 67 con los de este año y las que sembrarán en el primer trimestre del 69, en un período de 20 meses, se habrán plantado unas 46 mil caballerías de caña en nuestro país»*, afirma Fidel al dirigirse a los miembros del Comité Central del PCC en celebración de otro aniversario de los Comités de Defensa de la Revolución en la provincia de La Habana. Para ellos cuenta con la nueva versión de la UMAP.

Afirmaba Castro que ya tenían muchas Unidades Militares *«servidas por los estudiantes de los Institutos Tecnológicos. Son magníficas Unidades Militares, magníficos jóvenes que asimilan la técnica militar moderna con gran facilidad».* De manera que en el futuro *«nuestro ejército será un ejército de cuadros con especialistas menores, que también participarán en las actividades productivas, operadores de tanques, una parte del año de instrucción, esa parte del año trabajando en grúas, en bulldozers, en maquinarias complicadas».*[304]

Pero hay otros jóvenes a los que habrá de vigilar, de reeducar.

«Seguirá permaneciendo el Servicio para el reclutamiento de aquellos jóvenes que no estudian y de alguna manera tendremos que influir en ellos para hacerlos ciudadanos útiles, para hacerlos estudiar y hacerlos marchar a todos con la colectividad teniendo presente la Columna Juvenil, ¿Cuántas decenas de miles de jóvenes fue necesario enviar a Camagüey?».

En la capital agramontina radica el Estado Mayor de la Columna Juvenil del Centenario. Y en cada regional hay una Agrupación con sus correspondientes batallones divididos en compañías y pelotones.

Cada veinticinco días disfrutan cinco de pases, y para el viaje dispondrán de medios especiales y los domingos autorizarán visitas a

---

[304] Revista *Bohemia*, La Habana. Octubre 4, 1968.

las poblaciones cercanas. (Revista *Bohemia,* Septiembre 13 de 1968). Muchas promesas. Pocas cumplidas.

Algo no podía faltar: existe una corte de desméritos.

Se crea un tribunal disciplinario y educativo integrado por un juez de Corte y uno o dos vocales. Las faltas cometidas son juzgadas públicamente en presencia de todos los componentes del pelotón o la compañía. Las sanciones pueden consistir en amonestaciones públicas o privadas las que conllevan el planteamiento de tareas para superar la falta. Si se trata de faltas graves o delitos los casos son trasladados a los tribunales ordinarios. Nadie escaparía. Una pareja de miembros de la UJC visitaba los centros laborales para *«estimular»* a los jóvenes a ingresar a la Columna.

«Ser joven y haber pertenecido a la Columna del Centenario será timbre de gloria para la posteridad».[305]

El Comité Provincial Camagueyano del Partido Comunista lo presidía el comandante Rogelio Acevedo[306] quien, como si la labor no les hubiera sido impuesta, señala *«el esfuerzo que han prestado 33,000 jóvenes columnistas que han laborado esforzadamente en las tareas agropecuarias de la región».* Las proyecciones del comandante en Jefe de que en Las Villas más de 10,000 jóvenes entre 15 y 18 años integrarían las columnas juveniles del centenario resultaron en un nuevo fiasco. En la jornada de inscripción realizada en esa provincia sólo 1,708 jóvenes decidieron integrarse a las filas de la Columna del Centenario para un total de 5,300 jóvenes. Apenas la mitad de lo asegurado por el jefe máximo de la Revolución.

Ya, meses atrás, por múltiples denuncias de conocidas figuras internacionales se han cerrado los oprobiosos campos de la UMAP

---

[305] Revista *Bohemia,* noviembre 22, 1968.

[306] Rogelio Acevedo, hoy General de División de las Fuerzas Armadas, formaba parte de la Columna 8 de Ernesto Guevara durante la invasión a Las Villas. Será luego dirigente de la ORI, el PURS y el PCC. En 1967 es designado Jefe del Ejército Juvenil del Trabajo y en 1958, Jefe del Ejército Oriental. Terminará siendo Director del Instituto de Aviación Civil de Cuba.

cuya existencia de haberse conocido en aquel momento hubiera sido percibida –porque lo era– como ignominiosos campos en los que se vejaban y violaban los más básicos derechos de un ser humano.

6. MANO DE OBRA ESCLAVA. COMO SE EXPLOTABA AL CONFINADO

Existen varios factores que son necesario distinguir para comprender la explotación a que estuvieron sometidos los confinados de la UMAP:

→ Las tierras de las granjas o campamentos «pertenecían» al INRA (Instituto de la Reforma Agraria).
→ Los confinados «pertenecían» al MINFAR (las Fuerzas Armadas).
→ El normador era el oficial de las fuerzas armadas (MINFAR) que fijaba con el funcionario de la granja (INRA) el precio que la granja le paga al MINFAR por el trabajo que en las tierras del INRA han realizado los confinados de la UMAP.
→ Un confinado ganaba al mes $7 pesos, equivalentes a 23 centavos diarios ($7 pesos divididos entre 30 días).
→ Las extensiones o campos de caña se medían por surcos y cordeles.
→ Un surco tenía una extensión promedio de una vara.
→ Un cordel contaba con unos 20 surcos (unas veinte varas).
→ Un confinado limpiaba o cortaba un promedio de 5 a 8 surcos. Esa producción en surcos se convierte en cordeles para determinar el precio a que la granja paga al MINFAR la labor realizada por los confinados.
→ El precio fijado por un cordel de 20 surcos es el de $3.1416.
→ Si un confinado limpia o corta 7 surcos en un día, éste es el cálculo que se realiza para conocer lo que ha producido:
   a) Convertir los 7 surcos en cordeles:
      7 surcos es el 35% de un cordel.
   b) Los cordeles producidos (35%) se multiplica por $3.1416 lo que equivale al jornal ganado (pero no pagado) ese día por el confinado.

c) Este es el importe ($1.10)-$3.1416 por .035 –que el INRA le paga al ejército por el trabajo realizado ese día por el confinado que sólo ganó 23 centavos por su labor.

Labor producida por el confinado $ 1.10
Jornal pagado al confinado $ 0.23
Ganancia del MINFAR   **$ 0.87**
(Cuatro veces el jornal devengado por el confinado).

Algunos confinados que eran campesinos dedicados desde su niñez y adolescencia al corte de caña rendían mucho más que los que no habían jamás realizado ese trabajo. Era entonces comprensible que en las largas jornadas del día cortasen 10 ó 12 surcos.

Si un confinado limpiaba o cortaba 12 surcos, esto equivaldría al 60% de un cordel.

Estos serían los cálculos para determinar lo que ha producido:
60% se multiplica por $3.1416 lo que arrojará $ 1.88
Labor producida por el confinado $ 1.88
Labor pagada al confinado $ 0.23
UTILIDAD DEL MINFAR   **$ 1.65**
(Siete veces lo pagado al confinado)

Los salarios de los oficiales y guardias asignados a las tareas de la UMAP estaban incluidos en el presupuesto de las Fuerzas Armadas por ser miembros activos de las mismas. Por tanto no afectaba el costo de la operación de la UMAP pues ellos hubieran estado prestando servicios en otras unidades.

En las labores de guataqueo el ajuste del precio entre el INRA y el MINFAR variaba.

Como el número de surcos y, por tanto, de cordeles, variaba de un campo a otro, el normador discutía el precio a pagar por un campo (no por surcos).

Por guataquear un campo de caña –nos informa Rigoberto Cabrera– el MINFAR le cobraba al INRA $45 o $60 pesos pero –al igual que en la limpia y corte de caña– el confinado sólo ganaba 23 centavos por día de trabajo. La diferencia entre los hombres-días utilizados en el guataqueo del campo pagado por el INRA al MINFAR, y el mísero jornal pagado por el ejército al confinado engrosaba las finanzas de las Fuerzas Armadas.

El confinado era explotado por dos organismos del estado. Lo explotaba las Fuerzas Armadas que le «compraban» al INRA por un precio muy inferior la labor producida por estos hombres que, nominalmente, eran parte del Servicio Militar.

A su vez, era explotado por el INRA que vendía en el mercado mundial con una mucha mayor utilidad la producción realizada por los confinados.

El profesor Rodolfo Riesgo[307] en su obra «*Cuba: el movimiento obrero y su entorno socio-político*»[308] ofrece datos concretos del «ahorro por concepto de salarios, que obtenía el régimen cubano al mantener en la producción agrícola a un ejército de esclavos».

7. EL FRAUDE DE LAS «BRIGADAS MILLONARIAS»

Fidel Castro había lanzado la idea –lo que representaba, una orden– de crear «Brigadas Millonarias». Recibirían esta denominación aquellas que cortasen más de un millón de arrobas y, de ellas, se le ofrecería una distinción muy especial a la que alcanzara la más alta cifra.

Las «Brigadas Millonarias» fueron constituidas en todas las áreas donde hubiesen macheteros dedicados al corte y estiba de la caña. Los confinados de la UMAP no quedarían excluidos de esta *emulación*. Todo sería otra gran mentira.

La *Brigada Millonaria de la UMAP* funcionaba en una compañía cuyo jefe era el capitán Moya. La Brigada de la UMAP se esforzó al máximo porque le habían ofrecido que a los que cortaran un millón de

---

[307] Rodolfo Riesgo Alonso, fundador de la Juventud Obrera Católica (JOC) cuyo órgano de prensa «Juventud Obrera» dirigió desde 1951 a 1958. Fue Jefe de Redacción de la revista «La Quincena» hasta 1961. En 1962 fue detenido por la Seguridad del Estado y condenado a 12 años de prisión. Fue liberado en 1974.

[308] Saeta Ediciones – Colección Realidades, Miami-Caracas, 1985.

arrobas de caña los iban a desmovilizar y los enviarían a sus pueblos con el compromiso de que iban a regresar para la próxima zafra. Muchos se embullaron, nos relata Mario Ruiz a quien, en esos momentos, por su preparación académica, lo habían trasladado de una de las barracas a la que ocupaba la jefatura militar.

Los jefes de los campos de trabajo fueron los encargados de confeccionar la Brigada Millonaria. ¿Cómo lo hicieron?: Ellos sabían los confinados que cortaban bien y los que cortaban mal porque, junto con muchos de los confinados que por ser hombres de la ciudad jamás habían realizado faenas agrícolas, estaban, también cientos de jóvenes campesinos que eran macheteros con amplia experiencia. De éstos, se nutrió la Brigada Millonaria.[309]

El güinero Jorge Menéndez López, el joven hombre de campo había sido trasladado al Desengaño donde está ubicado el Batallón 8 que tiene como jefe a Leonardo Isalgué, «un gallego» recuerda Jorge. Allí, con un grupo de 35, formará parte de la Brigada Millonaria. «El jefe de esta Brigada era Orlando Reyes Milián y el segundo el teniente Donatilo Guardarrama»[310]. Pasará junto con los que componen la Brigada Millonaria a distintos campos donde se encuentran las cañas abonadas, limpias de paja, fácil de cortar.

Por supuesto, la Brigada Millonaria de la UMAP –víctima del fraude perpetrado– no resultó ganadora. Pero sus integrantes, entre ellos Jorge Menéndez, recibieron un pase de 30 días para ver a su familia.

¿Y qué les ofrecieron a estos hombres de campo?. Los separaron, poniendo a los de la Brigada Millonaria en un albergue con cocinero, ofreciéndoles comida de mucha más calidad y les pusieron un planificador para ellos, pero este planificador no tendría los recursos, los contactos y los medios expeditivos de que disfrutarían los planificadores de otras brigadas privilegiadas.

---

[309] Pedrito Pérez Torres y Orlando Zafita, ambos de Oriente, formaron parte de la Brigada Millonaria de la UMAP. Con ella se desplazaban a distintos campos. (Testimonio de Melkis Díaz al autor).

[310] Testimonio de Jorge Menéndez López al autor, octubre 24, 2003.

Un tercer confinado, Mario Víñez, de Marianao, que permaneció un largo tiempo en el campamento la Señorita[311], nos confirma esta versión:

«*Comenzaron a hacer las Brigadas Millonarias de cortadores de caña. Y de la gente de la UMAP hacen una, convenciendo a varios, que eran gente de campo, y macheteros de toda su vida, y los llevan a un barracón con más libertad, más alimentación, más beneficio. A mí me hablaron para llevarme de cocinero, yo acepté y fui de cocinero. Salí de allí y recorrí muchos lugares porque ellos cortaban caña en distintos campos: en Coronel, en la María, en Chambas, en Cayo Mosquito».*

En Stewart empezaron a trabajar en el control de la caña.

«*Era una tonga de vales... porque un millón de cañas, legales, en vales, era una cosa impresionante y los muchachos de la Brigada Voluntaria de la UMAP estaban acercándose al millón de arrobas, pero no llegaron a esa meta.*

»*En esos momentos la gente de Lucha Contra Bandidos (LCB), que ya no tenían el problema con los alzados del Escambray porque los habían liquidado, fueron enviados a cortar caña en Camagüey pero no tenían gente que les controlara la cuantía de la caña que habían cortado. Esa gente del LCB llegaron al estilo del Oeste. Mataban reses, las descuartizaban allí y comía carne todo el batallón y toda la gente de Stewart, pero los confinados en las barracas no recibían nada de esa carne».*

Allí se instalaron los del LCB y llevaron a algunos de los confinados, con mucha mayor preparación, para que se hiciera cargo del control de la caña cortada y de lo que eran las «Finanzas» del Batallón Uno donde se llevaba la nómina ($7 pesos) por confinado. Aquella instalación estaba situada en la oficina del Central Stewart, donde tenían un planificador especial para la Brigada Millonaria.

---

[311] «*Donde último estuve fue en Sierra Cubitas. El último año ya yo no estaba en la Brigada Millonaria*» informa Mario Víñez al autor en extensa entrevista. (Testimonio de Mario Víñez al autor).

Con bombos y platillos Fidel da a conocer cual había resultado victoriosa en la emulación de las Brigadas Millonarias. El «honor» le correspondió a la Agrupación de Vertientes. Todo había sido una farsa.

¿Cómo se produjo el fraude?.

El Chino Wong, del Cobre, estaba en la Agrupación de Vertientes, y fue compañero del rodense Mario Ruiz en el último campamento en que éste fue confinado. Wong le explica a Ruiz el procedimiento utilizado, método que era conocido de todo el que tenía acceso a los documentos que llegaban a la Jefatura Militar: *«El planificador de la Brigada de Vertientes –que fue la «ganadora» en la emulación– se buscó vales, cuños y facturas en blanco de las granjas de aquel campamento».*

En nada era complicado el fraude que, así, se estaba cometiendo. Lo explica con claridad Wong:

«El planificador de la Brigada Millonaria se robó las facturas de las granjas de Vertientes, de acuerdo con el jefe de la Agrupación, que era un primer capitán. Todo, absolutamente todo, era mentira. No había ni un pedazo de caña cortado. El tipo se robó, como dije, las facturas y los vales. Entonces, ¿qué hacía?: iba al chucho del tren pero llevaba, por ejemplo, 15 mil arrobas de caña que se supone eran el rendimiento de un día y los vales en blanco y los acuñaba. Vales en blanco, cuños puestos en complicidad con la Agrupación de Vertientes y, así, facturaban una enorme cantidad de caña. La inventaban, no existía esa caña, no las habían cortado».

Otro confinado, José Antonio Zarraluqui, nos ofrece una versión similar:

«Hacia finales de 1967 nos trasladaron a Vertientes. La situación era ya mucho más relajada. Todo estaba en franca descomposición. Aquello era un desastre, a los jefes nada les interesaba; lo que querían era vivir y conseguirse, como queri-

da, a alguna guajirita pero, eso sí, los informes tenían que mostrar que se estaba cortando más caña que nunca».[312]

Va narrando el periodista Zarraluqui como se iniciaba aquel proceso de falsificación de datos:

«Los números los recibíamos así desde los campamentos. El que no cortaba 125 arrobas de caña diarias se tenía que quedar en el campo hasta por la noche y, así, se inflaban los números pero todo era mentira».

Desmantelada la Brigada Millonaria, sus miembros, de regreso de su pase de 30 días, son enviados a diferentes campos. Jorge Menéndez pasará a Mijial junto con Juan de Díaz Comediche y Alberto Palomino.

8. CONTINÚAN LOS PLANES DE TRABAJO FORZOSO

Pero siguen reclutando jóvenes en el SMO. Comienzan ofreciéndoles las primeras semanas entrenamiento militar; luego serán enviados a los campos de trabajo forzoso en Camagüey. Es éste el caso de Miguel Casares, joven estudiante de secundaria básica de Consolación del Sur, en la provincia de Pinar del Río.

Han citado a Miguel en su pueblo natal para comenzar su servicio militar. En camiones a él y a varios compañeros –Alberto Hernández, Orlando Pino, Jorge Luis Fernández y otros, todos de Consolación, y Jorge Padrón, de La Coloma– los trasladan, en abril de 1968 a la Barbosa, cerca de Punta Brava en la provincia de La Habana.

El entrenamiento militar sólo durará unos pocos días. Pronto, en los camiones Leyland, serán enviados al trabajo «de ayuda a la producción» al campamento «Domínguez», en Vertientes, a unos 30 kilómetros de la ciudad de Camagüey. Su inesperado trabajo de cortar caña es pronto interrumpido.

Los centenares de jóvenes que componían aquellas unidades son montados en vagones de trenes de carga que serán trasladados a distintos puntos de la provincia recogiendo a otros reclutas. Los llevan a Camagüey donde el «Primer Ministro y Primer Secretario del Parti-

---

[312] Testimonio de José Antonio Zarraluqui al autor, septiembre 11, 2003.

do» pronunciará un discurso sobre las metas a alcanzar en la gran zafra que se aproxima.

Algunas naranjas serán la alimentación que reciban al llegar a la gran ciudad. Con asistencia «tan voluntaria» como ésta se llena la plaza.

Pero el trabajo esclavo de estos jóvenes del servicio militar regular continúa todo aquel año, y el siguiente y el próximo.

«Pasé a Jaguey Grande, donde estuve en Jaguey Uno Y Jaguey Dos. Después me enviaron a La Palangana, un sitio donde nunca antes se había sembrado caña y a donde no podían llegar las carretas. La caña la llevábamos al hombro por cerca de un kilómetro. Regresábamos y volvíamos a llevar más caña sobre los hombros».[313]

Para entonces, oficialmente, la UMAP estaba en su etapa final.

Coincidía, no casualmente, aquel desmantelamiento con el fin de la zafra del año 68.

En meses anteriores estaban siendo explotados en la distante Isla de Pinos centenares de cubanos forzados a trabajar en la siembra de mil caballerías de cítricos[314], en el movimiento de tierras en varios cultivos, en las canteras de mármol. Serán ellos trasladados a Camagüey, aún bajo la denominación de Unidades Militares de Ayuda a la Producción, para continuar la labor que los otros habían terminado el 30 de junio.

Uno de ellos es Jesús Ruiz que el año anterior, cuando solo tenía 15 años, había sido citado para el Servicio Militar Obligatorio. Desechado en aquel momento vuelve a ser llamado; se escapa del instituto

---

[313] Testimonio de Miguel Casares al autor; noviembre 28, 2003.

[314] Meses antes Fidel Castro había esbozado uno de sus muchos fantasiosos planes: *«Vamos a tener una industria de cítricos superior a la industria de cítricos de la Florida... en el país habrán grandes plantaciones de cítricos y, entre ellas, en la provincia de La Habana, en el Cordón de La Habana»* (Fuente: Discurso de Fidel Castro en la inauguración de un pueblo de 120 casas, en 1968).

militar, es capturado y lo envían de inmediato a Isla de Pinos a una unidad militar. Jesús nos da a conocer su testimonio:

«*A la semana nos trasladan a otra Unidad Militar en el centro de Nueva Gerona[315]. Y empezamos a trabajar en la siembra de mil caballerías de cítricos en el plan «Camilo Cienfuegos». Nosotros, los que no encajábamos (por razón que yo no conocía) en el servicio militar regular, en un lado. En el otro, separados, los del servicio regular. Los que nos mandaban eran el capitán Lawton, mulato oriental, que era una persona cruel; el capitán Tirado, el Primer teniente Capote y el capitán Echeverría, (esos eran los que nos mandaban a nosotros).*

«*El primer teniente Capote, era delgado, caminaba renco; y era el que más contacto tenía con nosotros; es decir el que más nos vigilaba. El capitán Echeverría, un hombre tipo español, grande y fuerte».*

»*Había otro jefe en la Unidad Militar: el teniente Arnaldo Mastrapa Cruz. Ése no se movía con nosotros cuando, en camiones, salíamos a sembrar cítricos en toda la isla. A llenar bolsas con plantas, a sembrar y a llenar bolsas de tierra».*

Pronto serán enviados a un nuevo destino. Bien distante y que ha sido escenario de uno de los más censurables crímenes del régimen.

«*Cuando llega diciembre, nos llevan para la zafra en a todos los que estábamos en aquella unidad militar de ayuda a la producción No. 2341».*[316]

Vuelve la provincia agramontina a ser centro principal del trabajo esclavo.

«*Llegamos al área del Central Céspedes, entre Esmeralda y Florida, en la Grúa 36, junto a un pueblo que se llama Magarabomba. La crueldad de los jefes que allí teníamos superaba, con creces, a los que conocimos en Isla de Pinos. Nos fijaron una tarea obligatoria, una cuota: teníamos que cortar, cada*

---

[315] Nueva Gerona es el núcleo principal de población de Isla de Pinos, cercana al río Las Casas, cerca de su desembocadura.

[316] Testimonio de Jesús Ruiz al autor, septiembre 20, 2003.

uno, 150 arrobas de caña. El computador era el que le decía al teniente quien había completado las 150 arrobas y lo determinaba por las tongas que hacíamos de 30 a 40 arrobas cada una. Allí el que mandaba era el Primer teniente Moya, un tipo «jabao» muy alto. Terminábamos en un área y nos íbamos moviendo hacia otra. Si no las cortábamos teníamos que quedarnos de noche alumbrados con un mechón; es decir una lata con brillantina, hasta cumplir la tarea asignada».

Con Jesús Ruiz se encontraban, como antes en Isla de Pinos, entre otros, Eduardo Rodríguez Álvarez, de Marianao, José Rodríguez (el Gallego); Juan Víctores Torres; Raúl Vitier Marrero, sobrino de Cintio Vitier[317]; Ángel Sanabria, Ernesto Campuzano, Juan Real Subirats; también se encontraban varios seminaristas católicos –recuerda Jesús Ruiz–, Sardiñas, hoy sacerdote, Mascaró y otros como Juan Palacios, Manuel Espinosa, Ramón Suárez Polcari, hoy también sacerdote, quien recientemente publicó su libro «Historia de la Iglesia Católica en Cuba, en el que por cubrir sólo el período que termina en la década del 60 no pudo referirse a los atropellos y violaciones de los más básicos derechos humanos que personalmente él sufrió y vio cometer en los campos de trabajo forzado en Isla de Pinos y Camagüey.

Estos seminaristas, y con ellos todos los que fueron explotados en las zafras de 1969 y 1970, supieron por su propia experiencia que, de hecho, la UMAP continuó operando más allá de junio de 1968.

Los que llegan de Isla de Pinos con Jesús Ruiz cortarán caña en los kilos de Morón: Kilo Seis, Kilo Siete, Kilo Nueve; en Piedrecitas, en Manga Larga, en Punta Alegre, en Magarabomba. No recibirán un pase en todo el año para ver a su familia.

Antonio Armada, mecánico automotriz de La Habana, lo envían, junto con muchos delincuentes a Meneses. *«Allí estuve más de 45 días*

---

[317] Cintio Vitier había gozado en la Cuba republicana de cierto prestigio literario. A fines de 1961 se unió al Comité Nacional de la UNEAC (Unión Nacional de Escritores y Artistas de Cuba) junto a Nicolás Guillén, Roberto Fernández Retamar, Alicia Alonso, Alfredo Guevara sometiéndose al régimen castrista; posición contraria a la asumida por otros miembros de la UNEAC como Guillermo Cabrera Infante y otros que pronto denunciaron al sistema.

junto a Omar Álvarez (estudiante de quinto año de medicina. Todos, en aquel grupo, éramos de La Habana. De allí nos enviaron a Isla de Pinos a sembrar cítricos en campos, como todos, sin luz eléctrica».[318]

Los campos de la UMAP se habían cerrado pero el trabajo forzoso, bajo otras denominaciones, y diferentes localizaciones, continúa.

Uno de ellos en la tierra cenagosa de la provincia central. Al campo *Manuel Asunción Domenech*, sitio escondido, inhabitable, cerca de la Ciénaga de Zapata, pasó sus últimos años de cautiverio Reinaldo Landrián que había sido condenado a 7 años de prisión.

En enero de 69 ya están de regreso en Camagüey los integrantes de la Columna Juvenil del Centenario. Los van incorporando a las agrupaciones agropecuarias de Florida y Nuevitas. A otros, en la Agrupación Ciego-Jatibonico; también en la de Nuevitas. De Isla de Pinos se recibe otro aporte «voluntario». Vienen macheteros, en forma tan «espontánea», como la aplicada a Jesús Ruiz que ya había estado en los campos de la UMAP el año anterior antes de volver a pasar a Isla de Pinos a realizar la misma tarea: mano de obra esclava, su forzada *contribución* a la nueva zafra.

En repetidas ocasiones la Comisión de Expertos en la Aplicación de Convenios y Recomendaciones (CEACR), que es un organismo supervisor de la OIT (Organización Internacional del Trabajo), ha denunciado la violación por el régimen de Castro de los derechos humanos y en particular las penas impuestas a los que arbitrariamente califica de «vagos y parásitos sociales».

El profesor Efrén Córdova en su libro «Castro al Descubierto»[319] hace mención a las varias ocasiones en que la OIT ha condenado la anomalía consistente en que los jóvenes llamados al Servicio Militar Obligatorio son forzados a prestar servicios en la agricultura, la construcción y otros sectores.

Condenable igualmente la Ley 1253 que prevé la obligación de los que entren en el Servicio Militar de realizar «las tareas productivas

---

[318] Continúa relatando Armada.

[319] Efrén Córdova, *«Castro al Descubierto»*. Ediciones Impacto, Miami, 2003.

agrícolas que determine el Gobierno Revolucionario». Para el profesor Córdova estas son formas veladas de servidumbre prohibidas por el Artículo 4 de la Declaración Universal de los Derechos Humanos.

El Presidio Político Histórico Cubano reclamó, de los primeros, que se aplique justicia a los responsables de concebir *«los planes de exterminio que provocaron las muertes de valerosos luchadores baleados y bayoneteados en los campos de trabajo forzado del presidio político cubano, en las celdas de castigo y en las odiosas Unidades Militares de Ayuda a la Producción (UMAP)».*

Pero se imponía la obligación de denunciar aquel crimen. Un grupo de buenos cubanos se dio a esa tarea.

La obligación de denunciar estas violaciones y los abusos y crímenes cometidos por Castro debe recaer sobre los hombres que han sido víctimas de tales atropellos. Afortunadamente así lo ha comprendido un valioso grupo de cubanos que en los testimonios en este libro recogidos alzan su voz para que, esta vez, alguien escuche.

Ministerio de la Industria Azucarera	☒ ALTA
500 Emp. de la Ind. Azucarera de Camagüey	☐ BAJA
522 UNIDAD: CENTRAL VENEZUELA	☐ CAMBIO DE SUELDO
	☐ DESCANSO RETRIBUIDO

AZUCAR CRUDO — Actividad
VIAS Y OBRAS — Departamento

Período:
☐ Producción
☐ Desarme y Limpieza
☐ Inactivo
☐ Mantenimiento

OPERADOR VIAS YOBRAS — Cargo "B"
Fijo:
Contrato de Trabajo:

Grupo Esc. Salarial | Salario del Cargo | Clasificación

Ticket | EZEQUIEL MADRIGAL MORENOS — Nombre y Apellidos

Salario Actual | Carnet Laboral

MOTIVO:
ESTA ALTA LA HACEMOS DE ACUERDO A LAS INSTRUCCIONES RECIBIDAS DEL MINISTERIO DEL TRABAJO.

EL COMPAÑERO ES DESMOVILIZADO DEL U M A P.

Fecha: 4 / 2 / 69
Día Mes Año

Firma del Trabajador

Aprobado: Autorizado:
Jefe Sección de Personal

Desmovilización posterior al 30 de junio de 1968
Este confinado –como muchos otros– después de cumplir las normas agrícolas compuestas en la UMAP fue forzado a trabajar en otras labores. Fue desmovilizado el 4 de febrero de 1969.

CAPÍTULO XIII

LA NECESARIA DENUNCIA DE ESTOS CRÍMENES

1. IMPOSTERGABLE LABOR

Por años el régimen se ha esforzado en ocultar no sólo las atrocidades que allí se cometían sino, también, la existencia de aquellos campos de concentración y trabajo forzoso.

A la necesaria e impostergable tarea de dar a conocer aquellos crímenes cometidos con total impunidad se ha dedicado un numeroso grupo de ex-confinados. Lo componen hombres que en aquellos años eran, muchos de ellos, jóvenes activos en sus parroquias y en sus templos, estudiantes depurados de las universidades, obreros, campesinos, jóvenes ajefistas; seminaristas, sacerdotes, pastores evangelistas de distintas denominaciones, trabajadores arbitrariamente confinados –como todos– a aquellos campos.

Su primer paso fue constituir la Asociación de Ex-Confinados de la UMAP.

2. SE FUNDA LA ASOCIACIÓN DE EX-CONFINADOS DE LA U.M.A.P.

El 17 de septiembre de 1995 quedó fundada la Asociación de Ex-Confinados de la U.M.A.P., cuyo proyecto de constitución y reglamento interior fue presentado por la Junta Ejecutiva el 29 de octubre de aquel año.

La creación de la Asociación fue idea y realización de Francisco García-Martínez y su esposa Irma García y tuvo el inmediato respaldo de un grupo valioso de cubanos que, sin doblegarse, habían sufrido todos los rigores de aquellos campos de trabajo forzado.

Los fundadores fueron: Reverendo Orlando Colás, Francisco García Martínez y su esposa Irma, Cecilio Lorenzo, Juan Villar, Enrique Trigo, Hugo Arza, Dr. Raúl Inda, Emilio Izquierdo Jr., Renato Gómez y René Gómez.

Luego se fueron incorporando: Guillermo Corvo, Juan Font, Juan J. Inda, Lázaro Jorge, Jorge Medina, Roberto Medina, Eduardo Pereira-Pérez, Germán F. Rivas, Rafael L. Rivero, Isidro Sabatier, Edilio Toledo y Efraín Urquiza.

La Asociación se fue nutriendo con otros valiosos confinados, entre ellos, José Luis Acosta Díaz, Ernesto Alfonso, Wilfredo L. Arce Morales, Manuel Montero, Mauro Boraby, Melkis Díaz Ortega, Jesús Leiva, Sergio Nieves, Ronald Pellitero, Mario Ruiz, Serafín Sarduy, Eduardo Valdés, Guillermo Zalza y muchos más.

Confiamos que este libro que, en la denuncia de aquellos horrendos crímenes cometidos, recoge el impresionante testimonio de tantos confinados, contribuya al fortalecimiento de esta Asociación que tiene como encomiable finalidad denunciar uno de los más censurables atropellos cometidos por el régimen castrista.

3. INVALUABLE CONTRIBUCIÓN DE LOS EX-CONFINADOS

Decenas de sus miembros ofrecieron el invaluable aporte de su dolorosa experiencia personal para mostrarnos, con ella, la espeluznante violación a la dignidad humana que, a diario, se pruebacometía en estos ignorados campos de concentración.

A estos hombres que resistieron con ejemplar entereza los duros castigos y las dolorosas humillaciones en aquellos pavorosos campos de trabajo esclavo, y a todos los cubanos que en sus años de destierro han mantenido en alto la bandera de la libertad, va dedicada esta obra.

Un libro que contó con la colaboración de magníficos seres humanos que con su estoico comportamiento supieron ser dignos de la honrosa y viril tradición del presidio político cubano.

ANEXO I

UBICACIÓN DE CAMPAMENTOS DE LA UMAP

CAMPAMENTO	UBICACIÓN APROXIMADA
Antón	Camino de Jimaguayú
Bernal 4	Carretera de Jatibonico
Cacahual	Entre Morón y Ciego de Ávila
Campo Cardoso	Cerca de Esmeralda, próximo a Mijial
Ceballos	Cerca de Jatibonico, al norte de Ciego, próximo a Morón
Cunagua	Funcionaron varios campamentos en Ceballos.
Céspedes (44 de)	Próximo a Florida
Cien, La	Cerca de Jaronú
Chambas	Camino de Falla y Morón
Cubitas	Próximo a Macareño en Santa Cruz del Sur
Desengaño (El)	Entre Ciego y Morón
Elia	Cerca de Guáimaro
Esmeralda	Al norte, próximo a la Bahía de Jagüey
Estrella (La)	Próximo a Florida
Fortuna (La)	En el entronque de Perú
Falla	Próximo a la Laguna de Lecho
Gato Prieto	Cerca de la costa, Batallón 2085
Guayabito	Hacia Morón. Campamento comandado por «Caballo Loco».
Guayabal [320]	Al norte cerca de la Bahía de Jigüey

---

[320] Hay otro Guayabal en Santa Cruz del Sur.

Hatuey	Entre la Yaya[321] y el Zanjón[322], cerca de San Luis de las Deseadas
Infierno (El)	
Júcaro	Cerca de Ciego
Jucarito	Camino a Jaronú
Kilo 5, Kilo 8	Existieron otros en Kilo 10 y Medio y otros puntos
Laguna Grande	Cerca de Lugareño
Lugareño	Camino al sector norte de Nuevitas
Las Tumbas	En Florida
La Señorita	Cerca de Esmeralda
Manantial	Próximo al Central Vertientes
Magarabomba	Cercano a un barrio de Florida
Manga Larga	En el entronque de Cunagua (Existían más de una docena de distintos campamentos en Manga Larga)
Manezal	En la costa norte cerca de Manga Larga
(Malisar)	Por un tiempo, campamento de homosexuales.
Mameyes (Los)	Cerca de Manatí
Mamanantuao	Entre Florida y Jaronú
Mijial 1 y Mijial 2	En Ciego de Ávila cerca de Esmeralda
Miraflores	Próximo a Morón
Mola	Hacia la zona de Nuevitas
Monte Quemado	En las proximidades de Lugareño al centro de la provincia, cerca de La Gloria y Sabanilla
Palmarito	
Pedraza	Cerca de Morón

---

[321] La Yaya sitio en que se celebró la asamblea que redactó la Constitución de la Yaya que sustituyó la de Jimaguayú.

[322] El Zanjón donde se firmó el pacto que puso fin a la Guerra de los Diez Años.

Purificación	Próximo al central Baraguá, entre Ciego de Ávila y Florida
Pablo Pérez	Al norte de Jatibonico
Peonía	
Piedrecitas	Al norte de Florida
Quince y Medio	Camino del Central Stewart, cerca de Júcaro
Samalagrana	Próximo a Esmeralda, cercano a La Señorita
Santa Susana	Al norte, cerca de Vertientes
Sibanicú	Próximo a Cascarro
Tres Golpes	Entre Ciego de Ávila y Morón
Vega 1 y Vega 2	Camino al Central Vertientes
Virginia (La)	Entre Florida y Camaguey

ANEXO II
MAPAS DE LA PROVINCIA DE CAMAGÜEY CON LAS CIUDADES QUE SIRVEN DE REFERENCIA A LOS CAMPAMENTOS DE LA UMPA

Tomado del Mapa de Cuba del Dr. Gabriel Villar en *Apuntes de Geografía de Cuba* de Delia Díaz de Villar. Litho, Miami, 1965.

LA UMAP: El Gulag castrista

Provincia de Camagüey reproducido del Mapa «Esso» de la
República de Cuba, 1956.

ANEXO III

NOMBRES ANTIGUOS Y NUEVOS DE LOS CENTRALES AZUCAREROS DE LA PROVINCIA DE CAMAGÜEY[323]

MUNICIPIO	CENTRALES	NUEVOS NOMBRES
Camagüey	Vertientes	Panamá
	Najasa	Alfredo Álvarez Mola
	Siboney	Siboney
Ciego de Ávila	Stewart	Venezuela
	Algodones	Orlando González
	Baraguá	Ecuador
Esmeralda	Jaronú	Brasil
Florida	Agramonte	Ignacio Agramonte
	Céspedes	Carlos Manuel de Céspedes
	Florida	Argentina
	Estrella	República Dominicana
Guáimaro	Elia	Colombia
Jatibonico	Jatibonico	Uruguay
Morón	Morón	Ciro Redondo
	Patria	Patria o Muerte
	Punta Alegre	Máximo Gómez
	Adelaida	Enrique Varona
	Cunagua	Bolivia
	Violeta	Primero de Enero
Nuevitas	Senado	Noel Fernández
	Lugareño	Sierra de Cubitas
	Francisco	Amancio Rodríguez
Santa Cruz del Sur	Santa Marta	Cándido González
	Macareño	Haití

---

[323] Cortesía de Alberto Beguiristaín, Presidente de la Asociación Nacional de Hacendados de Cuba.

ANEXO IV

LOCALIZACIÓN DE LOS CENTRALES AZUCAREROS DE CAMAGÜEY

PROVINCIA DE CAMAGÜEY

CENTRALES	TÉRMINO MUNICIPAL	AÑO FUNDADO	PUERTO DE EMBARQUE
Adelaida	Morón	1916	Caibarién
Agramonte	Florida	1915	Santa María
Algodones	Ciego de Ávila	1916	Pastelillo
Baraguá	Ciego de Ávila	1916	Júcaro
Céspedes	Florida	1915	Tarafa
Cunagua	Morón	1917	Tarafa
Elia	Guáimaro	1915	Guayabal
Estrella	Florida	1918	Santa María
Florida	Florida	1915	Tarafa
Francisco	Santa Cruz del Sur	1899	Guayabal
Jaronú	La Esmeralda	1921	Tarafa
Jatibonico	Jatibonico	1905	Tarafa
Lugareño	Nuevitas	1891	Tarafa
Macareño	Santa Cruz del Sur	1920	Manopla
Morón	Morón	1912	Tarafa
			Júcaro
Najasa	Camagüey	1920	Pastelillo
Patria	Morón	1915	Tarafa
Punta Alegre	Morón	1915	Caibarién
Santa Marta	Santa Cruz del Sur	1925	Santa Cruz del Sur
Senado	Nuevitas	1883	Tarafa
			Pastelillo
Siboney	Camagüey	1924	Pastelillo
Stewart	Ciego de Ávila	1906	Júcaro
			Palo Alto
Vertientes	Camagüey	1901	Santa María
Violeta	Morón	1921	Tarafa

ANEXO V

COMPOSICIÓN DE LA UNIDAD MILITAR 2085

Batallón Número Uno U.M.A.P.
Noviembre 1965

Jefe de Batallón,	Capitán Ejército Rebelde Cruz Moya
Jefe de Plana Mayor,	Primer teniente Alejandro Pineda Guerra
Jefe Compañía Número Uno,	teniente Cándido Fuentes Ortiz
Jefe Compañía Número Dos (de homosexuales y Testigos de Jehová)	Primer teniente Marcelino Falcón Matos
Jefe Compañía Número Tres,	Teniente Juan Soto Pérez
Jefe Compañía Número Cuatro,	Teniente Gregorio González
Jefe de Personal,	Sargento Rolando Alacan
Jefe de Planificación,	Sargento Mario Colinas
Jefe de Finanzas,	Sargento Jorge Camacho
Jefe de Servicios,	Sargento Luis Echevarría
Chofer,	Sargento Rojas
Chofer,	Sargento Corzo

ANEXO ANEXO VI

HIMNO AL SUFRIMIENTO DE LA U.M.A.P.

*Estando yo en Camagüey
en el U.M.A.P. ubicado
sometido y castigado
por el comunismo cruel.*

*Pasando tantos trabajos
que casi no resistía
pero solamente mi hombría
me ayudaba a continuar.*

*Tristeza da recordar
aquellos duros momentos
donde tanta juventud
parecíamos hombres muertos.*

*Y llenos de desconciertos
implorábamos ante Dios
y confusos le decíamos
que...¿Por qué nos castigó?.*

*Allí se comía poco
y el trabajo en cantidad
y una triste soledad
que reinaba sobre mí.*

*Y en todos los corazones
de los demás compañeros
sólo había un agujero
de triste calamidad.*

*Mi alma triste y tronchada
ya no puede sufrir más
aquella furia tenaz
que reinaba sobre mí.*

*Fue tanto lo que sufrí
por las cosas del Comunismo
que mi alma está partida
y ya no puede sufrir más.*

Rigoberto Cabrera Camagüey
U.M.A.P. Comp. 3 Bon 9

J'Moreno
Exconfinado No. 118

ENTREVISTAS

PRIMER LLAMADO

Julio Arturo Acosta
Ernesto Alfonso
Luis Albertini
Luis Carvarín Puentes
Orlando Colás
Bernardino Creigh
Luis Chiong
Eduardo M. Díaz
Melkis Díaz
Osvaldo Friger
Juan Gómez
Renato Gómez
Francisco González
Pedro González
Heriberto Guiteras
Jorge Hernández
Raúl Inda
Cecilio Lorenzo
Alfredo Lovainia
Buenaventura Luis
Ezequiel Madrigal
Eugenio Melero
Ezequiel Madrigal
Manuel Molina
Manuel Montero
Orlando Pérez
Sireno Prendes
Juan Rodríguez
Eduardo Ruiz
Mario Ruiz
Enrique Trigo
Eduardo Valdés
Melanio Valdés
Charles Vento
José Antonio Zarraluqui

SEGUNDO LLAMADO

Orestes Acevedo
Amir Álvarez
Álvaro Álvarez Oropesa
Enrique Álvarez
Antonio Armada Puentes[324]
Rigoberto Cabrera
Hiram Cartas
Guillermo Corvo
José Manuel Díaz Gazón
Ramiro Durán
Enrique Domínguez
Pedro Estévez
Enrique Estorino

---

[324] Sexto llamado especial.

Pedro Fernández
E. Danilo Ferreiro
Francisco García Martínez
Joaquín García
Ismael Hernández
Mario Hernández
Emilio Izquierdo
Reinaldo Landrián
Jesús Leiva
Mario Lujo
Silvio Mancha
Eugenio Melero
Jorge Menéndez López
Manuel Montero
Sergio Nieves
Alfredo Padrón
Eduardo Pereira

Ronald Pellitero
Emilio Porrúa
Germán Rivas
Roque Rodríguez
Eduardo Ruiz
Jesús Ruiz [326]
Serafín Sarduy
Carlos Santana
Felipe A. Sosa
Ernesto Cristóbal Suárez
   de la Guardia [327]
Octavio Valdés
Luis Valle
Juan Villar
Mario Víñes
Juan Zas
Antonio Zayas

---

[326] Ingresa en el Ejército Juvenil del Trabajo. Sembará cítricos en Isla de Pinos y cortará caña en Kilo 7 y Kilo 9.

[327] Jefe de la Unidad Militar 3391. No forma parte del segundo llamado.

ENTREVISTAS

MÉDICOS

OSCAR LEAL
OSCAR ORDÓÑEZ
ANTONIO SAUD
JORGE TABLADA

COMPAÑÍA CUBANA DE AVIACIÓN

HUGO ARZA
JOSÉ ANTONIO (JESÚS) NADAL
FÉLIX IGNACIO RODRÍGUEZ
RUBÉN BLAS RODRÍGUEZ
EFRAÍN URQUIZA
ANTONIO ZAYAS

BIBLIOGRAFÍA

LIBROS

Víctor Águila: «Pablo Milanés: muy personal», Graphic. Publicidad.
Pablo M. Alfonso: «Cuba, Castro y los Católicos», Ediciones Hispamerican Books, 1985.
Néstor Almendros – Orlando Jiménez Leal: «Conducta Impropia». Biblioteca Cubana Contemporánea.
Juana Berges: «40 Años de Testimonio Evangélico en Cuba». Consejo de Iglesias de Cuba. Quito.
Luis Bernal Lumpuy: «Tras Cautiverio, Libertad». Miami, 1992.
Enrique Canto Bory. «Mi Vida». Ramayo Bros. Printing, Inc., San Juan, 1993.
Ernesto Cardenal: «En Cuba», Ediciones Carlos Lohlé, Buenos Aires, 1972.
Juan Clark: «Cuba, Mito y Realidad», Saeta Ediciones, Miami-Caracas 1992.
Efrén Córdova: «El Trabajo Forzoso en Cuba», Ediciones Universal, Miami, 2001.
Efrén Córdova: «Castro al Descubierto», Ediciones Impacto, Miami, 2003.
Efrén Córdova: «Clase Trabajadora y Movimiento Sindical en Cuba (1959-1996), Ediciones Universal, Miami, 1996.
Clara Díaz Pérez: «Pablo Milanés: Con Luz Propia», Editorial Txalaparta, Nafarroa, 1994.
Clara Díaz Pérez: «Silvio Rodríguez: Hay quien precisa...», Editorial Música Mundana.
Manuel Fernández: «Religión y Revolución en Cuba», Saeta Ediciones, Miami-Caracas, 1984.
Alice L. Hageman/Philip E. Wheaton: «Cuba: la religión en la revolución», Granica Editor, Argentina, 1974.

Cecilio Lorenzo: «Estado de Sitio», Open Road Press. Miami, 1992.
José Luis Llovio-Menéndez: «Insider», Bantam Books, New York, 1988.
Rodolfo Riesgo: «Cuba: el movimiento obrero y su entorno Socio-político», Saeta Ediciones, Miami-Caracas, 1985.
Jorge Ronet: «La Mueca de la Paloma Negra», Biblioteca Cubana Contemporánea.
Josefa Sanz: «Silvio: Memoria trovada de una revolución», Edotira Bigarren, Bilbao, 1992.
Félix Luis Viera: «Un Ciervo Herido», Editorial Plaza Mayor, San Juan, 2002.
Juan Vivés: «Los Amos de Cuba», Emecé Editores, Buenos Aires.

ARTÍCULOS

Santiago Aroca: «UMAP: El terror 30 años después», *Revista Éxito*. Diciembre 13, 1995.
Julio Estorino: «El Delito de mi Hermano», *Diario Las Américas*, noviembre 24, 2002.
Emilio Izquierdo: «Relato sobre un Grupo de Jóvenes Católicos», *Revista Sentencia Internacional*, Agosto-Septiembre, 1997.
Emilio Izquierdo: «Campos de Concentración». *El Nuevo Herald*.
Emilio Izquierdo: «UMAP: Donde la piedad no existió», *Semanario Mensaje*. Septiembre 12 al 19, 1996.
Emelina Núñez: «Casa del Preso». *Revista Ideal*, Octubre, 1999.
Juan Abreu: «Nelson Rodríguez», *Diario Las Américas*.
Miguel Olba Benito: «Dónde están los presos políticos en Cuba», *Diario Las Américas*, serie de cuatro artículos, diciembre, 1974.
Jorge Luis Romeu: «Las Prisiones Olvidadas», *El Nuevo Herald*, septiembre 6, 1990.

PERIÓDICOS Y REVISTAS

Granma, La Habana (1965-1968).
Bohemia, La Habana (1965-1968).
Revolución, La Habana (1965).
Diario Las Américas, Miami.

ÍNDICE ONOMÁSTICO

Aceituno, Orestes 119, 120, 130
Acevedo, Miriam 36
Acevedo, Orestes 106, 120
Acevedo, Rogelio 95, 263, 289
Acosta, Ernesto 244
Acosta, José Luis 278
Acosta, Julio Arturo ... 54, 129, 183, 184, 207, 210, 214
Acosta, Roy 26
Adelaida, central 284, 285
Agramonte, central 158, 284, 285
Aguilera Betancourt, Teófilo 152
Ajo, Joel 173
Alacán, sargento Rolando 286
Albertini, Luis 25, 81, 154, 201, 209, 210
Aldana, Carlos 260
Aldao, Héctor 23, 64
Alemán Huergo. Reinaldo 127
Alfaro Pérez, Basilio 203
Alfonso Tariel, Moisés 54, 73
Alfonso Tariel, Pedro 73, 125
Alfonso, Pablo M. 225, 226, 229, 292
Alfonso, Rev. Ernesto ... 24, 25, 65, 83, 98, 162, 192, 199, 278
Algodones, Central 284, 285
Almaguer, sargento Alfredo . 203, 204
Almeida Bosque, Juan 46, 49, 91, 180
Almeida, Felipe 121
Almendros, Néstor 64, 292
Álvarez Oropesa, Álvaro 289
Álvarez Porra, José 127
Álvarez, Alberto 76
Álvarez, Álvaro 67, 68, 113
Álvarez, Amir 102, 104, 124, 289
Álvarez, capitán Jorge 237
Álvarez, Enrique 94, 95, 289
Álvarez, Fernando 139, 207

Álvarez, Humberto 109
Álvarez, Irma 186
Álvarez, Omar 274
Álvarez, Pepito 109
Amador 201
Amador, Urbano 21
Amejeiras. Efigenio 65
Amores. William 81, 101
Antón 6, 123, 129, 183, 207, 279
Aquino, Alberto 143
Aragonés, Emilio 28, 49
Arce Morales, Wildredo L. 278
Arcón 206
Armendal Río, teniente 121
Arza, Hugo 62, 130, 139, 140, 142, 277, 291
Bacallao, sargento 153
Barceló Acosta, José Luis 182
Barceló, capitán 83, 84, 142
Barreto, Jorge 21
Beltrán Pérez, Orlando Roberto .. 127
Bermúdez, Vicente 143
Bermúdez, Víctor 143
Bernal 4 161
Bernal Lumpuy, Luis 58, 64, 84, 85, 87, 131, 173, 175, 250
Betancourt, Ángel María 139-141, 164
Betancourt, Ramón 109
Borges, Fermín 36
Brigada Millonaria 97, 266-270
Brito, Ángel 21
Broche González, Joel 127
Bueno Gutiérrez, Carlos 209
Cabalé Araujo, Carlos 152
Caballero, Irán 21
Cabrales, capitán 96
Cabrera Infante, Guillermo 273
Cabrera, Mario 128

295

Cabrera, Ricardo Raola 127
Cabrera, Rigoberto 62, 102,
    103, 196, 288, 289
Cacahual-Timangó 63, 98, 279
Calas, Humberto 105
Camacho sargento Jorge 96, 286
Campo Cardoso 57, 81, 279
Campo Quemado 65, 83
Campuzano, Ernesto 273
Capote, Alfredo 83
Capote, teniente 272
Cardoso, Angélico 164
Carneado, Luis Felipe 226
Carrillo Souto, José 142, 150, 151, 179
Cartas, Hirám Pablo 90, 94, 115,
    185, 187, 193, 289
Carvajal, Gilberto Narug 127
Casillas, Com. Ernesto 116, 152,
    161, 181, 251
Castilla Mas, Belarmino 154
Castro, Armando 238
Cayo Largo 113, 195, 247
Ceballos 85, 109, 113, 176, 279
Centoz, Mons. Luigi 224
Cervantes, Rigoberto 117
Céspedes, Central 94, 272, 279,
    284, 285
Céspedes, sargento 126
Chávez Pardo, Francisco 127
Chiong, Luis 39, 40, 49, 50,
    115, 194, 289
Ciego de Ávila ... 20, 21, 25, 27, 48,
    58, 81, 85, 93, 96, 99, 105, 109-111,
    116, 147, 164, 166, 167, 176, 180, 184,
    203, 246, 279-281, 284, 285
Cienfuegos, Osmany .. 26, 27, 49, 77
Coira Martínez, Juan 51
Colás, Orlando 17, 52, 53, 62, 112, 121,
    128, 131, 161, 162, 166, 222, 277, 289
Colmenares, Reinaldo 127
Collado, Tony 37
Conde Ruz; Martín 125

Córdova, Efrén 34, 45, 156, 274,
    275, 292
Corrales, Azael 26
Corvo, Guillermo .. 63, 227, 278, 289
Cruz Moya, capitán 184, 286
Cubas, Santiago 148
Cubela, Rolando .. 49, 64, 77, 78, 151
Cuervo Sabá, Gustavo .. 18, 131, 189
Cuervo, Noel 54, 73
Cunagua 97, 111, 115, 134, 136,
    199, 239, 243, 279, 280, 284, 285
Cunagua (Montelier) 80
de la Torre, Carlos 131
de la Torre, Samuel 81, 101, 252
de los Santos, René 19
del Pino, capitán 35
del Sol, Roberto 161
del Sol, sargento 161
del Valle, Sergio 51
Desengaño, El 95, 97, 267, 279
Despaigne 228
Díaz Comediche, Juan de 270
Díaz Gazón, José Manuel 289
Díaz Gómez, José Manuel 131
Díaz Llanes, Pablo 21
Díaz Madruga, Ernesto 228, 229
Díaz Marzo, Ramón 118
Díaz, Abilio 196
Díaz, Celina 242
Díaz, Eduardo M. 289
Díaz, Elpidio 189
Díaz, Jesús 53
Díaz, Melkis 17, 57, 81, 267, 278, 289
Díaz, Miguel 200
Díaz, teniente Abilio 196
Dreke, Emilio 109
Dreke, Víctor 80
Eleguá (Alberto de la Rosa) 79,
    176-179, 252
Elia, Central .. 79, 130, 279, 284, 285
Elmuza, Félix 49, 50
Esmeralda 52, 55, 57, 81, 95, 96,

102, 112, 116, 120, 121, 125, 128, 148, 161, 181, 272, 279-281, 284, 285
Espinosa, capitán 240, 241
Espinosa, Luis 142
Espinosa, Manuel 273
Espinosa, Rolando 18
Estorino, Enrique 108, 109, 111, 123, 161, 207, 212, 289
Estrada Milián, Esteban ... 24, 25, 83
Estrella, Campamento 4 de la 62, 102, 103, 279, 284, 285
Expósito Figueroa, Laureano 51
Falcón, teniente Marcelino ... 87, 88, 184, 286
Falla, Evaristo 51
Feria, teniente 84
Fernández Álvarez, José Ramón (el Gallego) 27
Fernández Retamar, Roberto 273
Fernández Santalices, Manuel 224, 225
Fernández, Diosdado 142, 143
Fernández, Jorge Alberto 143
Fernández, Jorge Luis 270
Fernández, José R. 27
Fernández, Martín 58
Fernández, Narciso 27
Fernández, Pedro .. 95-97, 113, 181, 195, 206, 290
Fernández, Raúl 137, 138
Ferol Hernández, José E. 214
Ferreiro, Emilio Danilo 66, 163, 190, 208, 290
Ferrer Batista, Aguedo 127
Ferrer, Juan 37, 127
Fleites, capitán Julián 238
Florida 22, 55, 56, 94-96, 101, 106, 110, 111, 113, 116, 119, 125, 128, 138, 167, 246, 272, 274, 284, 285
Font, Juan 278
Fortuna, La 132, 279
Francisco, Central 105, 146, 165, 183
Friger, Osvaldo 56, 128, 129, 131, 289

Fuentes Ortiz, teniente Cándido . 215, 286
García Martínez, Francisco .. 85, 86, 88, 93, 116, 131, 189, 203, 205, 206, 211, 212, 215, 277, 290
García Rubio, Ernesto 226
García, Irma 277
García, Isidro 143
García, Ismael 98
García, Joaquín 99, 290
García, Marina 151
García, Nelson 90
García, Nieves 185
García, padre Pedro 48, 223
García, Pedro 26, 29
García, Rafael 247
García, Raúl 54, 73, 95
García, Roberto 142
García-Martínez, Francisco 277
Gato Prieto 58, 84, 85, 87, 142, 173, 207, 279
Girarte, teniente 117
Gómez Ochoa, Delio 28
Gómez, Ada 242
Gómez, Carlitos 90
Gómez, Iraida 242
Gómez, José (Titi) 103
Gómez, José Nicolás 21
Gómez, Juan ... 51, 76, 202, 203, 289
Gómez, Pedro 192
Gómez, Raúl 66
Gómez, Renato ... 18, 19, 51, 63, 67, 72, 73, 80, 131, 135, 189, 190, 200, 227, 277, 289
Gómez, René 277
Gómez, teniente Rito 126, 128
González Vega, Raziel 214
González, Abraham 96
González, Alberto 98
González, Francisco 27, 165, 289
González, Humberto 90
González, Iván 58

González, Jesús 54, 73
González, José 97
González, Mario 81, 101
González, Orlando 57
González, Pascual 175
González, Pedro . . . 61, 81, 101, 102,
   131, 204, 247, 252, 261, 289
González, sargento Julio V. 190
González, sargento Porfirio . 228, 229
González, teniente Francisco 252
González, teniente Gregorio 286
González, Tomás 96
Gracialidoro, Francisco 127
Grillo, Efraín 21
Guáimaro 284, 285
Guanchi, Rodolfo 128
Guayabito 121, 129, 279
Guerra Matos, capitán 250, 251
Guerra, Aldo 80
Guerra, José 85
Guerra, Orestes 234
Guevara March, Aleida 233
Guevara, Alfredo . 76, 149-151, 179,
   225, 273
Guevara, Ernesto (Che) . . 49, 51, 76,
   78, 80, 232-235, 238, 239, 260, 263
Guevara, teniente 83
Guitart Méndez, Jorge 127
Gutiérrez, cabo 195
Hecheverría, Marino 127
Hernández, Alberto 62, 270
Hernández Gutiérrez, Antonio . . . 127
Hernández, Félix 242
Hernández. Héctor 26, 189
Hernández, Humberto 118
Hernández Ordaz, Ismael . . 107, 134,
   152, 196, 198, 290
Hernán dez, Jorge 34, 35,
   188, 189, 191, 201, 289
Hernández, José 37
Hernández, Mario 121, 290
Hernández, Máximo 21

Hernández, Onán 26
Hernández, Orlando 143
Imperian, Marcos 153
Inda, Juan J. 278
Inda, Raúl 128, 143, 277, 289
Infierno, El 168, 169
Isalgué, teniente 94, 196
Isalgue, teniente Leonardo 154
Isalgué, teniente Leonardo 115
Izquierdo Blanco 120
Izquierdo Vázquez, Francisco . . . 127
Izquierdo, Emilio 15, 46, 54, 92,
   107, 108, 118, 134, 136, 164, 165,
   177, 178, 195, 277, 290, 294
J. Moreno 103, 196
Jacinto, Dagoberto 105
Jagueycito 80, 81
Jaronú, Central 53, 56, 95,
   118, 142, 247, 252, 261, 284, 285
Jatibonico 66, 81, 113, 184,
   203, 279, 281, 284, 285
Jiménez Leal, Orlando 12, 292
Jorge, Lázaro 278
Jucaral 97
Kilo 10 280
Kilo 36 . . . . 94, 95
Kilo 5 138
Kilo 6 273
Kilo 7 273
Kilo 8 . . . . 138, 280
Kilo 9 273
La Rosa, teniente 97
Laguna Grande 38, 87, 123, 162,
   163, 190, 240, 280
Landrián, Reinaldo . . . 146, 147, 211,
   274, 290
Lavandeira, teniente 149, 252
Lavastida, pastor Elmer 247, 252
LCB (Lucha Contra Bandidos) . . 38,
   133, 152, 198, 268
Leal, Concepción 130
Leal, Oscar . . . 65, 152, 179-182, 291

Lence, Roberto 142
López, Fernando 20
López, Humberto 120
López, López 24
Lorenzo, Cecilio . . 20, 21, 76, 79, 87, 154, 203, 204, 208, 214, 215, 277, 289, 293
Lorenzo, Samuel 96
Losada, Héctor 127
Lugareño 37, 39, 83, 84, 113, 123, 180, 190, 241, 280, 284, 285
Luis, Buenaventura . . 20, 21, 48, 289
Llanusa, José 248
Llovio-Menéndez, José Luis 77, 138, 149, 150, 252
Macareño, Central 146, 279, 284, 285
Machado Ventura, José 57, 127, 149, 179, 180, 251
Maderal, teniente 191, 241
Madrigal, Ezequiel 147, 148, 185, 289
Magaña, capitán 80
Magaña, Iván 200
Magarabomba . 74, 138, 272, 273, 280
Malezal 74, 252
Mamanantuao . 56, 116, 125, 128, 280
Mameyes, Los . . 105, 123, 129, 208, 209, 280
Mancha, Silvio . . . 16, 111, 131-133, 167, 168, 171, 175, 176, 207, 290
Manga Larga . . 55, 74, 97, 101, 111, 134-138, 147, 159, 165, 202, 242, 244, 245, 273, 280
Mario, José 64, 65
Martí Leiva, Joaquín 127
Martínez Cabo, Jorge 143
Martínez Malo, Francisco 143
Martínez, Ángel 27, 29
Martínez, Juan 228
Martínez, Julio 192
Martínez, padre Armando . . . 62, 86, 127, 205, 206, 223, 224, 226
Masón, Héctor 127
Mateo, Santiago 64
Mayor, Carlos 127
Medina, Jorge 278
Medina, Roberto 278
Menéndez López, Jorge 97, 267, 270, 290
Menéndez Tomasevich, Raúl 88
Menéndez, Emigdio 109
Mestre, Rafael Francia 238
Mijares, teniente Mariano 140
Mijial, El 57, 81, 85, 100, 112, 115-117, 119, 128, 134, 136, 142, 143, 164, 203, 212, 270, 279, 280
Milanés Cordobés 98
Milanés, Pablo 63, 66-69, 126, 129, 131, 292
Milián, Orlando 24
Miraflores 115, 134, 136, 280
Miret, Pedro 27, 49, 77, 199
Moisés, Santiago R. 118, 177, 178, 188
Mola, Campamento de . . . 22, 40, 83, 86, 87, 239-242, 280
Monte Quemado 83, 84, 91, 180, 182, 183, 280
Montelier (Cunagua) 80
Montero, Arquímides 97
Montero, Manuel . . . 24, 56, 57, 111, 150, 178, 194, 199, 278, 289, 290
Mora Rizo, teniente . . . 177, 178, 252
Mora, Reinaldo 152
Morales Fuentes, Jorge 189
Morales, Benny 81
Morales, Héctor 96
Morales, Nicolás 127
Moreno I 74
Moreno, Humberto 109
Morón . 21, 22, 38, 40, 53-55, 59, 62, 75, 81, 92, 93, 95-97, 102, 109, 115, 134, 152, 153, 164, 166, 176, 181, 200, 203, 211, 237, 238, 242, 244-246,

299

273, 279, 280, 284, 285
Muller, Mons. Alfredo 226
Nadal, Jesús 141
Nadal, José Antonio141, 142, 207, 291
Najasa 284, 285
Navarro Soto, Juan 127, 181
Navarro, Pedro 53
Nazco Ruiz, Felipe 127
Nieves, Emilio 85
Nieves, Sergio 100, 117, 119, 187, 278, 290
Novo, Alin 103
Ochoa, general Arnaldo .. 26, 28, 234
Olba Benito, Miguel A. 230, 294
Olivera, sargento 126
Ordóñez, Francisco ... 125, 128, 131
Ordóñez, Oscar 179, 182, 291
Orgáez Ramírez, Jorge 127
Ortega Alamino, Jaime ... 45, 48, 62, 63, 222, 223, 226, 227
Padrón, Alfredo ... 23, 24, 153, 154, 166, 184, 193, 290
Padrón, Guillermo 96
Padrón, Jorge 270
Palet, Rafael D. 64
Palmarito 280
Palmeiro, sargento 153, 193
Patria, central 211, 237
Pedraza 96, 280
Pellitero, Roberto . 100, 187, 278, 290
Peñaranda, Heriberto E. 105, 123, 208
Peonía 40, 49, 80, 93, 95, 115, 144, 186, 194, 281
Pereira, Eduardo 98, 164, 290
Pereira, teniente 209
Pereira, teniente Nivaldo 123
Pereira-Pérez, Eduardo 278
Pérez, Aldo 189
Pérez, comandante Faustino 28
Pérez Díaz, Ervin 51
Pérez, Gabino 53
Pérez, Ismael 177

Pérez, Lauro 131
Pérez, Orlando 289
Pérez Torres, Pedro 66, 267, 281
Pérez Lora, sargento 165
Pernas. sargento 202
Petit, Alfredo . 62, 223, 224, 226, 227
Piedrecita 106
Pina, central 99, 111, 132, 134, 136, 166, 227
Pineda Guerra, teniente Alejandro 286
Pino, Orlando 270
Pino Machado, Quintín 251
Prado Pérez, Ramón 127
Prendes, Sireno 59, 132, 198, 289
Prieto, Ricardo 18, 189
Punta Alegre, central .. 273, 284, 285
Purificación 110, 123, 161, 167, 207, 281
Quesada Mora, Norberto 127
Quince y Medio 21, 25, 58, 81, 83, 84, 281
Ramírez Martín, Arnaldo 127
Real Subirats, Juan 273
Reyes Milián, Orlando 267
Reyes, Fedor 207
Río, teniente Armendal 121
Risquet Valdés, Jorge 260
Rivas, Germán 100, 117, 118, 278, 290
Rivero Pérez, Enrique 127
Rivero, Margarito 109
Rivero, Rafael L. 278
Rizo Álvarez, Julián 237
Rizo, teniente 128, 177, 178
Roa Kourí, Raúl 63, 64, 151
Roa, Raúl 151
Robledo, teniente 98
Rodríguez Álvarez, Eduardo 273
Rodríguez del Pozo, Guillermo .. 181
Rodríguez Menéndez, Juan José .. 19
Rodríguez Montogo, Anselmo 51
Rodríguez, Alejandro .. 118, 119, 178

Rodríguez, Carlos 58
Rodríguez, Carlos Rafael 27
Rodríguez, Daniel 100
Rodríguez, Eliecer 85
Rodríguez, Félix .. 103, 139, 142, 196
Rodríguez, Félix Ignacio 207, 211, 291
Rodríguez, Inocencio 96
Rodríguez, Jesús 21
Rodríguez, Joaquín . 60, 62, 104, 106, 108-110, 114, 131, 132, 161, 162, 166, 175, 192, 213, 223-225
Rodríguez, Jorge Luis 103
Rodríguez, José (el Gallego) 273
Rodríguez, Juan 79, 289
Rodríguez, Luis 58
Rodríguez, Manolito 181
Rodríguez, Manolo 179
Rodríguez, Marcos (Marquitos) .. 148
Rodríguez, Mons. Adolfo 109
Rodríguez, Orlando 98, 109
Rodríguez, Ramón 143
Rodríguez, Roque 129, 290
Rodríguez, Rubén Blas 144, 291
Rodríguez, Santiago 142
Rodríguez, Silvio 64, 66, 70
Romero, Daniel 21
Ronet, Jorge .. 36-38, 64, 69, 78, 88, 89, 237, 239, 293
Rosales Matos, Ernesto 152
Rosales, Evans 139
Rosales, Maritza 36
Ruiz Artime, Israel 152
Ruiz, Eduardo 39, 124, 131, 133, 162, 163, 190, 191, 201, 202, 210, 289, 290
Ruiz, Fernando 27
Ruiz, Hernán 114
Ruiz, Jesús 271-274, 290
Ruiz, Manolito 143
Ruiz, Mario ... 57, 58, 87, 210, 267, 269, 278, 289
Ruiz, Orlando 114, 115
Sabatier, Isidro 278

Saborit, sargento 94, 193, 203
Sacchi, Cesare ... 6, 11, 60, 224-226
Samalagrana 281
San José, capitán 81
Sanabria, Ángel 273
Sánchez Llanes, Víctor .. 49, 127, 213
Sandino, campamento 228
Sandino, capitán José Q. ... 152, 154
Santa Marta, central 284, 285
Santa Susana 105, 281
Santos Arce, Antonio 127
Santos Cordero, Luis 129
Sarduy, Serafín 67, 106, 126, 127, 278, 290
Saud, Antonio 179-182, 184
Segura, teniente 202
Senado, central . 22, 37, 78, 113, 162, 180, 213, 239, 241, 284, 285
Señorita, La 56, 102, 103, 124, 125, 163, 268, 280
Serrano, Firino 26
Siboney, central 284, 285
Silva, José Ramón 80, 94, 152, 153, 184, 251
Silva, Roberto 21
Sosa, Felipe A. 290
Sosa, Yon 234
Sosías, sargento 202, 203
Soto Pérez, teniente Juan 286
Sotomayor, teniente 165
Sotomayor, teniente Marcial 202
Stewart, central . 21, 76, 84, 175, 268, 281, 284, 285
Suárez Bibilonia, Jorge 127
Suárez Polcari, Ramón 273
Tablada, Jorge 65, 66, 91, 181, 183, 184, 291
Téllez, teniente Héctor 126
Timangó 63
Toledo, Edilio 278
Torre, Carlos de la 131
Torre, Samuel de la 81, 101, 252

Torres Feria, Addys 152
Torres, Ángel Luis 179
Torres, Armando 179
Torres, Carlos 179
Torres, Félix 238
Torres, Israel 97
Torres, Samuel de las 247
Tosca, teniente 202
Travieso, Orlando 173
Travieso, Tavito 199
Tres Golpes 21, 48, 80, 281
Trigo Gálvez, Enrique 54, 55, 73-75, 138
Trigo, Enrique . . 54, 55, 73-75, 138, 182, 202, 277, 289
Trigo, médico 182
Turiguanó 238, 239
Urquiza, Efraín 142, 278, 291
Valdés Concepción, Juan Mario . . 51
Valdés, Eduardo 37-39, 213, 278, 289
Valdés, Melanio . 22, 53, 54, 110, 289
Valdés, Octavio 97, 131, 243-245, 290
Valdés, Ramiro 51, 77, 146, 180
Valdivia, Manolo 21
Valle, Luis 51, 95, 96, 98, 124, 201, 290

Vallejo Dorticós, Juan E. . . . 127, 199
Vázquez Huerta, médico . . . 183, 184
Vega Dos 66, 67, 129
Vega Uno 129
Vertientes, Agrupación 67, 269
Vertientes, central . 67, 79, 105, 106, 113, 123, 126, 159, 183, 209, 210, 247, 252, 261, 269, 270, 280, 281, 284, 285
Viera González, Fernando 127
Vigueras, teniente Mario . . . 216, 217
Villar, Juan 47, 48, 65, 105, 106, 112, 159, 223, 227, 277, 290
Víñez, Mario 55, 56, 103, 104, 116, 125, 268
Violeta, central . . 55, 73-75, 284, 285
Virginia, La 111, 114, 115, 281
Vitier Marrero, Raúl 273
Vitier, Cintio 273
Yánez, José Ignaico 127
Zalza, Guillermo 278
Zarraluqui, José Antonio . 22, 40, 64, 163, 239-241, 269, 270, 289
Zas, Juan 125, 126, 128, 131, 163, 290
Zayas Bazán, Ricardo 179-181
Zayas, Antonio 143, 290, 291

BIBLIOTECA DE ENRIQUE ROS
en Ediciones Universal

Nueve volúmenes publicados que constituyen una verdadera enciclopedia sobre la lucha de los cubanos por su libertad:

0-89729-738-5   PLAYA GIRÓN, LA VERDADERA HISTORIA, Enrique Ros (3ª. edición) /1998/
Historia de la lucha clandestina en Cuba, la invasión de Playa Girón, el exilio y la política norteamericana.

0-89729-773-3   DE GIRÓN A LA CRISIS DE LOS COHETES: LA SEGUNDA DERROTA, Enrique Ros /1995/
Historia de la lucha cubana desde Playa Girón hasta la Crisis de los Cohetes en 1962.

0-89729-814-4   AÑOS CRÍTICOS: DEL CAMINO DE LA ACCIÓN AL CAMINO DEL ENTENDIMIENTO, Enrique Ros /1996/
La zigzagueante política del presidente Kennedy y los esfuerzos de los cubanos por derrocar a Castro.

0-89729-868-3   CUBANOS COMBATIENTES: PELEANDO EN DISTINTOS FRENTES, Enrique Ros /1998/
Lucha de los cubanos dentro y fuera de la isla: ataques comandos, cubanos en Vietnam, África, Bolivia y otros escenarios.

0-89729-908-6   LA AVENTURA AFRICANA DE FIDEL CASTRO, Enrique Ros /1999/
Las intervenciones de Castro por subvertir el continente africano.

0-89729-939-6   CASTRO Y LAS GUERRILLAS EN LATINOAMÉRICA, Enrique Ros /2001/
Las acciones guerrilleras y subversivas que ha dirigido Castro en América Latina desde el triunfo de su revolución en 1959, principalmente en Argentina, Perú, Colombia, Venezuela, Guatemala, Bolivia, República Dominicana y Uruguay.

0-89729-988-4   ERNESTO CHE GUEVARA: MITO Y REALIDAD, Enrique Ros /2002/
La vida desconocida del Che Guevara contada tras una minuciosa investigación.

1-59388-006-5   FIDEL CASTRO Y EL GATILLO ALEGRE. SUS AÑOS UNIVERSITARIOS, Enrique Ros /2003/
La historia desconocida de Fidel Castro. La escuela de violencia de sus años universitarios con los Grupos de Acción.

1-59388-026-X   LA UMAP: EL *GULAG* CUBANO, Enrique Ros /2004/
La realidad de los campos de concentración y trabajos forzados en Cuba contada por los que lo padecieron.

www.ingramcontent.com/pod-product-compliance
Lightning Source LLC
Chambersburg PA
CBHW030306080526
44584CB00012B/461